**Politiques de coalition**
Penser et se mobiliser avec Judith Butler

**Politics of Coalition**
Thinking Collective Action with Judith Butler

edited by / sous la direction de
Delphine Gardey, Cynthia Kraus

La collection **Questions de genre** réunit des travaux de recherche en sciences sociales qui adoptent une perspective de genre. Dans les dernières décennies, le concept de genre, à savoir la construction historique, culturelle et sociale du sexe, s'est imposé dans la recherche scientifique. Au sortir d'un siècle qui a connu des changements importants dans les rapports sociaux de sexe, la perspective de genre constitue un outil incontournable pour analyser et comprendre les mutations des sociétés contemporaines. Cette collection, forcément interdisciplinaire par son approche, se veut aussi multilingue pour jeter des ponts entre les diverses sensibilités.

*Directrices de la collection*

Janine Dahinden, anthropologue, Maison d'analyse des processus sociaux, Université de Neuchâtel (e-mail : janine.dahinden@unine.ch)

Delphine Gardey, historienne et sociologue, Université de Genève
(e-mail : delphine.gardey@unige.ch)

Iulia Hasdeu, anthropologue, Etudes genre, Université de Genève
(e-mail : iulia.hasdeu@unige.ch)

Marylène Lieber, sociologue, Etudes genre, Université de Genève
(e-mail : marylene.lieber@unige.ch)

Lorena Parini, politologue, Etudes genre, Université de Genève
(e-mail : lorena.parini@unige.ch)

Anne-Françoise Praz, historienne, Université de Fribourg
(e-mail : anne-francoise.praz@unifr.ch)

*https://www.unige.ch/etudes-genre/institut/questionsdegenre.html*

Questions de genre
Gender Issues

Sous la direction de / edited by
Delphine Gardey, Cynthia Kraus

**Politiques de coalition**
Penser et se mobiliser
avec **Judith Butler**

**Politics of Coalition**
Thinking Collective Action
with **Judith Butler**

Publié avec le soutien de l'Institut des Etudes Genre de l'Université de Genève, de l'Institut des Sciences Sociales (ISS) et du Centre en études genre LIÈGE de l'Université de Lausanne.

«Vulnerability, Precarity, Coalition» de Judith Butler a été traduit de l'anglais en français par *Jean-Michel Landry* et *Fabienne Boursiquo*. Toutes les autres contributions ont été traduites de l'anglais vers le français par *Cyril Le Roy*.

«Vulnerability, Precarity, Coalition» of Judith Butler has been translated by *Jean-Michel Landry* and *Fabienne Boursiquo* from English into French. All other contributions have been translated from French into English or from English into French by *Cyril Le Roy*.

© 2016, Editions Seismo, Sciences sociales et problèmes de société SA, Zurich et Genève

E-mail : info@editions-seismo.ch
http://www.editions-seismo.ch
Reproduction interdite. Tous droits réservés.
ISBN 978-2-88351-069-2

**Judith Butler** is Maxine Elliot Professor in the Department of Comparative Literature and the Program of Critical Theory at the University of California, Berkeley. She is the author of *Subjects of Desire: Hegelian Reflections in Twentieth-Century France* (1987), *Gender Trouble: Feminism and the Subversion of Identity* (1990), *Bodies That Matter: On the Discursive Limits of "Sex"* (1993), *The Psychic Life of Power: Theories of Subjection* (1997), *Excitable Speech* (1997), *Antigone's Claim: Kinship Between Life and Death* (2000), *Precarious Life: Powers of Violence and Mourning* (2004); *Undoing Gender* (2004), *Who Sings the Nation-State?: Language, Politics, Belonging* (with Gayatri Spivak in 2008), *Frames of War: When Is Life Grievable?* (2009), and *Is Critique Secular?* (co-written with Talal Asad, Wendy Brown, and Saba Mahmood, 2009) and *Sois mon corps* (2011), co-authored with Catherine Malabou. Her most recent books include: *Parting Ways: Jewishness and the Critique of Zionism* (2012), *Dispossessions: The Performative in the Political* co-authored with Athena Athanasiou (2013), *Senses of the Subject* (2015) and *Notes Toward a Performative Theory of Assembly* (2015). She is also active in gender and sexual politics and human rights, anti-war politics, and serves on the advisory board of Jewish Voice for Peace and their committee on Academic Freedom. She was the recipient of the Andrew Mellon Award for Distinguished Academic Achievement in the Humanities (2009–2013). She received the Adorno Prize from the City of Frankfurt (2012) in honor of her contributions to feminist and moral philosophy, the Brudner Prize from Yale University for lifetime achievement in gay and lesbian studies, and the Research Lecturer honor at UC Berkeley in 2005. She has received honorary degrees from Université Bordeaux-III, Université Paris-VII, Grinnell College, McGill University, University of St. Andrews, Université de Fribourg in Switzerland, Universidad de Costa Rica, Universidad de Buenos Aires in Argentina, and the Université de Liège in Belgium. In 2014, she was awarded the diploma of Chevalier of the Order of Arts and Letters from the French Cultural Ministry. In 2015 she was elected as a corresponding fellow of the British Academy.

# Table des matières

*Lorena Parini*
Préface : Politiques de coalition. Penser et se mobiliser avec Judith Butler — 8

## 1 OUVERTURE

*Cynthia Kraus*
Comment se coaliser ? Corps alliés et démocratie — 14

*Delphine Gardey*
De l'hospitalité à la coalition — 34

## 2 EXPÉRIENCES

*Ana Vulic*
Sujet de/à coalition : Repenser les politiques queer dans le contexte serbe — 56

*Eirini Avramopoulou*
Aller à la rencontre d'alliés – Signatures de femmes, politique de la performativité et dissensus — 78

*Tal Dor*
Alliances entre Mizrahi et Palestiniens : Coexistence ou cohabitation ? — 104

*Sushila Mesquita et Patricia Purtschert*
La gouvernance gay : défis pour la construction de coalitions contre l'homophobie dans la Suisse postcoloniale — 140

## 3 PERSPECTIVES

*Sabine Hark*
Qui nous sommes et comment nous agissons. Politiques de l'identité et possibilités d'action collective — 170

*Philippe Corcuff*
Repères libertaires et pragmatiques pour des coalitions altermondialistes — 194

*Nacira Guénif-Souilamas*
Les couleurs du féminisme, tensions et paradoxes — 220

*Judith Butler*
Vulnérabilité, précarité et coalition — 250

Authors/Auteur·e·s — 273
Remerciements — 278

# Content

*Lorena Parini*
Preface: Politics of Coalition: Thinking Collective Action with Judith Butler    9

## 1 OPENING

*Cynthia Kraus*
What is Coalition? Bodies in Alliance and Democracy    15

*Delphine Gardey*
From Hospitality to Coalition    35

## 2 EXPERIENCES

*Ana Vulic*
Subject to/of Coalition: Rethinking Queer Politics in the Serbian Context    57

*Eirini Avramopoulou*
Crossing Distances to Meet Allies: On Women's Signatures, the Politics of Performativity and Dissensus    79

*Tal Dor*
Mizrahi-Palestinian Alliances: Coexistence or Cohabitation?    105

*Sushila Mesquita and Patricia Purtschert*
Gay Governance: Challenges to Coalition Building against Homophobia in Postcolonial Switzerland    141

## 3 PERSPECTIVES

*Sabine Hark*
Who We Are and How We Act. Identity Politics and the Possibilities of Collective Action    171

*Philippe Corcuff*
Anarchist and Pragmatist Markers for Anti-Globalization Coalitions    195

*Nacira Guénif-Souilamas*
The Colors of Feminism – Tensions and Paradoxes    221

*Judith Butler*
Vulnerability, Precarity, Coalition    251

Authors/Auteur·e·s    273
Acknowledgments    279

## Préface
## Politiques de coalition. Penser et se mobiliser avec Judith Butler

Compter parmi les auteures d'une collection dédiée aux « Questions de genre » l'une des plus grandes théoriciennes contemporaines de ce champ international et interdisciplinaire est une chance qu'une directrice de collection se doit de saluer. C'est pour cela que j'ai accueilli le projet de ce livre avec un grand intérêt. Auteure dans cet ouvrage, Judith Butler en est aussi le prétexte, le moteur et l'objet. Autour de son œuvre, Delphine Gardey et Cynthia Kraus rassemblent jeunes et moins jeunes chercheur·e·s venu·e·s témoigner de l'actualité critique et politique de l'œuvre de Judith Butler en Europe. Car la réflexion butlérienne, après l'immense succès de son livre *Gender Trouble*, s'est ouverte à une ensemble de thématiques qui, tout en questionnant toujours et encore la construction des normes sociales de genre, proposent une réflexion large sur l'intersectionnalité des luttes politiques. Historiquement, les objets centraux de la sociologie qui jusqu'aux années 1980 se déployaient autour de la question sociale, ont évolué vers une conception du fait social où la question identitaires a pris de plus en plus de place. Sous l'impulsion du Black Feminism, des questions raciales et postcoloniales les catégories identitaires historiquement construites se sont imposées comme des objets légitimes d'analyse sociologique. Or cette nouvelle proposition théorique et politique ne peut faire l'économie d'une réflexion sur l'articulation entre catégories sociales et identitaires tant du point de vue de la pensée que des luttes contre les oppressions.

C'est ce que les auteures de cet ouvrage proposent en abordant de larges questions dans des théâtres variés où elles se déploient. Privilégiant la circulation des questions théoriques et des expériences, le livre nous conduit à échanger en deux langues (l'anglais et le français) et à voyager d'un espace à un autre (Serbie, Turquie, Israël, Suisse, France)[1]. Ce chemin de l'Est à l'Ouest de l'Europe interroge les divisions ethniques, culturelles et religieuses qui traversent les sociétés européennes en contexte postcolonial ainsi que la possibilité de les transcender par l'expérience de luttes susceptibles de créer du « commun ».

---

1 Les contributions dans ce volume ont été données en français ou en anglais par les auteur·e·s et ont fait l'objet d'une traduction vers l'autre langue par Cyril Leroy. La contribution de Judith Butler, initialement en anglais, a été traduite en français par Jean-Michel Landry et Fabienne Boursiquo. Cynthia Kraus a écrit elle-même les deux versions dans chaque langue. La lecture se fait à gauche en français, à droite en anglais.

# Preface
# Politics of Coalition: Thinking Collective Action with Judith Butler[*]

As the editor of a series called "Gender Issues", I welcome the chance to publish one of the greatest contemporary theorists of this international and interdisciplinary field. It is an opportunity that could not be missed, and the reason why this book project held my interest. Judith Butler is an author, but also the pretext, the inspiring source and the object of the contributions included in the present volume. Delphine Gardey and Cynthia Kraus brought together junior and more senior researchers to discuss the critical and political significance of Judith Butler's work in a European context today. After the huge success of Gender Trouble, Butler's reflection has moved to a set of new themes, engaging more broadly with intersectionality in political struggles, while continuing to question the social construction of gender norms. Historically, the central objects of sociology revolving, until the 1980s, around the social question have evolved into a concept of social fact in which the question of identity has gained increased relevance. Under the influence of Black Feminism, racial and postcolonial issues, historically constructed identity categories have become legitimate objects of sociological analysis. But this new theoretical and political proposal cannot do without a reflection on the relationship between social groups and identity in the ways in which we both analyze and fight against oppression.

The authors of this book offer a broad reflection on these issues and discuss them in relation to different contexts. This book privileges the circulation of theories and experiences, sharing in two languages (English and French) and inviting us to travel from one location to another (Serbia, Turkey, Israel, Switzerland, France)[1]. This travel from East to West of Europe questions the ethnic, cultural and religious divisions that run through European societies in a post-colonial era and the ability to transcend these divisions through struggles capable of generating some "commonality".

The question of political struggles today is indeed at the heart of the analysis. With insights from the history of feminist struggles and LGBT movements, and through the re-deployment of some butlerian concepts and

---
[*] Translated from French into English by Cyril Leroy.
[1] Papers originally given in French or in English by authors have been translated into the other language by Cyril Leroy. Judith Butler's contribution, initially given in English has been translated into French by Jean-Michel Landry et Fabienne Boursiquo. Cynthia Kraus has herself written her contribution in the two languages. Reading in French will be on the left page. Reading in English on the right.

La question des luttes politiques contemporaines se trouve en effet placée au cœur de l'analyse. En s'emparant de l'histoire des luttes féministes et des mouvements LGBT, en mettant au travail certains concepts et propositions butlériennes, il s'agit d'explorer les façons actuelles de «penser», de se «mobiliser» et de produire des «coalitions» inédites et transformatrices. Car, si les politiques identitaires ont permis de mettre en lumière les dominations liées aux catégories identitaires historiquement construites elles ont été critiquées au niveau de leurs effets réducteurs. Les théories de l'intersectionnalité ont proposé une vision de l'articulation des identités et des dominations qui pose clairement la question de la lutte politique à partir de coalitions et non à partir des identités vues comme des sujets sociaux isolés. Donnant à voir des expériences concrètes de luttes en cours et mobilisant des réflexions théoriques plus transversales, l'ouvrage propose un espace de rencontre pour des questions essentielles et partagées par le champ des études genre et de la pensée critique : comment les corps sont-ils atteints par la violence d'État et peuvent-ils lui résister? La vulnérabilité peut-elle devenir une ressource politique pour définir un nouvel «être ensemble»? Comment inventer et faire vivre une «humanité plurielle»? Quels types de «rencontres» sont-elles susceptibles de constituer une alternative à la guerre et à la violence? Comment concilier démocratie sexuelle et rapports postcoloniaux? L'identité doit-elle être le socle de la formation individuelle et collective du sujet politique? L'émancipation et la critique sociale sont-elles encore des utopies mobilisables? Quelles sont les tensions et les paradoxes qui traversent les féminismes contemporains à partir de la confrontation de leurs questionnements avec l'intersectionnalité des dominations?

Cette collection publie un ouvrage en version bilingue pour la première fois avec l'intention d'étendre le potentiel d'audience de son contenu et bâtir ainsi des ponts culturels autour d'une œuvre, celle de Judith Butler, qui a essaimé dans le monde académique et militant bien au-delà de ses frontières linguistiques et culturelles.

Lorena Parini
Directrice de collection

proposals, this book explores contemporary manners to "think", "get political", and build new and transformative "coalitions". For, if identity politics has helped highlight the modes of oppression related to historically constructed identity categories, the reductionism inherent to such politics has come under critique. Theories of intersectionality have conceptualized the articulation of identities and modes of oppression in a way that clearly frames the question of political struggles in terms of coalition instead of identities considered as separated social issues. Highlighting concrete experiences of ongoing struggles and based on more transversal theoretical reflections, the book offers a meeting place for key and shared issues in the field of gender studies and in critical theory: how are bodies affected by state violence and can they resist? Can vulnerability become a political resource to define new ways of "being together"? How to invent a "plural humanity" and bring it into life? What kinds of "encounters" are more likely to define alternatives to war and violence? How to reconcile sexual democracy and postcolonial power dynamics? Should identity be the basis for the individual and collective formation of the political subject? Are emancipation and social criticism rallying utopias? What are the tensions and paradoxes that run through contemporary feminisms, when they confront themselves with the question of intersectionality?

This book series publishes for the first time a bilingual volume with the aim to make it available to a wider range of interested readers, and build, in this manner, cultural bridges around Judith Butler's work, a work which has been disseminating in the academic and activist world well beyond linguistic and cultural frontiers.

Lorena Parini
Editor of the series "Questions de genre"

# 1
# OUVERTURE

# 1
# OPENING

# Comment se coaliser ? Corps alliés et démocratie[1]

*Cynthia Kraus*

« Comment se coaliser ? » Telle est la question que cet ouvrage se propose de travailler à partir de l'œuvre de Judith Butler. Cette question se veut doublement performative. Elle est d'abord un acte de parole butlérien, autrement dit la citation d'une citation reprise un peu de travers. En effet, la question de savoir « Comment se coaliser ? » – ou, pour être plus précise, « Qu'est-ce que la coalition ? » – renvoie à l'article de Butler (2002) intitulé « Qu'est-ce que la critique : un essai sur la vertu selon Foucault » (« What is Critique ? An Essay on Foucault's Virtue »). Dans cet article, Butler considère le sens, l'objet et la nature même de cette activité qu'est la critique, ses effets transformateurs, notamment sur soi-même, à partir d'une lecture attentive de la conférence que Michel Foucault prononça en 1978 (publiée en 1990), « Qu'est-ce que la critique ? »

Il va sans dire que la question de la critique est une question importante qui reste ouverte dans cet ouvrage. Mais nous tenions également à déplacer la focale, de la critique à la coalition, afin de thématiser une problématique politique qui n'a guère été étudiée dans l'œuvre de Butler : comment se coaliser ou faire alliance ? Le thème est d'actualité. Depuis l'hiver 2010, les manifestations de rue où l'on a pu voir des populations se soulever en masse pour exiger des changements démocratiques dans leur pays et au-delà des frontières nationales[2] ont souligné la nécessité de réfléchir de manière critique aux conditions de possibilité, aux objets, fins et moyens de former des alliances, d'amener des transformations politiques et partant, d'une capacité d'agir collective à l'échelle locale et internationale. C'est donc à la lumière des événements politiques récents que nous avons voulu débattre de la « théorie politique » de Butler, et plus généralement des dimensions normatives d'une critique inspirée des théories féministes et queer en partant de cette question pragmatique : comment se coaliser ? Avec cet ouvrage, nous espérons que cette question partagée fonctionnera comme un heureux performatif permettant

---

1   Ce chapitre est une version légèrement révisée de mes commentaires comme discutante à la conférence plénière de Judith Butler dans le cadre du colloque européen "What is coalition ? Reflections on the conditions of alliance formation with Judith Butler's work" (Université de Genève, 14 et 15 mai 2012) et de mon introduction en ouverture à ce colloque.

2   En Tunisie, en Égypte, en Syrie, mais aussi en Grèce, en Espagne et aux États-Unis pour ne citer que les pays où ces mouvements furent les plus médiatisés.

# What is Coalition? Bodies in Alliance and Democracy[1]

## *Cynthia Kraus*

"What is coalition?" is the question we would like to discuss in this volume in conversation with Judith Butler's work. This question is performative in two ways. First, it can be considered a Butlerian speech act; indeed, the citation of a citation with a little twist in reference to Butler's article entitled "What is Critique? An Essay on Foucault's Virtue" (2002). In this article, Butler considers what it is to offer a critique – the meaning, object, and very nature of this activity, its transformative effects, including self-transformation – through a careful reading of the lecture Michel Foucault delivered in 1978, "What is Critique?" (1997 for the English version).

The question of critique remains, of course, an important and open inquiry in this volume. At the same time, we also wanted to displace the questioning from critique to coalition to discuss a political question that has received little attention so far in relation to Butler's work: the question of coalition building or alliance formation. The subject is quite topical. Since the winter of 2010, the street protests with various people mingling and rising up to demand democratic changes in their own countries and across national borders[2] called attention to the repeated urgency to reflect critically on the conditions of possibility, on the objects, means and purposes of alliance formation, of political transformation and, thus, of a collective agency at the local and international levels. Recent political developments were clearly an incentive to engage with Butler's "political theory" and, more generally, with the normative dimensions of a feminist and queer-inspired critique through the action-oriented question of "what is coalition?" Starting with this volume,

---

1  This chapter is a slightly modified version of my commentaries as a discussant of the keynote lecture given by Judith Butler at the European conference entitled "What is coalition? Reflections on the conditions of alliance formation with Judith Butler's work" (University of Geneva, 14 and 15 May 2012) and of my introduction to that conference.

2  In Tunisia, Egypt, Syria, but also in Greece, Spain, and the United States, to name only a few countries in which public demonstrations have received intense media coverage.

de renouveler nos modes de compréhension des dimensions conflictuelles de la vie sociale, mais aussi d'intervention politique et de participation à la vie démocratique.

Dans ce qui suit, je me propose de dire quelques mots sur ce qui me semble constituer des questions et des préoccupations transversales à l'œuvre philosophique de Butler depuis *Trouble dans le Genre* (2006 [2005][3]) qui a établi sa réputation internationale comme l'une des plus grandes théoriciennes du genre jusqu'à ses interventions plus récentes en tant que penseuse politique de cette «autre Amérique», engagée sur des positions clairement anti-guerre et dans une critique affûtée de l'impérialisme étatsunien et du Premier Monde (voir Butler et al., 2002). Je m'intéresserai en particulier à certaines inflexions et aux nouvelles problématiques que l'on peut voir surgir dans ses travaux en lien direct avec les événements du 11 septembre et qui ont déplacé le centre de gravité de sa réflexion de la performativité du genre vers une éthique de la vie précaire (voir Butler, 2009a).

Dans sa contribution à cet ouvrage, Butler met en perspective trois notions clés : la vulnérabilité, la précarité et la coalition, des notions qui nous renvoient en retour à la question centrale du corps, mais aussi à la possibilité de faire communauté sur des bases non-identitaires, c'est-à-dire sur des bases qui soient partagées sans fonctionner pour autant comme des fondements métaphysiques ou des a priori (voir aussi Butler, 2011a). Certaines de ces questions, en particulier celle du corps et de la coalition, Butler les pose déjà dans *Trouble dans le Genre*, lorsqu'elle soumet à la critique déconstructionniste des catégories de l'identité telles que le sexe biologique ou l'idée d'un sujet transcendantal, typiquement «La femme» ou même «les femmes» au pluriel. Cette critique de la pensée fondationnaliste[4] est aussi fondamentalement une critique des politiques identitaires, et en particulier de la politique féministe basée sur une identité femme stable et unifiée, qui prédominait à l'époque.

Ce travail critique sur les fondements supposés nécessaires à la capacité d'agir des femmes et à tout mouvement politique débouche sur deux propositions fortes. L'une théorique que l'on connaît bien : c'est la fameuse théorie de la performativité du genre. L'autre pragmatique et orientée vers l'action collective que l'on connaît un peu moins bien, et raison pour laquelle elle mérite une discussion en soi : c'est le projet explicite chez Butler de théoriser le travail de *coalition* comme une *alternative* possible et souhaitable aux politiques identitaires. Il me semble qu'elle n'a eu de cesse depuis de revenir

---

3    1990 pour la version originale.
4    La critique butlérienne de la pensée fondationnaliste a été parfois qualifiée d'«anti-fondationnaliste», un qualificatif que Butler rejettera assez rapidement (voir Butler, 1995b, p. 133).

we hope that this shared question will work as a happy performative with which to gain new insights into the conflicting dimensions of social life, but also to intervene and do better democratic work.

In what follows, I would like to say a few words on the main transversal issues and preoccupations that I see in Butler's philosophical work from *Gender Trouble* (1990) that established her worldwide reputation as a provocative gender theorist to her more recent interventions as a political thinker of this "other America", committed to articulate a clearly antiwar position and a cogent critique of U.S. and First World imperialism (see Butler et al., 2002). I would like to particularly highlight the inflections and the new problematics emerging in her work in response to the 9/11 events and the accompanying shift in focus from gender performativity to an ethics of precarity (see also Butler, 2009).

In her contribution to this volume, Butler elaborates on three key notions: vulnerability, precarity, and coalition, all notions that point to the central question of the body, but also to the possibility of a community that would not be based on identity, of a common ground that would not function as a metaphysical foundation or a priori (see also Butler, 2011a). Some of these issues, in particular the relation between bodies and coalition, are already thematized in *Gender Trouble* (1990) through a deconstructionist critique of identity categories such as biological sex or of a transcendental subject such as "The Woman" or even "women" in the plural. Such a critique of foundational reasoning[3] is also fundamentally a critique of identity politics and, in particular, of the feminist politics prevailing at the time, which was predicated on a stable and unified conception of woman identity.

The outcome of this critical work on the purportedly necessary foundations for women's agency and for any political movement results is two strong proposals. One of these proposals is theoretical and the most well known: Butler's celebrated theory of gender performativity. The other is pragmatic and less known, and the reason why it deserves a discussion on its own: i.e. Butler's explicit project to theorize *alternatives* to identity politics in terms of *coalition building*. Since then, we can consider that she has insistently

---

3    The Butlerian critique of foundational reasoning has sometimes been described as "antifoundationalist", a description that she will reject rather quickly (see Butler, 1995b, p. 133).

sur cette question de la coalition et de chercher à articuler les conditions de possibilité de faire alliance – et non « seulement » de faire subversion – pour que nous puissions effectivement mener une politique démocratique qui soit, dit-elle, « radicale » ou « progressiste ».

Butler donnera corps à ces deux propositions dans *Ces corps qui comptent* (2009b[5]), un ouvrage dans lequel elle revient sur la réception, parfois controversée, de *Trouble dans le Genre*,[6] tout en prolongeant sa discussion critique à la conviction persistante que la matérialité du corps et du sexe reflèterait une réalité physique non-construite ; bref que le corps et le sexe pris dans leur matérialité constitueraient des fondements non-contingents du sujet femme et du sujet politique du féminisme.

La question des liens entre corps et politiques de coalition n'est donc pas nouvelle. Toutefois, ce n'est que récemment, en octobre 2011 pour être plus précise, lorsque Butler est apparue en personne pour manifester sa solidarité avec le mouvement Occupy Wall Street, que cette question, et le vocabulaire qui va avec, semblent avoir reçu un écho public et médiatique plus large (voir p. ex. Bella 2011). A cette occasion, Butler s'exprimera en des termes qui valent la peine d'être cités :

> *[...] nous nous rassemblons en public, nous nous réunissons en tant que corps alliés dans la rue et dans le parc, nous nous tenons là ensemble, construisant la démocratie à travers des actions qui disent « Nous, le peuple ».*[7]

Le fait que Butler elle-même puisse dire et s'associer à cette expression « Nous, le peuple » me semble particulièrement intéressant. Il me semble que cela traduit à la fois la relative continuité dans sa quête soutenue pour mettre au jour les conditions de possibilité de faire communauté et de faire alliance et, en même temps, une nouvelle inflexion dans cette quête.

Les implications théoriques mais aussi concrètes pour nos vies d'une théorie performative de la formation du sujet, de la capacité d'agir et de l'action, ont fait l'objet de nombreux commentaires. Ces commentaires ont porté en particulier sur les questions de genre et de sexualité, des corps et des identités. Il me semble que l'on a dit moins de choses sur ce que cela voulait dire précisément et concrètement pour mettre en œuvre une politique

---

5      1993 pour la version originale.

6      Voir aussi la préface à la seconde édition de *Gender Trouble* (Butler, 1999 [1990]), laquelle est intégrée dans les deux éditions françaises (Butler, 2005 et 2006).

7      Je traduis à partir de la retranscription accompagnant la vidéo de son discours postée sur Youtube : http://feministing.com/2011/10/24/judith-butler-joins-occupy/. *Consulté le 13.5.2012. Pour la vidéo, voir aussi* http://www.youtube.com/watch?v=JVpoOdz1AKQ. *Consulté le 8.5.2012.*

returned to the action-oriented question of "what is coalition?" and further elaborated on the conditions of the possibility of alliance formation – and not "just" on the conditions of subversion – in order to move effectively toward what she calls a "progressive" or "radical democratic politics".

Butler will work on these two proposals in *Bodies that Matter* (1993), a book in which she responds to the sometimes controversial reception of *Gender Trouble*[4] to better extend her critical discussion to the persisting conviction that the matter of the body and sex would refer to a non-constructed physical reality; in short, that the materiality of the body and sex would constitute the non-contingent foundation of the woman subject and the political subject of feminism.

The question of the relation between bodies and coalitional politics is, therefore, not new. However, it is only quite recently, in October 2011 to be more precise, through Butler's physical appearance and public speech in solidarity with the Occupy Wall Street Movement that her coalitional concerns and vocabulary have received public and media attention (see, e.g., Bella 2011). Let me quote from the speech she gave at this occasion:

> *[…] we are assembling in public, we are coming together as bodies in alliance in the street and in the square, we're standing here together making democracy in acting the phrase, "We The People."*[5]

I find the fact that Butler herself could join in and use an expression such as "We, the people" to be particularly interesting. It seems to me that it reflects the relative continuity of her quest to articulate the conditions of possibility for community and alliance formation and, at the same time, a new inflection in this endeavor.

The theoretical and real-life implications of a performative theory of subject formation, of agency and action, have mostly been discussed in relation to gender and sexualities, bodies, and identities. However, much less has been said, it seems, about what it means exactly and in practice for a democratic politics. In the context of a philosophical exchange with Seyla Benhabib, Drucilla Cornell and Nancy Fraser in the early 1990s on the po-

---

4   See also the second preface to the 1999 edition of *Gender Trouble*.
5   I quote from the transcript accompanying the video posted on YouTube: http://feministing.com/2011/10/24/judith-butler-joins-occupy/. Accessed May 13 2012. See also: http://www.youtube.com/watch?v=JVpoOdz1AKQ. Accessed 8.5.2012.

démocratique. Lors d'un échange philosophique avec Seyla Benhabib, Drucilla Cornell et Nancy Fraser au début des années 1990 sur « le féminisme et le postmodernisme », un sujet pour le moins polémique, Butler explique la portée clairement normative de sa critique dite postmoderne du sujet du féminisme en ces termes :

> *Une théorie sociale qui s'engage à ouvrir à la contestation démocratique dans un horizon postcolonial se doit de trouver une façon d'interroger les fondements qu'elle sera amenée à poser. C'est ce mouvement d'interrogation que la ruse de l'autorité cherche à soustraire à la contestation qui se trouve, selon moi, au cœur de tout projet politique radical. Dans la mesure où le poststructuralisme offre une modalité critique qui permet de contester la tendance fondationnaliste, il est possible de l'utiliser dans le cadre d'un tel agenda radical. Notez bien que j'ai dit « il est possible de l'utiliser » : Je ne crois pas que l'on puisse tirer des conséquences nécessaires de cette théorie; on peut juste la déployer politiquement.* (Butler, 1995a : 41, traduit par nos soins)

Cette citation rend bien compte de la manière dont Butler a très tôt articulé, et continue à articuler, le rapport entre critique et politique, et la nécessité d'interroger tout fondement naturalisé à partir d'une pratique critique qui puisse constituer une ressource politique pour des agendas féministes et démocratiques. Elle nous renseigne également sur le contexte de réception de *Trouble dans le Genre* aux États-Unis, sur les débats féministes à l'époque et le rapport alors tendu, pour ne pas dire antagoniste, entre théorie et politique, mais aussi entre politique (comprendre « des identités ») et coalition.

Il vaut sans doute la peine de rappeler ici deux choses. Tout d'abord, l'intérêt de Butler pour les politiques de coalition dans *Trouble dans le Genre* est né dans le contexte critique d'une crise du féminisme dont l'unité se trouvait minée par l'intersectionnalité de nombreuses autres variables telles que la sexualité, la classe, la race ou encore la nationalité pour ne citer que ces exemples d'une liste qui se termine habituellement sur un « etc. » à défaut d'être exhaustive. Rappelons également que la théorie de la performativité du genre telle que l'a formulée Butler vise à repenser le politique – et non « juste » le genre, les corps, le sujet et la capacité d'agir – en des termes performatifs plutôt qu'en termes de représentation (voir aussi Butler et Scott, 1992).

Dans sa contribution à cet ouvrage, Butler évoque la question de la représentation politique, l'idée démocratique de la représentation, un idéal qui se trouve souvent bafoué dans la réalité. Si l'on infléchit la question de la représentation vers ce défi démocratique qu'est la délégation politique, et qui ne se réduit de loin pas à une politique de l'identité, on peut se demander ce que « représenter » veut dire dans une perspective qui part cette fois de notre

lemical topic of "feminism and postmodernism", Butler explained the clearly normative commitments of her so-called postmodern critique of the subject of feminism:

> *A social theory committed to democratic contestation within a postcolonial horizon needs to find a way to bring into question the foundations it is compelled to lay down. It is this movement of interrogating that ruse of authority that [sic] seeks to close itself off from contest that is, in my view, at the heart of any radical political project. Inasmuch as poststructuralism offers a mode of critique that effects this contestation of the foundationalist move, it can be used as a part of such a radical agenda. Note that I have said, "It can be used": I think there are no necessary political consequences for such a theory, but only a possible political deployment.*
> (Butler, 1995a: 41)

The quote makes explicit Butler's early, but still valid, formulation of the ways in which she articulates critique to politics, the need for a critique of naturalized foundations and for a critical practice that can work as a political resource for a feminist and democratic agenda. The quote also tells us something about the context of reception of *Gender Trouble* in the U.S., the feminist debates at the time, and the extent to which theory and politics, but also politics and coalitions, were defined in an uneasy relation when they were not pitted against the other.

It is perhaps useful to recall here that Butler's interest in coalitional politics in *Gender Trouble* emerged in the critical context of a crisis in feminism whose unity seemed to fall apart along the axes of sexuality, class, race, and nationality to name only a few from an ever-expanding list ending with a conventional "etc." Let us recall as well that Butler's theory of gender performativity aims to rethink the political itself – and not "just" gender, bodies, subjects and agency – in terms of performativity, rather than of representation (see also Butler and Scott, 1992).

In her contribution to this volume, Butler returns to the question of political representation, the ideal of democratic representation, and the actuality of misrepresentation in political life. Now, if we consider the question of representation as a democratic challenge (i.e., in the sense of political delegation that cannot be collapsed into identity politics), then what does it mean and take to "represent" from a perspective that is centered, this time, on

précarité partagée pour mieux contrer les formes inégales dans lesquelles elle persiste dans nos vies et dans la vie politique. Je pense en particulier à ce passage :

> *Ce rassemblement de corps est en quelque sorte un exercice de la volonté populaire, et une manière d'affirmer, sous une forme corporelle, l'une des présuppositions les plus fondamentales de la démocratie, à savoir que les institutions politiques et publiques sont tenues de représenter le peuple, et de le faire par des moyens qui établissent l'égalité comme une présupposition de l'existence sociale et politique.* (Butler, 2016, ce volume)

Que faut-il comprendre exactement par « exercice de la volonté populaire » ? Ce passage nous amène à penser que la question de la délégation politique reste entière une fois menée à bout la critique, nécessaire, de la représentation comprise au sens de pure mimésis ou d'« un miroir de la nature » (pour reprendre une expression de Richard Rorty, 1979). C'est du moins ainsi que je commencerais à faire sens de la possibilité, de la désirabilité, voire de l'urgence renouvelée, d'exiger l'égalité dans les termes de la démocratie représentative et de pouvoir dire « Nous, le peuple ».

La question d'un « nous » précisément comme une question qui traverse l'ensemble des travaux de Butler se trouve au cœur de ses réflexions sur les conditions de possibilité de faire alliance, et de le faire avec et en tant que corps. En même temps, la possibilité d'affirmer et de revendiquer un « nous » émerge à travers une trajectoire distinctive. Une analyse plus globale permettrait d'associer à cette trajectoire des thèmes politiques majeurs qui parcourent l'ensemble de son œuvre, par exemple les relations entre le pouvoir, le désir, l'amour et la passion, le travail des normes dans la formation du sujet, ou encore une conception non naturalisée de la capacité d'agir et de l'action, des thèmes qui apparaissent déjà dans son premier ouvrage, *Sujets de désir* (2011c[8]) ou encore *La Vie psychique du pouvoir* (2002b[9]).

Pour faire simple, on peut dire que Butler travaille à la question de la possibilité de faire communauté et alliance à partir de deux notions clés. La première notion, c'est la vulnérabilité, en particulier la vulnérabilité corporelle que Butler commence par lier, à partir d'une lecture en partie psychanalytique, à la perte, au travail du deuil, et à leur déni : la mélancolie. Dans un article intitulé « Violence, deuil, politique »,[10] Butler considère comment la question de la perte peut nous réunir :

---

8   1987 pour la version originale.
9   1997 pour la version originale.
10  Publié en anglais en 2003 (voir Butler 2003a) et la même année en français dans la revue *Nouvelles Questions Féministes* (2003b), puis reproduit dans *Vie précaire* (2005).

shared precarity to better counter the persisting inequalities in our lives and in politics? I am thinking in particular about this passage:

> *In a way, the collective assembling of bodies is an exercise of the popular will, and a way of asserting, in bodily form, one of the most basic presuppositions of democracy, namely, that political and public institutions are bound to represent the people, and to do so in ways that establish equality as a presupposition of social and political existence.* (Butler, 2016, this volume)

What exactly is meant here by "an exercise of the popular will?" These lines seem to indicate that the question of political delegation remains with us at the end of the critique of representation as pure mimesis or as a "mirror of nature" (to borrow an expression by Richard Rorty, 1979). It is at least how I would start to make sense of the possibility, the desirability, even the renewed urgency, to claim for equality in a regime of representative democracy and to be able to assert "We, the people."

The question of a "we" as precisely a question in Butler's work is at the heart of her reflections on the conditions of possibility of coalition building and, further, of bodies in alliance. At the same time, the possibility of affirming and claiming a "we" emerges through a somehow distinct trajectory. A full picture would bring into new critical focus major political themes that have been running throughout her entire work, such as the relations between power, desire, love and passion; norms for subject formation; and a non-naturalized conception of agency, all themes that appear already in her first book, *Subjects of Desire* (1987), or in *The Psychic Life of Power* (1997).

To keep it simple, we can say that Butler has been working out the possibility of community and of alliance through two key notions. The first is vulnerability, particularly bodily vulnerability, which Butler connects to begin with, and in a psychoanalytic vein, to the question of loss, of mourning, and their denial (i.e., melancholia). In an article entitled "Violence, Mourning, and Politics" that was first published in 2003 and again a year later, in *Precarious Life* (2004), she considers how loss can bring us together:

> Les questions qui me préoccupent au vue de la récente violence globale sont: Qui vaut pour l'humain? A qui sont ces vies qui comptent pour des vies? Et enfin, qu'est-ce qui fait qu'une vie vaut la peine d'être pleurée? Malgré nos différences de lieu et d'histoire, je suis d'avis qu'il est possible de faire appel à un « nous » car tout·e·s un·e chacun·e sait plus ou moins ce que perdre quelqu'un veut dire. La perte fait de l'ensemble de nous un « nous » ténu. (Butler, 2003b: 72–73)

Les préoccupations de Butler pour la question de la vulnérabilité, du deuil, de la perte en lien avec la mort ou la maladie apparaissent au courant des années 1990 dans le contexte de l'épidémie du SIDA et de la première vague de disparitions restées discrètes, trop discrètes, et souvent pleurées en secret. Aussi, ne s'étonnera-t-on pas de constater que *Le Pouvoir des mots* (2004[11]) ou encore *Antigone. La parenté entre vie et mort* (2003c[12]), par exemple, mais déjà aussi *Ces corps qui comptent* abordent très directement ces questions. Cela dit, la question de « ré-imaginer la possibilité de faire communauté sur la base de la vulnérabilité et de la perte » (Butler, 2003b, p. 72) sera explicitement thématisée en relation et en réaction à la soi-disant guerre contre le terrorisme. Dans ce contexte, c'est le discours agressif de l'invulnérabilité, le désaveu de l'invulnérabilité, en somme l'hybris états-unienne, que Butler veut mettre en cause en premier lieu. Ce n'est donc pas un hasard si son intérêt pour une politique de coalition, et ses formulations à ce propos, s'affirment avec une force et une clarté renouvelées suite aux événements du 11 septembre – de *Vie précaire* (2005[13]) et *Le Récit de soi* (2007[14]) à *Ce qui fait une vie* (2010b[15]).

C'est certainement dans *Ce qui fait une vie* que Butler énonce le plus clairement et fortement sa proposition pour un « nous » coalitionnel, lorsqu'elle écrit: « Le but de cet ouvrage est de réorienter la politique de la Gauche en l'amenant à tenir compte de la précarité comme un site existant et prometteur pour former toutes sortes de coalition » (Butler, 2010a [2009], p. 28, traduit par nos soins). La précarité – ou mieux, la vie (ou condition) précaire (*precariousness* en anglais, j'y reviendrai plus bas) – est donc la seconde notion à partir de laquelle Butler explore la possibilité de faire communauté, avec cette fois une référence explicite à l'éthique d'Emmanuel Lévinas.

Ces deux notions, la vulnérabilité et plus récemment la vie précaire *(precariousness)* impliquent une nouvelle *ontologie* et une nouvelle *théorie sociale* du corps-en-société pour le penser en termes de radicale interdépen-

---

11  1997 pour la version originale.
12  2000 pour la version originale.
13  2004 pour la version originale.
14  2005 pour la version originale.
15  2009 pour la version originale.

*The question that preoccupies me in the light of the recent global violence is: Who counts as human? Whose lives count as lives? And, finally, What makes for a grievable life? Despite our differences in location and history, my guess is that it is possible to appeal to a "we", for all of us have some notion of what it is to have lost somebody. Loss has made a tenuous "we" of us all.* (Butler, 2006 [2004]: 20, emphases in original)

Butler's preoccupations with vulnerability, mourning, and loss in relation to death or illness emerges during the 1990s in the context of the AIDS epidemics and of the first "wave" of people who died in an all too discreet manner and were often mourned in secret. Not surprisingly, *Excitable Speech* (1997) and *Antigone's Claim* (2002), for instance, or even *Bodies that Matter*, already address these issues in a rather direct manner. But the question of "reimagining the possibility of community on the basis of vulnerability and loss" will be thematized explicitly in relation and in reaction to the so-called war against terrorism (Butler, 2006 [2004], p. 20). In this context, it is the public discourse of invulnerability, the disavowal of vulnerability – in short, U.S. hubris – that Butler wants to interrogate in the first place. It is, therefore, no coincidence that her concerns for coalitional politics and her formulations in this regard have become increasingly explicit in her responses to the 9/11 events – from *Precarious Life* (2004) and *Giving an Account of Oneself* (2005) to *Frames of War* (2010 [2009]).

It is certainly in *Frames of War* that Butler's proposal for a coalitional "we" appears most strongly and clearly, when she writes: "This work seeks to reorient the politics on the Left toward a consideration of precarity as an existing and promising site for coalition exchange" (Butler, 2010 [2009]: 28). Precarity – or, better, *precariousness* (more on this below) – is then the second key notion through which Butler explores the possibility of community, this time in explicit reference to Emmanuel Levinas' ethics.

The two notions – vulnerability and, more recently, precariousness – involve a new *ontology* and *social theory* of the body-in-society in terms of radical interdependency. This claim is not new *per se*, but extends Butler's dis-

dance. Cette thèse n'est pas à proprement parler nouvelle. On la trouve déjà formulée dans *Ces corps qui comptent*. En même temps, il y a là quelque chose de nouveau que je formulerais ainsi : il me semble que le projet de l'époque – qui était de soumettre la matière du corps et du sexe à la déconstruction – prend désormais une direction de plus en plus « reconstructive » si j'ose dire, ou encore « affirmative ». Il me semble en effet que la notion de vie précaire *(precariousness)* permet à Butler de *re-matérialiser* les corps comme matière, comme une matière vivante de surcroît. Il faut comprendre ici « re-matérialiser » au sens fort et non substantialiste que lui donnaient déjà par exemple Gaston Bachelard dans la perspective du réalisme construit (1938), mais aussi, et peut-être surtout, François Dagnognet (1987) dans sa « matériologie » – qu'il s'agirait donc de s'approprier plus avant pour des projets féministes (voir Kraus, 2005). Plus encore, avec une notion de vie précaire *(precariousness)* qui vise à caractériser non seulement les corps, mais la vie elle-même, Butler cherche à mettre un nom sur une condition que les humains, en tant qu'êtres incorporés, partagent avec tous les organismes vivants. Avec cette notion, il semble ainsi que Butler veuille étendre son geste ontologique et son projet politique aux formes de vie non-humaines.

Il convient de souligner que la notion de précarité *(precarity* en anglais) n'est pas vraiment synonyme de « vie » ou « condition précaire » (au sens de *precariousness*). Il semblerait que nous puissions en fait réserver nos usages du terme « précarité » pour parler d'une instanciation spécifique, à spectre large, et éminemment politique de la vie précaire *(precariousness)* : lorsque cette condition devient la cible privilégiée de la biopolitique néolibérale. C'est pourquoi, une politique de coalition basée sur cette condition précaire partagée doit aussi fondamentalement se donner pour tâche de théoriser la précarité, c'est-à-dire toutes les inégalités persistantes relatives au façonnage et à la gestion de cette condition précaire, et partant des sujets comme formes de vie en société. Ces inégalités nous appellent à lutter pour une politique d'égalité, de responsabilité, et de protection des conditions de subsistance et de persistance des corps, pour que tout le monde puisse vivre pleinement sa vie (voir aussi Butler, 2009b). Plus encore, notre vie ou condition précaire *(precariousness)* nous engage en réalité sur un terrain normatif qui excède ce que l'on entend habituellement par « politique ». On peut le lire en particulier dans *Le Récit de soi*, où Butler articule son ontologie et sa politique de la vie précaire à une épistémologie qui prend acte des limites de la connaissance de soi, une relative non-connaissance qui l'amène à formuler une éthique critique envers tout fondement naturalisé et des exclusions/omissions qui les soutiennent ; en bref, à concevoir la critique et l'autocritique comme une éthique.

cussion in *Bodies that Matter*. At the same time, there is definitely something new. Let me put it like this: It seems to me that her early project to offer a deconstructionist critique of the matter of the body and of sex has progressively taken a so-to-speak more "reconstructive" or "affirmative" direction. Indeed, it seems to me that the notion of precariousness makes it possible for Butler to *re-materialize* the body as matter and, further, as living matter. I mean "re-materialize" here in the strong and non-substantive sense of the term proposed, for instance, by Gaston Bachelard from the perspective of constructed realism (2002 [1938]), or maybe especially by François Dagognet in his "materiology" (1989) – which we would then need to appropriate for feminist discussions (see Kraus, 2005). Further, with a notion of precariousness that is meant to qualify not only bodies, but also life itself, Butler seeks to put a name on a condition that humans, as embodied beings, share with all living organisms. With this notion, then, Butler seems to want to push the discussion one step further by extending her ontological gesture and political project to non-human forms of life.

Note that the related notion of *precarity* is not really synonymous with precariousness. Rather, I think that we can reserve our uses of the notion of "precarity" to refer to a specific and highly political instantiation of precariousness: when precariousness becomes the privileged target of neoliberal biopolitics. For this reason, and in order to imagine a coalitional politics based on shared precariousness, we should also – and most importantly – theorize precarity, that is, the yet existing inequalities in the making and government of precariousness, and, thus, of the human subject as forms of life in society. Such inequalities commit us to take action, to struggle for a politics of equality, responsibility, sustainability, and protection of bodies, so that individual and collective subjects can come into full existence and live a livable and grievable life (see also Butler, 2011b). Further, a precariousness-based politics involves strong normative commitments that exceed politics in any conventional sense of the term. We can see this at work in *Giving an Account of Oneself* (2005), when Butler articulates her ontological and political claims about precariousness to an *epistemology* of relative self-unknowability, an unknowingness that calls for a critical ethics of naturalized norms and their supporting exclusions; in short, for conceiving of *critique* and *self-critique as ethics*.

Pour conclure, j'aimerais revenir sur un point que je trouve particulièrement intéressant, parce qu'il traduit bien le double mouvement, entre continuité et nouveauté, qui se dégage dans l'œuvre de Butler prise dans son ensemble. Comme on pourra le lire dans sa contribution à cet ouvrage, Butler définit la vie précaire comme une « non-fondation commune » (Butler, 2016, ce volume). Cette formulation capture bien l'esprit critique qui anime son œuvre et sa quête d'une condition partagée qui ne soit pas une pré-condition au sens d'un fondement, une condition qui pourrait ainsi inaugurer la possibilité de faire communauté. En même temps, elle nous offre aussi une autre définition de la vie précaire: elle est une « non-fondation commune » et pourtant aussi et simultanément une circonstance non-contingente (voir Butler, 2016, ce volume)[16]. Ce qui me frappe, vous l'aurez deviné, c'est que Butler nous dit clairement que la condition partagée pour un « nous » est non-contingente. Voici à ma connaissance quelque chose de très nouveau, pour ne pas dire sans précédent, puisque l'affirmation répétée de « fondements contingents » constitue si l'on peut dire la marque de fabrication de la pensée de Butler (voir p.ex. Butler, 1995a). Ce qu'elle veut dire par là, il me semble, c'est que la vie précaire au sens de *precariouness* n'est pas un fondement contingent, parce que cette notion renvoie et nous parle d'une ontologie d'un genre très particulier: une question factuelle, mais d'un fait donné après coup; une question de vie (et de mort), et pourtant rien à voir avec une « vie nue », il n'y a pas de vie qui ne soit d'abord sociale. En somme, la vie ou condition précaire est donc fondamentalement et avant tout une question ouverte, qui nous interroge et nous ouvre sur les autres. Elle est en ce sens un souci, une préoccupation, un effort collectif vers lequel nous devons tendre notre imagination scientifique et politique.

## Références bibliographiques

BACHELARD Gaston (1938). *La formation de l'esprit scientifique. Contribution à une psychanalyse de la connaissance objective*. Paris: Vrin.

BELLA Kyle. (15.12.2011). "Bodies in Alliance: Gender Theorist. Judith Butler on the Occupy and SlutWalk Movements". http://truth-out.org/news/item/5588-bodies-in-alliance-gender. Accessed 30.4.2012.

BUTLER Judith (2015). Vulnérabilité, précarité et coalition. Ce volume, pp. XX

---

16  En fait, Butler le dit explicitement à propos de la vulnérabilité plutôt que de la vie précaire. Il me semble toutefois que le statut ontologique de la vie précaire au sens de *precariouness* dans la pensée politique de Butler est bien celui d'une circonstance non-contingente. De même, je pense que la description que Butler donne de la vie précaire comme une « non-fondation commune » vaut également pour la vulnérabilité. C'est pourquoi je les discute ici ensemble.

To conclude, I would like to address an issue that I find to be particularly interesting because it translates the double move between continuity and novelty in Butler's thinking in light of her entire work. As we can read it in her contribution to this volume, Butler defines precariousness as a "common non-foundation". This formulation captures not only Butler's critical spirit, but also a long-time project: The search for a shared condition that would not be a precondition in the sense of a foundation, a condition then that could inaugurate the possibility of community. At the same time, she does offer another definition of precariousness: If it is a "common non-foundation", then it is yet, she also writes, a *non*-contingent circumstance (see Butler, 2016, this volume). Of course, what strikes me here is the fact that the shared condition for a coalitional "we" is said to be "non-contingent". This is radically new and even unprecedented, I would say, since "contingent foundations" are precisely the trademark, so to speak, of Butler's thinking. What she means, I think, is that precariousness is not a contingent foundation because it refers to a very particular kind of ontology: It is a matter of fact after the fact; it is a matter of life and, yet, not of "bare life", since there is no life that is not social to begin with. In sum, it is first and foremost an open question and an opening to others. It is, in this sense, a matter of concern, a preoccupation and a collective and sustained effort of scientific and political imagination.

## References

BACHELARD Gaston (2002 [1938]) *The Formation of the scientific mind: A contribution to a psychoanalysis of objective knowledge* [La formation de l'esprit scientifique. Contribution à une psychanalyse de la connaissance objective]. Introduced, translated and annotated by Mary McAllester Jones. Manchester: Clinamen Press.

BELLA Kyle. (2011 [15.12.11]). "Bodies in Alliance: Gender Theorist. Judith Butler on the Occupy and SlutWalk Movements." http://truth-out.org/news/item/5588-bodies-in-alliance-gender. Accessed 30.4.2012.

BUTLER Judith (2012). "Vulnerability, Precarity, Coalition." That volume, pp XXX.

BUTLER Judith (2011a). "Bodies in Alliance and the Politics of the Street". http://eipcp.net/transversal/1011/butler/en/print. Consulté le 30.4.2012.
BUTLER Judith (2011b [12.12.11]) "From and Against Precarity". http://occupytheory.org/read/from-and-against-precarity.html. Consulté le 8.5.2012.
BUTLER Judith (2011c). *Sujets du désir. Réflexions hégéliennes en France au XXè siècle, (1987–1999)*. Paris: PUF.
BUTLER Judith (2010a [2009]). *Frames of War. When Is Life Grievable?* New York: Verso.
BUTLER Judith (2010b). *Ce qui fait une vie. Essai sur la violence, la guerre et le deuil*. Paris: La Découverte.
BUTLER Judith (2009a [17.12.9]). "From performativity to precarity". http://vimeo.com/11521534. Consulté le 13.5.2012.
BUTLER Judith (2009b) *Ces corps qui comptent: De la matérialité et des limites discursives du «sexe»*. Paris: Editions Amsterdam.
BUTLER Judith (2007). *Le récit de soi*. Paris, PUF.
BUTLER Judith (2006 [2005]). *Trouble dans le genre. Le féminisme et la subversion de l'identité*. Paris: La Découverte/Poche. (N.d.T.: le sous-titre de la première édition française de 2005 est *Pour un féminisme de la subversion*. Je préfère l'édition de poche de 2006 que j'ai partiellement révisée et qui porte un sous-titre plus proche de l'anglais).
BUTLER Judith (2005). *Vie précaire. Les pouvoirs du deuil et de la violence après le 11 septembre 2011*. Paris: Editions Amsterdam.
BUTLER Judith (2004). *Le Pouvoir des mots. Politique du performatif*. Paris: Editions Amsterdam.
BUTLER Judith (2003a). "Violence, Mourning, and Politics". *Studies in Gender and Sexuality*, vol. 4, no 1, pp. 9–37.
BUTLER Judith (2003b). «Violence, deuil, politique». *Nouvelles Questions Féministes*, vol. 22, no 1, pp. 72–96.
BUTLER Judith (2003c). *Antigone. La parenté entre vie et mort*. Paris: EPEL.
BUTLER Judith (2002a). "What is Critique? Essay on Foucault' Virtue". http://tedrutland.org/wp-content/uploads/2008/02/butler-2002.pdf. Document PDF (14 p.) téléchargé le 18.11.2011.
BUTLER Judith (2002b). *La Vie psychique du pouvoir*. Paris:Editions Léo Scheer.
BUTLER Judith (1999, 2$^{ème}$éd. [1990]). *Gender Trouble. Feminism and the Subversion of Identity*. New York: Routledge.
BUTLER Judith (1995a). "Contingent Foundations", in BUTLER Judith, BENHABIB Seyla, CORNELL, Drucilla & FRASER. Nancy. *Feminist Contentions: A Philosophical Exchange*. New York: Routledgte, pp. 35–58.

BUTLER Judith (2011a). "Bodies in Alliance and the Politics of the Street." http://eipcp.net/transversal/1011/butler/en/print. Accessed 30.4.2012.

BUTLER Judith (2011b [12.12.11]) "From and Against Precarity." http://occupytheory.org/read/from-and-against-precarity.html. Accessed 8.5.2012.

BUTLER Judith (2010 [2009]). *Frames of War. When Is Life Grievable?* New York: Verso.

BUTLER Judith (2009 [17.12.9]). *"From performativity to precarity."* http://vimeo.com/11521534. *Accessed 13.5.2012.*

BUTLER Judith (2006 [2004]). *Precarious Life: The Powers of Mourning and Violence.* New York: Verso.

BUTLER Judith (2005). *Giving an Account of Oneself.* New York: Fordham University Press.

BUTLER Judith (2003). "Violence, Mourning, and Politics". *Studies in Gender and Sexuality*, vol. 4, no 1, pp. 9–37.

BUTLER Judith (2002). "What is Critique? Essay on Foucault' Virtue." http://tedrutland.org/wp-content/uploads/2008/02/butler-2002.pdf. Retrieved 18.11.2011.

BUTLER Judith (2000). *Antigone's Claim. Kinship Between Life and Death*. New York: Columbia University Press.

BUTLER Judith (1997). *The Psychic Life of Power. Theories in Subjection*. Stanford (CA): Stanford University Press.

BUTLER Judith (1995a). "Contingent Foundations", in BUTLER Judith, BENHABIB Seyla, CORNELL, Drucilla & FRASER. Nancy. *Feminist Contentions: A Philosophical Exchange.* Routledge, New York, pp. 35–58.

BUTLER Judith (1995b). "For a Careful Reading", in BUTLER Judith, BENHABIB Seyla, CORNELL, Drucilla & FRASER. Nancy. *Feminist Contentions: A Philosophical Exchange.* Routledge, New York, pp. 127–144.

BUTLER Judith (1993). *Bodies that Matter. On the Discursive Limits of "Sex"*. New York: Routledge.

BUTLER Judith (1990; 1999, 2$^{nd}$ edition). *Gender Trouble. Feminism and the Subversion of Identity.* New York: Routledge.

BUTLER Judith (1987) *Subjects of Desire. Hegelian Reflections in Twentieth-Century France*. New York: Columbia University Press.

BUTLER Judith, Daniel Bensaïd, Eustache Kouvélakis, Sebastian Budgen *et al.* (2002). *L'autre Amérique: Les Américains contre l'état de guerre*. Paris: Textuel.

BUTLER Judith & SCOTT Joan W (eds.) (1992). *Feminists Theorize the Political*. New York: Routledge.

DAGOGNET François (1989). *Rematérialiser*. Paris: Vrin.

BUTLER Judith (1995b). "For a Careful Reading", in BUTLER Judith, BENHABIB Seyla, CORNELL, Drucilla & FRASER. Nancy. *Feminist Contentions: A Philosophical Exchange.* New York: Routledge, pp. 127–144.

BUTLER Judith, Daniel Bensaïd, Eustache Kouvélakis, Sebastian Budgen *et al.* (2002). *L'autre Amérique. Les Américains contre l'état de guerre.* Paris: Textuel.

BUTLER Judith & SCOTT Joan W (dir.) (1992). *Feminists Theorize the Political.* New York: Routledge.

DAGOGNET François (1989). *Rematérialiser.* Paris: Vrin.

FOUCAULT Michel (1990 [retranscription d'une conférence donnée en 1978]). Qu'est-ce que la critique? (Critique et Aufklärung). *Bulletin de la Société française de philosophie*, 1990, vol. 84, no 2, p. 35–63.

KRAUS Cynthia (2005). Avarice épistémique et économie de la connaissance: le pas rien du constructionnisme social, in ROUCH Hélène, DORLIN Elsa & FOUGEYROLLAS Dominique (dir.), *Le Corps, entre sexe et genre.* Paris: L'Harmattan/Bibliothèque du féminisme, pp. 39–59.

RORTY Richard (1979). *Philosophy and the Mirror of Nature.* New Jersey: Princeton University Press.

FOUCAULT Michel (1997 [1990 for the original French transcript of the 1978 conference]). "What is Critique?", in LOTRINGER Sylvère & HOCHROTH Lysa (eds.), *The Politics of Truth*. New York, Semiotext(e).

KRAUS Cynthia (2005). Of "Epistemic Covetousness", in Knowledge Economies: The Not-Nothing of Social Constructionism. *Social Epistemology, A Journal of Knowledge, Culture and Policy*, vol. 19, no 4, pp. 339–355.

RORTY Richard (1979). *Philosophy and the Mirror of Nature*. New Jersey: Princeton University Press.

# De l'hospitalité à la coalition

*Delphine Gardey*

Ce livre poursuit deux objectifs principaux. Le premier consiste à rendre compte de l'actualité de la pensée de Judith Butler et des façons dont elle se trouve aujourd'hui mobilisée en Europe. Le deuxième consiste à s'appuyer sur les perspectives développées par Judith Butler à propos des formes actuelles et possibles de « coalition » pour envisager les conditions théoriques et pratiques suivant lesquelles on « s'allie » ou on se « coalise ». Séminales, la question féministe et l'approche en termes de genre (en tant que rapport de pouvoir), sont présentes et mobilisées dans cet ouvrage. Pourtant, et comme c'est le cas dans l'évolution de l'œuvre de Judith Butler, le travail conduit à propos des sexualités et des formes de vie précaires ou dominées est le moyen d'ouvrir à une perspective autre (ou élargie) qui englobe, annexe, articule, dépasse (et parfois suspend) la question du genre et des sexualités en tant que questions politiques. L'extension et l'universalisation fonctionnent ici à rebours. Le mouvement propre au déploiement de la pensée de Judith Butler interroge la localité ou l'illocalité. Il propose via la question de l'alliance, celle du commun et du devenir.

Les différentes contributions rassemblées ici émargent plus ou moins fermement à l'un ou l'autre de ces objectifs. Elles livrent en premier un aperçu de la diversité et de la richesse des enquêtes qui, partout en Europe, et dans de nombreuses langues et disciplines, mettent au travail les propositions théoriques de Judith Butler depuis les différents champs du savoir et de la politique qu'elle a investis. Les portes sont donc largement ouvertes. L'objectif est de rendre compte de la variété des recherches en cours. Propositions avérées, stabilisées et issues de chercheur·e·s aux parcours anciens ; travaux émergents, encore en devenir, et provenant de jeunes auteur·e·s. Plus que de « s'allier » empiriquement ou théoriquement avec la pensée de Judith Butler, il s'agit de la faire fructifier. Plus précisément, il est question de contribuer à penser la question dynamique (théorique et pratique) de la « coalition », de ses conditions d'émergence et de possibilité. « Faire alliance », « se coaliser », concerne dans notre esprit autant le fait de cultiver une affinité avec la pensée de Judith Butler que celui d'ouvrir et d'approfondir la question des luttes et des solidarités communes. L'objet est bien d'envisager, avec et au-delà de la question du genre et des pensées féministe et queer, les formes et conditions actuelles de la mobilisation et de l'action transformatrice tant sur le plan individuel que collectif.

# From Hospitality to Coalition*

## *Delphine Gardey*

The present book has two main objectives. The first is to provide insight into current debates around Judith Butler's thought and how it is brought into play in Europe today. The second objective is to use the perspectives developed by Judith Butler about current potential forms of "coalition" in order to consider the theoretical and practical conditions for us to "enter into alliances" or "coalitions". The feminist question and gender-based approach (with gender considered as power relations) are seminal, and both are actively present in this book. However, as can be seen in the developments of Judith Butler's work, addressing precarious or dominated sexual groups and forms of life provides an opportunity to open another (or extended) perspective that encompasses, annexes, articulates, goes beyond (and sometimes suspends) the question of gender and sexuality as political issues. Extension and universalization operate in reverse here. The movement that characterizes the deployment of Judith Butler's thought questions locality and illocality. Through the question of alliance, it makes proposals about commonality and the future.

The various contributions brought together here more or less directly fall under one or the other of those objectives. First, they provide an insight into the diversity and value of the studies carried out throughout Europe, in various languages and disciplines, that put to work Judith Butler's theoretical proposals in various domains of knowledge and fields of politics. Doors are thus wide open. The objective is to account for the diversity of current research. This book includes proven stabilized proposals by well-established researchers, as well as emerging work, still in the making, by young authors. Rather than empirically or theoretically "entering into an alliance" with Judith Butler's thought, the objective is to make it bear fruit. More precisely, the goal is to contribute to thinking on the dynamic (theoretical and practical) issue of "coalition", of its conditions of emergence and possibility. In our mind, "making alliances" and "building coalitions" is as much about cultivating affinity with Judith Butler's thought as it is about opening and going in depth into the issue of common struggles and solidarities. The idea is to use and go beyond the issue of gender and feminist and queer thought in order to consider the

---

\* Translated from French into English by Cyril Leroy.

Pour revenir sur les intentions à l'origine de ce projet et décliner les objets et les enjeux de cet ouvrage, je suivrai une série de verbes d'action : traduire ; être invité·e et recevoir ; prendre la parole et s'allier. De l'un à l'autre se dessinent les fils possibles entre le temps et la question de l'hospitalité et le temps et la question de la coalition.

## 1 Traduire

A l'origine de cet ouvrage se trouve la question, apparemment simple, de la traduction. Cynthia Kraus et moi avons fait l'expérience de « traduire » en français des auteures féministes américaines contemporaines – Judith Butler (2006) dans le cas de Cynthia Kraus ; Donna Haraway (2007) pour ce qui me concerne[1]. Traduire nous a rendues sensibles aux difficultés propres à un exercice qui n'est pas simple travail de conversion d'une langue à l'autre, mais travail actif d'appropriation, de production de sens et d'activation d'un espace de rencontre entre différents contextes culturels[2]. Traduire compte alors comme une des modalités premières de « l'alliance » entre des langues, des mondes culturels et sociaux différents.

La Suisse, du fait de son multilinguisme constitutif, nous est apparue comme le lieu idéal pour conduire une réflexion sur la traduction, la réception, l'appropriation, la circulation des textes au sein de l'espace féministe. Des précédents helvétiques s'étaient déjà employés à travailler et déplacer différences et affinités entre « gender », « genre » et « Geschlecht »[3]. La diversité des langues ouvre l'espace de paradoxes créatifs : contingence/universalité des significations ; transversalité/contextualité des textes. Quels cheminements théoriques du français à l'anglais et de l'anglais au français ? Quelles spécificités théoriques et disciplinaires dans les contextes culturels de langue allemande ? Quels registres et préférences théoriques entre les mondes germanophones, francophones et italophones ? Pourquoi ne pas utiliser cette « Babel » linguistique et culturelle que constitue l'espace helvétique pour mettre à jour la réception européenne de l'œuvre de Judith Butler ?

Hôtes (hosts) de Judith Butler à Genève et en langue française en mai 2012, mais aussi hôtes (guests) de son œuvre, nous avons entrepris de définir une invitation plus large en faisant vivre, l'espace de deux jours et d'un

---

1  Accompagnant et dépassant ce travail de traduction, mes lectures de l'œuvre de Donna Haraway (Gardey, 2007 ; Gardey, 2013).

2  Sur cette expérience, et à propos de Judith Butler, la préface de Charlotte Nordmann et Jérôme Vidal, « Une provocation », in Butler Judith (2004a), pp. 7–19.

3  Interdisziplinäre Zentrum für Geschlechterforschung der Universität Bern (2007).

current forms and conditions of mobilization and transformative action both on an individual and collective level.

To come back to the initial intent of the project and develop the object and challenges of the present book, I will use a series of action verbs: translating; being invited and hosting; speaking up and forming alliances. These verbs will draw possible paths between time and the issue of hospitality, and time and the issue of coalition.

## 1    Translating

This book originates from the apparently simple question of translation. Cynthia Kraus and I have experienced what it is to "translate" the works of contemporary American feminist authors into French, respectively Judith Butler (2006) in the case of Cynthia Kraus, and Donna Haraway (2007) in my case[1]. Translating has made us aware of the challenges of this exercise which is more than a simple conversion from one language to another, and includes an active part of appropriation, knowledge production and enabling a common ground for encounter between different cultural contexts[2]. Translating thus becomes one of the first forms of "alliance" between different languages and cultural and social worlds.

Constitutionally multilingual Switzerland seemed to us the ideal place to carry out a reflection on the translation, reception, appropriation, and circulation of texts within the feminist community. Swiss predecessors have already worked on the differences and affinities between "gender", "genre", and "Geschlecht"[3]. Language diversity opens a space for creative paradoxes: contingency/universality of meanings; transversality/contextuality of texts. What theoretical pathways lead from French into English and from English into French? What are the theoretical and disciplinary specificities of German-speaking cultural contexts? What are the respective theoretical registers and preferences of the German-, French- and Italian-speaking worlds? Why not use the linguistic and cultural "Babel" of the Swiss territory to shed light on the way Judith Butler's work is received in Europe?

As hosts to Judith Butler in Geneva, in French, in May 2012, but also as guests of her work, we undertook to define a much broader invitation

---

[1]    In addition and beyond this translation work, see my readings of Donna Haraway (Gardey, 2007; Gardey, 2013).

[2]    About this experience, and about Judith Butler, see the foreword by Charlotte Nordmann and Jérôme Vidal, «Une provocation», in Butler Judith (2004a), pp. 7–19.

[3]    Interdisziplinäre Zentrum für Geschlechterforschung der Universität Bern (2007).

appel à communication européen, une sorte de Babel butlérienne[4]. Ouverte à la pluralité des langues maternelles ou d'affinité des participant·e·s, la conférence qui est à l'origine de cet ouvrage se donnait deux objectifs : en finir avec le temps de la traduction, de la réception et de la socialisation pour entrer dans la découverte des travaux en cours ; décentrer et bousculer l'éternelle discussion France-Amérique (et retour) et multiplier échanges et circulations productives au sein des langues et cultures européennes. L'étonnant voyage des textes et des théories et leurs appropriations différenciées, depuis ce qui a été historiquement défini comme la « French Theory » en Amérique du Nord et jusqu'à son retour difficile en terre « républicaine » et « universaliste » en France, mérite sans doute d'autres analyses et commentaires[5]. Cette histoire a marqué et marque encore les conditions politiques et académiques de réception de nombre de propositions théoriques. Sa « localité » est en elle-même significative et elle se manifeste dès qu'on déplace le regard et qu'on s'intéresse au voyage des idées entre les mondes germanophones et les États-Unis ou au sein de l'espace méditerranéen. C'est le pari que nous faisions et la proposition que nous formulons dans cet ouvrage.

La diversité linguistique, en ce qu'elle est porteuse d'espaces et de contextes culturels et historiques, paraît autrement prometteuse[6]. La circulation des concepts et des outils importe autant comme savoir que comme *faire*. Elle ouvre à la question de l'alliance à l'intérieur des contextes nationaux, et au-delà, dans des territoires géographiques et culturels plus vastes qui sont justement redéfinis par l'action collective et le caractère transnational (tant en termes concrets qu'abstraits) des mobilisations et des causes défendues. La traduction renvoie alors aux pratiques effectives, aux actes en cours, aux mobilisations en marche à la mise en œuvre des idées, au va-et-vient entre « penser », « savoir » et « faire ».

---

4   Rédigé en trois langues (anglais, allemand, français), l'appel à communication prévoyait la possibilité de remettre les textes en quatre langues (anglais, allemand, français, italien). Le comité scientifique de la Conférence était composé de : Judith Butler, Delphine Gardey, Cynthia Kraus, Sushila Mesquita, Lorena Parini, Patricia Purtschert.

5   Plus particulièrement sur la question de la réception de Judith Butler en France (Fassin, 2007 ; Vidal, 2006). Sur la question plus générale de la réception des « studies » Akrich, et al. (2005) et à propos du caractère durablement inassimilable en contexte français du concept de « genre », la lecture de Kraus (2005) dans ce même numéro. Pour une lecture d'un autre point de vue et particulièrement riche et stimulante des échanges France-Amérique et retour : Berger (2013).

6   En témoigne, par exemple, ce « Printemps international du genre » organisé à l'université Paris 8-Vincennes-Saint-Denis par Anne Berger et Eric Fassin, à l'occasion des quarante ans du centre d'études féminines créé par Hélène Cixous, Saint-Denis, 25–26 mai 2014.

by giving life to a sort of Butlerian Babel during a two-day conference and a European call for papers[4]. Open to the plurality of native languages and affinities of participants, the conference from which this book is derived had two objectives: to get the time of translation, reception and socialization over with, in order to enter into the discovery of current works; to shift and shake up the everlasting discussion between France and America (and conversely) and to develop productive exchange and circulation within European languages and cultures. The amazing journey of texts and theories, and their differentiated appropriations, since what was historically defined as "French Theory" in North America and up to its return to the challenging "Republican" and "universalist" soil of France, certainly deserve further analysis and comment[5]. This history has shaped and still shapes the political and academic conditions of the reception of many theoretical proposals. Its "locality" is significant in itself and becomes apparent as soon as one changes focus to the circulation of ideas between the German-speaking worlds and the United States, or within the Mediterranean context. We hope to live up to this challenge with the proposal made in this book.

As a means to open up cultural and historical spaces and contexts, linguistic diversity seems highly promising[6]. The circulation of concepts and tools is just as important as knowing as it is as *doing*. It brings up the issue of alliance formation within national contexts, and beyond, in wider geographic and cultural territories that are indeed redefined by collective action and the transnational character (in both concrete and abstract terms) of mobilizations and advocated causes. Translating relates to effective practices, to current actions, to existing mobilizations and implementation of ideas, to the back-and-forth movement between "thinking", "knowing" and "doing".

---

[4] Written in three languages (English, German, French), the call for papers offered the possibility to write papers in four languages (English, German, French or Italian). The members of the conference's scientific committee were Judith Butler, Delphine Gardey, Cynthia Kraus, Sushila Mesquita, Lorena Parini, and Patricia Purtschert.

[5] More specifically on the question of the reception of Judith Butler's work in France (Fassin, 2007; Vidal, 2006). About the more general issue of the reception of "studies", see Akrich, et al. (2005), and about the fact that the concept of "gender" lastingly will not be able to be assimilated in a French context, see Kraus (2005) in the same volume. For another point of view and a particularly rich and stimulating approach to the exchanges between France and America, see Berger (2013).

[6] As shows, for example, the organization of the «Printemps international du genre» (International Gender Spring) at the Paris 8-Vincennes-Saint-Denis University, Saint-Denis (France), May 25–26, 2014 by Anne Berger and Eric Fassin, for the 40th anniversary of the founding of the Center for Women's Studies by Hélène Cixous.

## 2  Etre invité·e et recevoir

La question de la langue se retrouve toujours dans l'expérience de l'hospitalité. Comme l'indique Derrida à partir de Lévinas, le langage est hospitalité. L'invitation, l'accueil, l'asile, l'hébergement, passent par la langue ou l'adresse à l'autre. Première est en ce sens l'invitation théorique de Judith Butler. Comme elle le rappelle dans sa seconde introduction à *Gender Trouble*, « Making lives possible » (2005), l'une des revendications théoriques et politiques de *Gender Trouble*, pourrait être vue comme le moyen d'inviter des personnes jusque là « non autorisées » à entrer dans un nouvel espace de vie, dans un nouvel espace politique et théorique, susceptible d'être défini comme un lieu commun (Gardey, 2011). C'est un peu comme s'il s'agissait de définir une « maison » (*a home*) pour vivre et penser, un « chez moi » qui serait aussi un « chez nous », mais dans une définition *« at large »* comme dirait Donna Haraway (Penley & Ross, 1991). Il me semble que ce geste, si bien explicité par Butler, est à l'œuvre depuis quarante ans du fait du mouvement et de la pensée féministes. Elargir le nombre des sujets, élargir le spectre des possibles, redéfinir les « maisons » tant en termes de politique que de science, sont quelques-uns des ressorts et des motifs de « l'agir » et du « penser » en féminismes (Gardey, 2011).

Admettre des objets et des sujets étranges comme des invité·e·s (et non comme des ennemi·e·s) aux portes du Droit, de la Société, de la Philosophie, de la Connaissance scientifique ou de l'Université signifie transformer « l'ordre de la maison », en subvertir les règles et les normes. Redéfinir, finalement, ce que la maison « est » ou pourrait être. La notion d'hospitalité réfère ici à la diversité des objets, sujets et questions ouvertes par la théorie féministe (et par exemple, dans son œuvre, par Judith Butler).

Au-delà du féminisme ou de la pensée *queer*, il est par exemple question avec *Vie précaire* (Butler, 2005) de la nécessité de l'hospitalité dans une acception sociale et politique plus vaste. *Vie Précaire* nous parle de l'État, de la Guerre, de la Loi. Il y est question des sujets nomades, des étrangers et de celles et ceux qui sont « en exil ». Il y est question de celles et ceux qui sont hors de la territorialité protectrice (fût-elle celle de l'État où s'exerce aussi la violence légitime). Il y est question de tolérance et de libéralité ; il y est question de la façon de préserver et d'accepter la/ les différence/s ; il y est question des droits fondamentaux – des « vies précaires » ou de la « vie nue » (Agamben, 1995) ; il y est question de protection et d'asile. Le fait que cette réflexion s'origine dans la question de la différence sexuelle et du « droit à vivre » des « minorités » est notable. Il y a là un mouvement inédit d'hospitalité au sein de l'histoire des idées et un renversement de la part respective de ce qui compte comme le stigmate ou la norme, le particulier ou l'universel.

## 2    Being invited and hosting

Language is always an issue in the experience of hospitality. As Derrida mentions, quoting Lévinas, language is hospitality. Invitation, reception, asylum, and accommodation use language or address the other. In that sense, Judith Butler's theoretical invitation is primary. As she recalled in her second introduction to *Gender Trouble*, "Making lives possible" (2005), which is one of the theoretical and political claims of *Gender Trouble*, could be seen as a means to invite persons who were "unauthorized" up to then to move into a new life space, a new political and theoretical space, which could be defined as common ground (Gardey, 2011). It could be seen as defining a "home" to live and think, a "my place" which could also be "our place", in a definition *"at large"*, as Donna Haraway would say (Penley & Ross, 1991). It seems to me that this gesture, which Judith Butler makes beautifully explicit, has been operating for 40 years under the influence of the feminist movement and feminist thought. Increasing the number of subjects, expanding the range of possibilities, redefining "homes" in terms of politics and science, are among the mechanisms and motives of "acting" and "thinking" in feminisms (Gardey, 2011).

Admitting strange objects and subjects as guests (and not as enemies) through the doors of Law, Society, Philosophy, Scientific Knowledge or the University, means transforming the "order of home", subverting its codes and norms. In the end, it is about redefining what home "is" or could be. Here, the idea of hospitality refers to the diversity of objects, subjects and issues raised by feminist theory (and for example by Judith Butler in her work).

Beyond feminism or *queer* thinking, in *Precarious Life* (Butler, 2005), Judith Butler brings up for example the requirement of hospitality in a wider social and political sense. *Precarious Life* is about the State, War and the Law. It deals with nomad subjects, foreigners and those who are "in exile". It talks about those who find themselves excluded from protective territoriality (including that of the State, where legitimate violence is also perpetrated). It deals with tolerance and liberality, with the ways of preserving and accepting difference(s); it is about fundamental rights – of "precarious lives" or the "bared life" (Agamben, 1995); it deals with protection and asylum. The fact that this reflection originates from the issue of sexual difference and the "right to live" of "minorities" is significant. It is an unprecedented movement of hospitality in the history of ideas and a reversal between what counts as the stigmata or the norm, the particular or the universal.

Si l'hospitalité définit un espace et une situation, elle définit aussi un certain type de relation. Dans cette relation, les peuples, les cultures, les langues, les idées se trouvent mutuellement obligées. C'est la définition même de ce qui a cours qui se trouve engagée et rendue plus complexe et incertaine. Il convient ici de revenir à Derrida, citant Lévinas : « L'hôte qui reçoit *(host)*, celui qui accueille l'hôte invité ou reçu *(guest)*, l'hôte accueillant qui se croit propriétaire des lieux, c'est en vérité un hôte reçu dans sa propre maison (…) » (Derrida, 1997b, p. 79). De la conversation entre Jacques Derrida et Anne Dufourmantelle (1997a), il ressort que l'hospitalité est une expérience paradoxale. Que l'hôte devienne l'invité, que ce qui définit la « maison » à jamais lui échappe, compte comme une promesse. Peut-on y lire la possibilité d'un « devenir ensemble », la condition d'un accueil « sans condition » (Derrida, 1997a) ?

Sans doute vaut-il la peine de penser l'histoire du féminisme, de ce qu'il a fait et de ce qu'il fait à la pensée et au monde, sous ce registre problématique mais ouvert de l'hospitalité et de ce qui s'y joue en termes de relations paradoxales. C'est aussi l'un des moyens par lesquels penser la dimension transformatrice de la rencontre, de la relation et, ainsi, de toute forme de relationnalité[7]. Commentant Carol Gilligan, Judith Butler rappelle ainsi que « la relationnalité est cruciale à ce que nous sommes réellement et aide à formuler une ontologie sociale qui nous déplace au-delà de l'individualisme possessif et du pur calcul utilitariste [notre traduction] » (Butler, 2011, p. 1999).

## 3   Prendre la parole et s'allier

On l'a vu, la question de l'hospitalité ouvre à la question de la langue et du droit. Elle n'omet pas celle de la violence, bien présente chez Derrida : « L'étranger est d'abord étranger à la langue du droit dans laquelle est formulé le devoir d'hospitalité, le droit d'asile, ses limites, ses normes, sa police, etc. (…) Il doit demander l'hospitalité dans une langue qui, par définition, n'est pas la sienne. La question de l'hospitalité commence là : devons-nous demander à l'étranger de nous comprendre, de parler notre langue, dans toutes ses extensions possibles, avant et afin de pouvoir l'accueillir chez nous ? » (Derrida, 1997a, p. 21).

En dépit du caractère moins dramatique de ce constat pour le « nous » que constituent aujourd'hui les femmes occidentales blanches, il me semble nécessaire de maintenir son importance historique, politique et épistémique. Pour le « sujet femme », pour le « sujet lesbien » ou *« queer »*, pour le sujet subal-

---

[7]   Sur la façon dont Donna Haraway envisage la « relationnalité » et, notamment, au-delà de la « société des hommes » (Gardey, 2013).

While hospitality defines a space and a situation, it also defines a certain type of relationship, in which peoples, cultures, languages, and ideas are mutually obliged. It is the very definition of what occurs that is engaged and made more complex and uncertain. We go back here to Derrida quoting Lévinas: "The *hôte* who receives (the host), the one who welcomes the invited or received *hôte* (the guest), the welcoming *hôte* who considers himself the owner of the place, is in truth an *hôte* received in his own home (…)" (Derrida, 1999: 41). In the conversation between Jacques Derrida and Anne Dufourmantelle (2000), hospitality appears as a paradoxical experience. The host becoming the guest, and what defines the "home" evading him/her forever, counts as a promise. We could maybe see there the possibility of a "becoming together," the condition for hospitality "without conditions" (Derrida, 2000).

It certainly is worthwhile to reflect on the history of feminism, on what it has done and what it does to thought and the world, in the problematic yet open setting of hospitality and what it involves in terms of paradoxical relations. It is also one of the means through which it is possible to think about the transformative dimension of the encounter, of the relationship and, therefore, of all forms of relationality[7]. Discussing Carol Gilligan, Judith Butler thus recalls that "relationality is crucial to who we actually 'are' and helps to formulate a social ontology that moves us beyond possessive individualism and crude utilitarian calculations" (Butler, 2011, p. 1999).

## 3 Speaking up and forming alliances

As we have seen, the issue of hospitality raises that of language and law. It does not leave out the issue of violence, which is well developed by Derrida: "The foreigner is first of all foreign to the legal language in which the duty of hospitality is formulated, the right to asylum, its limits, norms, policing, etc. He has to ask for hospitality in a language which by definition is not his own (…) That is where the question of hospitality begins: must we ask the foreigner to understand us, to speak our language, in all the senses of this term, before being able and so as to be able to welcome him into our country?" (Derrida, 2000: 15).

Despite the less dramatic character of this observation for the "we" that white Western women represent today, it seems essential to me to maintain its historical, political and epistemic relevance. For the "woman subject", for the "lesbian" or "queer subject", for the subaltern subject (immigrant, aspiring migrant, minority with migrant or colonial ancestry), isn't the question

---

[7] About Donna Haraway's approach to "relationality" and, in particular, beyond the "society of humans" (Gardey, 2013).

terne (migrant, candidat à l'immigration, minorité d'ascendance migrante et coloniale), la question n'est-elle pas d'abord celle de la langue dans laquelle *il lui est demandé* de parler? «Etrangères», les femmes et d'autres *autres* l'ont été et le sont à plus d'un titre. C'est la force de la reprise par Donna Haraway du soliloque, du prêche incroyable de Sojourner Truth (Haraway, 2007). Il y est question de la langue qu'une femme esclave et noire peut parler. Il y est question de la prise de parole elle-même. Il y est question de l'étrangeté radicale d'une langue qui émane de cette corporéité comme force et comme différence. Il y est question de ce qui surgit et ne peut être tu, du fait de l'expérience écrasante de l'esclavage et par-delà cette expérience, en dépit de la *précarité* des corps et d'une vie presque *nue*. Il y est question des conditions de l'énonciation. Prendre langue, faire qu'une langue prenne corps, qu'elle surgisse et advienne dans son absolue localité: est-ce là une condition première? Faire que cette langue, cette voix, se confronte avec la langue du droit, celle des Pères et des Frères (blancs). Faire, que, par son existence, par ses sonorités étranges et sa syntaxe disruptive, elle marque et stigmatise la langue de la «Maison», qu'elle manifeste la localité de la langue du droit, qu'elle signale la fragilité d'une «neutralité» ayant force de droit, de loi et d'universalité, qu'elle signale la contingence de l'espace domestique comme espace politique.

Comme le propose justement Donna Haraway, il y a là la possibilité d'un renversement, d'une ouverture radicale. Dans «Ecce homo», Donna Haraway s'interroge: «Pourquoi la question de Sojourner Truth (–'Mais, ne suis-je pas une femme?'–) a-t-elle plus de pouvoir pour la théorie féministe 150 ans plus tard qu'aucune autre déclaration? Selon moi, une réponse à la question réside dans le pouvoir de Sojourner Truth de représenter une humanité collective comme une catégorie non marquée, non forclose. Au contraire, son corps, son nom, son discours – dans leur forme, leur contenu, leur syntaxe – peuvent être lus comme contenant la promesse d'un universel toujours en mouvement (…)» (Haraway, 2007, p. 230). Cet «universel en mouvement» entre en résonance avec la suggestion butlérienne de l'universel comme «irréalisé» (Butler, 2004).

Comment représenter l'humanité? La figure du Christ, comme figure de la dislocation et de la souffrance, sert de point d'entrée dans *Ecce homo*. Chez Donna Haraway, la *critique* en tant que blasphème ne renonce pas à une forme d'espérance (Gardey, 2013). Quand Haraway pose la question: «Comment l'humanité peut-elle se représenter en dehors du grand récit humaniste?»; elle demande en parallèle quelle figuration inventer pour représenter une «humanité féministe» (Haraway, 2007). En travaillant les figures «excentriques et mobiles» d'une nouvelle «humanité imaginée» (De Lauretis, 2007), Haraway rejette l'idée d'un sujet cohérent comme origine mais

first and foremost that of the language which *he/she is asked* to speak? Women and other *others* have been and are "foreigners" in more than one respect. This is what makes Donna Haraway's use of Sojourner Truth's soliloquy, of her amazing sermon, so strong (Haraway, 2007). It is about the language that a black female slave can speak. It is about the act of speaking up itself. It is about the radical strangeness of a language that originates from physicality as a strength and as a difference. It is about what emerges and cannot be kept quiet, because of the crushing experience of slavery and beyond that experience, in spite of the *precariousness* of bodies and an almost *bared* life. It is about the conditions of enunciation. Engaging in language, making language take shape, making it emerge and happen in its absolute locality: is that a basic condition? Making that language, that voice, confront the language of law, that of the (white) Fathers and Brothers. Making it, by its existence, strange sound and disruptive syntax, leave its mark and stigmatize the language of the "Home", reveal the locality of the language of law, highlight the fragility of "neutrality" as a force for law and universality, and highlight the contingency of the domestic space as political space.

Just as Donna Haraway suggests, there is a possibility for a shift, a radical opening. In "Ecce Homo", Donna Haraway asks the following question about Sojourner Truth: "Why does her question (Ain't I a Woman?) have more power for feminist theory 150 years later than any number of affirmative and declarative sentences?" (…) (Haraway, 1992: 92). "For me, one answer to that question lies in Sojourner Truth's power to figure a collective humanity without constructing the cosmic closure of the unmarked category. Quite the opposite, her body, names, and speech – their forms, contents, and articulations – may be read to hold promise for a never-settled universal" (Haraway, 1992, p. 230). This "never-settled universal" echoes with the Butlerian suggestion of the universal as "irrealized" (Butler, 2004b).

How to represent humanity? The figure of Christ, as a figure of dislocation and suffering, serves as a point of entry in *Ecce Homo*. For Donna Haraway, *critique* as blasphemy does not renounce a certain form of expectation (Gardey, 2013). When Haraway asks the question: "How can humanity have a figure outside the narratives of humanism?"; she also asks in parallel what figurations should be invented to represent a "feminist humanity" (Haraway, 2007). Working on the "eccentric and mobile" figures of new "imagined humanity" (De Lauretis, 2007), Haraway rejects the idea of a consistent subject

cherche, selon ses propres expressions, un « langage commun » pour de nouvelles « connexions ». De nouvelles « coalitions », dirait Judith Butler ?

Si l'hospitalité suggère une certaine asymétrie de position, c'est aussi un lieu/espace pour penser l'implicite et l'explicite de ce qui y est en cours. C'est en particulier le moyen ou le lieu pour penser les conditions mêmes de toute relation, de toute rencontre et les façons dont elles pourraient être transformées. Je suis en faveur de ces expériences fructueuses d'extraterritorialité tant qu'elles sont conscientes des asymétries qui structurent les règles de l'accueil et ainsi (nécessairement) les formes de violence institutionnelles et symboliques qui les accompagnent. Si les féminismes se définissent au pluriel, ce n'est peut-être pas sans contradictions (ce qui ne me gêne pas) ni sans risques de nouvelles exclusions (ce qui est politiquement beaucoup plus gênant), comme Nacira Guénif-Souilamas nous le rappelle dans ce volume.

On le voit, définir cet espace commun, ce *topos*, (cette « maison » ?), c'est s'entendre sur les langues qu'on y parle et sur ce qui forme un sujet individuel (ou collectif). Les questions du sujet, du droit, de l'identité, du nom se trouvent liées par la question de la question (ou de « l'adresse »). Il est ici possible de faire retour vers Derrida : « La question de l'hospitalité consiste-t-elle à interroger l'arrivant ? Commence-t-elle par la question adressée à qui vient (…) Ou bien l'hospitalité commence-t-elle par l'accueil sans question ? Dans un double effacement, l'effacement de la question et du nom ? (…) Donne-t-on l'hospitalité à un sujet ? A un sujet identifiable ? A un sujet identifiable par son nom ? A un sujet de droit ? » (Derrida, 1997a, p. 31).

De la langue à l'adresse, de l'accueil à l'hospitalité, du sujet au nom, de la signature à la coalition : quelles conceptions de la frontière ? Quelles politiques de l'accueil ? Quels lieux pour cohabiter ? Quelle conception du commun ? Quels liens pour s'allier ? Quelles paroles pour s'unir ? Quels textes pour se mobiliser ? De l'hospitalité à la coalition, quels sont les gains et les pertes ? Là où la question de l'hospitalité semble définir un rapport au territoire, la question de la coalition définit un rapport au temps. Elle renvoie à l'*agency*, à la mobilisation, à la critique théorique et pratique des normes et des institutions. La coalition est à la fois mouvement et objectif, agenda et utopie, un moyen de ne pas reformuler de hiérarchies implicites entre des causes plurielles et parfois opposées. La question de la coalition va avec et après la théorie critique ; elle accompagne l'action positive et collective, les formes de subversion culturelles et sociales ; elle convie outils pratiques et façons de faire, organisations humaines et matérielles, horizons de sens et valeurs. Avec la coalition, il est encore question de l'individualisme et de ce qui peut en advenir ; du passage du « je » au « nous », de l'affirmation du sujet individuel à celle du sujet collectif.

as origin but seeks, according to her own expressions, a "common language" for new "connections", or new "coalitions", as Judith Butler would say?

While hospitality suggests a certain asymmetry of position, it is also a place/space to consider the implicit and explicit aspects of what is happening in it. It is in particular the means or the place to consider the very conditions of any relationship, of any encounter and how these could be transformed. I am in favor of such fruitful experiments of extraterritoriality, as long as they are conscious of the asymmetries that structure the rules of welcome and hence (necessarily) the forms of institutional and symbolic violence that goes with them. If we are to define feminisms in the plural, this may not be without contradictions (a thought that does not bother me), nor without risks of new exclusions (which is a lot more problematic politically), as Nacira Guérif-Souilamas reminds in this volume.

As we can see, defining this common space, this *topos*, (this "home"?), means agreeing on the languages that are spoken in it and on what forms an individual (or collective) subject. The questions of subject, law, identity and name are connected by the question of the question (or the "address"). Here it is possible to turn back to Derrida: "Does hospitality consist in interrogating the new arrival? Does it begin with the question addressed to the newcomer? (…) Or else does hospitality begin with the unquestioning welcome, in a double erasure: that of the question *and* the name? (…) Does one give hospitality to a subject? to an identifiable subject? to a subject identifiable by name? to a legal subject?" (Derrida, 2000: 29).

From language to the address, from welcome to hospitality, from signature to coalition: what are the conceptions of the border? What politics of welcome? What places in which to cohabit? What conception of that which is common? What ties for alliance? What words to unite? What texts to mobilize? From hospitality to coalition, what are the gains and losses? Where the question of hospitality seems to define a relationship to territory, the question of coalition defines a relationship to time. It refers to agency, to mobilization, to the theoretical and practical critique of norms and institutions. Coalition is both movement and objective, agenda and utopia, a means to avoid reformulating implicit hierarchies between plural and sometimes opposing causes. The question of coalition comes with and after critical theory; it goes hand in hand with positive and collective action, and cultural and social forms of subversion; it invites practical tools and ways of doing, human and material organization, horizons of meanings and values. Coalition still has to do with individualism and what can result from it; with the transition from "I" to "we", from the assertion of the individual subject to that of the collective subject.

La coalition présuppose que le personnel et le sexuel sont politiques. Quelle différence, alors entre la perspective féministe ou *queer* du « devenir soi » et cette autre perspective d'un « devenir nous » ? Se peut-il que le sujet désirant ait été sous influence ? Dans quelle mesure les mouvements d'émancipation récents sont-ils le reflet ou les agents du libéralisme contemporain ? Si l'émancipation individuelle est compatible avec les marchés et le néo-libéralisme, comment redéfinir et considérer le sujet de la coalition, un sujet à coaliser ? Comment penser à nouveau la promesse et les alternatives ? Comment habiter le présent ? Comment tirer avantage des différences, du devenir, de la répétition et de l'événement ? Comment réinventer l'histoire ?

C'est à cette invitation, et depuis des expériences multiples que les contributrices et les contributeurs de ce volume répondent. Elles et ils déploient sous nos yeux le territoire de multiples alliances, la mobilisation d'une pluralité d'actrices et acteurs individuels et collectifs. Certains papiers sont basés sur des enquêtes anthropologiques ou sociologiques en cours ; d'autres discutent des aspects théoriques liés à la théorie de l'émancipation et aux luttes sociales ; d'autres encore multiplient les échanges théoriques et pratiques avec des actrices et des acteurs en lutte.

La première partie de l'ouvrage rend compte, sous l'intitulé *« Expériences »*, de cas concrets où la « coalition » s'expérimente et se vit ici et ailleurs. Après une réflexion sur le « sujet » de la coalition, Anna Vulic mobilise le cas serbe et analyse plus particulièrement la Marche des Fiertés de Belgrade de 2011 pour mettre en évidence les ressources dont les actrices et les acteurs disposent pour déconstruire les cadres nationalistes et familiaux dans un contexte de violence et d'exclusion. Sa réflexion est poursuivie par l'enquête d'Eirini Avramopoulou sur les campagnes de mobilisation des associations LGBT, féministes et religieuses au cours de la période récente en Turquie. En dépit des antagonismes entre ces groupes, il s'agit de rendre compte de la diplomatie qu'ils développent les uns à l'égard des autres, des modalités de gestion de la pluralité et d'universalisation des droits pratiqués. La question de la coexistence ou de la cohabitation est au cœur de la lecture que Tal Dor propose de la situation politique actuelle en Israël. Revenant sur les mouvements sociaux de l'été 2011, elle esquisse une analytique des « rencontres radicales » entre groupes antagonistes et de la façon dont elles pourraient résister à la violence d'État et aux rapports coloniaux qui prévalent à l'endroit des Palestiniens, mais aussi à l'intérieur de la société israélienne. De leur côté, Sushila Mesquita et Patricia Purtschert reviennent sur les campagnes en faveur de la liberté sexuelle en Suisse et s'interrogent sur le cadrage raciste et les attitudes impérialistes existant au sein des communautés *queer*, ainsi que sur les nouvelles lignes

Coalition presupposes the political nature of the personal and the sexual. What is then the difference between the feminist of *queer* perspective of "becoming oneself" and this other perspective that would be "becoming ourselves"? Could it be that the desiring subject has been under influence? To what extent have recent emancipatory movements been a reflection or agents of contemporary liberalism? If individual emancipation is compatible with markets and neoliberalism, how can the subject of coalition, a subject to be co-alised, be redefined and thought about? How can promise and alternatives be reconsidered? How can we live in the present? How can we take advantage of differences, becoming, repetition and events? How can we reinvent history?

It is in response to this invitation that the contributors to the present volume bring their numerous experiences. They reveal the territory of multiple alliances, the mobilization of a plurality of individual and collective actors. Some articles are based on current anthropological or sociological studies; others discuss the theoretical aspects associated with the theory of emancipation and social struggles; and others increase the number of theoretical and practical exchanges with those who are in opposition.

The *"Experiments"* section, which constitutes the first part of the book, provides accounts of concrete cases where "coalition" is a living experiment, here and elsewhere. After reflecting on the "subject" of coalition, Anna Vulic presents the case of Serbia and analyzes in particular the 2011 Belgrade Pride March to provide insight on the resources available for individuals to deconstruct nationalist and family frameworks in a context of violence and exclusion. Her reflection is followed by Eirini Avramopoulou's study of recent mobilization campaigns of LGBT, feminist and religious organizations in Turkey. Despite existing antagonisms, the idea is to provide an account of the diplomacy used by these groups to work together, of how they deal with the plurality and universalization of rights. The question of coexistence or cohabitation is central to Tal Dor's proposal on the current political situation in Israel. Coming back to the social movements of the summer of 2011, she gives an analysis of "radical encounters" between antagonist groups and how these enable to resist state violence and colonial relations imposed on Palestinians, and also within Israeli society. Sushila Mesquita and Patricia Purtschert focus on campaigns for sexual freedom in Switzerland and question the racist framing and imperialist attitudes that exist within queer communities, as well

de partage qui interviennent via la sexualité entre ceux qui sont définis comme « nous » et ceux qui sont rejetés comme « les autres ».

La deuxième partie de l'ouvrage, *« Perspectives »*, propose une série de lectures plus transversales qui approfondissent, déplacent ou complètent les questions posées précédemment. Sabine Hark s'attache à rendre compte de la question plus spécifique de l'individualisme (comme condition actuelle) et propose un bilan de ce que les politiques de l'identité offrent ou restreignent en termes d'action collective et d'émancipation futures. Revenant sur l'histoire du mouvement social dans ses différentes déclinaisons historiques, Philippe Corcuff en propose une lecture qui, articulée à la pensée de Judith Butler, dessine de nouveaux horizons de possibilité « pour les traditions critiques » et « les luttes effectives ». Nacira Guénif-Souilamas, examinant le contexte de colonialité français, revient pour sa part sur la pertinence ou la non pertinence de la division du monde en deux zones – démocratie *versus* autoritarisme – et appelle à la formalisation d'une autre dialectique de la démocratisation et de l'émancipation.

Concluant l'ensemble du volume et ouvrant à de nouvelles perspectives, l'intervention de Judith Butler revient sur la façon dont il est possible de penser simultanément vulnérabilité et capacité d'agir. S'interrogeant sur la position d'apparente invulnérabilité de celles et de ceux qui veulent et qui peuvent « assujettir », elle fait retour sur l'importance de l'État et des institutions, en dénonçant la destruction conjointe des « droits économiques » et des « biens démocratiques sociaux ».

## Références bibliographiques

AGAMBEM Giorgio (1995). *Homo Sacer. Tome I. Le pouvoir souverain et la vie nue*. Paris : Seuil.

AKRICH Madeleine, CHABAUD-RYCHTER Danielle, GARDEY Delphine (dir.) (2005), « Politiques de la représentation et de l'identité. Recherches en Gender, Cultural, Queer Studies ». *Cahiers du genre*, n° 38, pp. 5–14.

BERGER Anne-Emmanuelle (2013), *Le grand théâtre du genre. Identités, sexualités et féminismes en « Amérique »*. Paris : Belin.

BUTLER Judith (2011). «‹Confessing a Passionate State› … Judith Butler im Interview». *Feministische Studien*, 2, pp. 196–205.

BUTLER Judith (2006). *Trouble dans le genre. Le féminisme et la subversion de l'identité*. Paris : La Découverte/Poche.

BUTLER Judith (2005). *Vie précaire. Les pouvoirs du deuil et de la violence après le 11 septembre 2011*. Paris : Editions Amsterdam.

as the new dividing lines that are drawn on the basis of sexuality between those who are defined as "us" and those who are rejected as "the others".

The second part of the book, *"Perspectives"*, offers a series of more cross-disciplinary proposals that go in greater depth into, shift or supplement the questions previously raised. Sabine Hark focuses on the specific question of individualism (as current condition) and provides an assessment of the opportunities and limitations of identity politics in terms of collective action and emancipation for the future. Coming back to the history of the social movement in its various historical manifestations, Philippe Corcuff proposes an interpretation which, articulated with Judith Butler's thought, draws new horizons of possibilities for "critical traditions" and "effective struggles". Examining the context of French coloniality, Nacira Guénif-Souilamas addresses the relevance or irrelevance of the division of the world into two zones (democracy vs. authoritarianism) and calls for the formalization of another dialectics of democratization and emancipation.

Judith Butler's contribution, which concludes this book whilst opening new perspectives, deals with the possible means to simultaneously consider vulnerability and agency. Questioning the position of apparent invulnerability of those who want and can "subject", she comes back to the importance of the state and institutions, by denouncing the joint destruction of "economic rights" and "social democratic goods".

## References

AGAMBEM Giorgio (1995). *Homo Sacer. Tome I. Le pouvoir souverain et la vie nue*, Paris, Seuil.

AKRICH Madeleine, CHABAUD-RYCHTER Danielle, GARDEY Delphine (eds.) (2005), «Politiques de la représentation et de l'identité. Recherches en Gender, Cultural, Queer Studies». *Cahiers du genre*, n° 38, pp. 5–14.

BERGER Anne-Emmanuelle (2013), *Le grand théâtre du genre. Identités, sexualités et féminismes en «Amérique»*. Paris, Belin.

BUTLER Judith (2011). "'Confessing a Passionate State' … Judith Butler im Interview". *Feministische Studien*, 2, pp. 196–205.

BUTLER Judith (2005). *Vie précaire. Les pouvoirs du deuil et de la violence après le 11 septembre 2011*. Paris, Editions Amsterdam.

BUTLER Judith (2004a). *Trouble dans le genre. Le féminisme et la subversion de l'identité*. Paris, La Découverte.

BUTLER Judith (2004b). *Le Pouvoir des mots. Politique du performatif*. Paris, Editions Amsterdam.

BUTLER Judith (2004). *Le Pouvoir des mots. Politique du performatif.* Paris: Editions Amsterdam.

DERRIDA Jacques (1997a). *Anne Dufourmantelle invite Jacques Derrida à répondre. De l'hospitalité.* Paris: Calmann-Lévy.

DERRIDA Jacques (1997b). *Adieu à Emmanuel Lévinas.* Paris: Gallilée.

FASSIN Eric (2007). «Résistance et réception: Judith Butler en France». *La revue Lacanienne*, 4, n°4, pp. 15–20.

GARDEY Delphine (2013). «Donna Haraway: poétique et politique du vivant». *Cahiers du Genre*, n° 55, pp. 171–194.

GARDEY Delphine (2011). «Définir les vies possibles, penser le monde commun», in GARDEY Delphine (dir.), *Le féminisme change-t-il nos vies?* Paris: Textuel, pp. 116–124.

GARDEY Delphine (2009), «Au cœur à corps avec le Manifeste Cyborg de Donna Haraway». *Esprit*, mars-avril 2009, pp. 208–217.

HARAWAY Donna (2007). «Ecce Homo, 'Ne suis-je pas une femme?' et autres inapproprié·e·s: de l'humain dans un paysage post-humaniste», in HARAWAY Donna (2007), *Manifeste Cyborg et autres essais.* Paris: Exils, pp. 221–244.

Interdiziplinäre Zentrum für Geschlechterforschung der Universität Bern (Hrsg.) (2007), «Travelling concepts. Gender, Genre, Geschlecht». *Genderstudies* 11, Bern.

KRAUS Cynthia (2005). "Anglo-American Feminism Made in France: crise et critique de la représentation", in AKRICH Madeleine et al. (2005), *Cahiers du genre*, 38, pp. 163–189.

LAURETIS Teresa de (2007). *Théorie queer et cultures populaires. De Foucault à Cronenberg.* Paris: La Dispute.

PENLEY Constance & ROSS Andrew (1991). "Cyborgs at large. Interview with Donna Haraway", in PENLEY Constance & ROSS Andrew (dir.), *Technoculture.* Minneapolis: University of Minnesota Press, pp. 1–20.

VIDAL Jérôme (2006). «Judith Butler en France: trouble dans la réception». *Mouvements*, n° 47–48, mai-juin, pp. 229–239.

DERRIDA Jacques (2000). *Of Hospitality. Anne Dufourmantelle invites Jacques Derrida to respond.* Stanford University Press.

DERRIDA Jacques (1999). *Adieu to Emmanuel Lévinas.* Stanford University Press.

FASSIN Eric (2007). «Résistance et réception: Judith Butler en France». *La revue Lacanienne*, 4, n°4, pp. 15–20.

GARDEY Delphine (2013). «Donna Haraway: poétique et politique du vivant». *Cahiers du Genre*, n° 55, pp. 171–194.

GARDEY Delphine (2011). «Définir les vies possibles, penser le monde commun», in GARDEY Delphine (ed.), *Le féminisme change-t-il nos vies?* Paris, Textuel, pp. 116–124.

GARDEY Delphine (2009), «Au cœur à corps avec le Manifeste Cyborg de Donna Haraway». *Esprit*, mars-avril 2009, pp. 208–217.

HARAWAY Donna (2007). «Ecce Homo, 'Ne suis-je pas une femme?' et autres inapproprié·e·s: de l'humain dans un paysage post-humaniste», in HARAWAY Donna (2007), *Manifeste Cyborg et autres essais.* Paris, Exils, pp. 221–244.

Interdisziplinäre Zentrum für Geschlechterforschung (eds.) (2007), "Travelling concepts. Gender, Genre, Geschlecht". *Genderstudies* 11, Berne.

KRAUS Cynthia (2005). «Anglo-American Feminism Made in France: crise et critique de la représentation», in AKRICH Madeleine *et al.* (2005), *Cahiers du genre*, 38, pp. 163–189.

LAURETIS Teresa de (2007). *Théorie queer et cultures populaires. De Foucault à Cronenberg.* Paris, La Dispute.

PENLEY Constance & ROSS Andrew (1991). "Cyborgs at large. Interview with Donna Haraway", in PENLEY Constance & ROSS Andrew (eds.), *Technoculture.* Minneapolis, University of Minnesota Press, pp. 1–20.

VIDAL Jérôme (2006). «Judith Butler en France: trouble dans la réception». *Mouvements*, n° 47–48, May-June, pp. 229–239.

# 2
# EXPÉRIENCES

# 2
# EXPERIENCES

## Sujet de/à coalition : Repenser les politiques queer dans le contexte serbe*

*Ana Vulic*

Première partie :
La coalition comme modèle de capacité d'agir (agency) et d'intelligibilité

Dans la lignée de son engagement théorique antérieur mettant en question la conception relative aux fondements de la subjectivité et de l'*agency*, Judith Butler met fortement l'accent dans ses travaux récents sur la constitution sociale de la subjectivité, insistant sur l'idée d'une « vie qui peut être sujette au deuil » *(grievable life)*. Même si cette approche se situe dans une certaine mesure dans la continuité de son insistance antérieure sur la contingence des modèles de construction du genre et de la sexualité, et sur la violence symbolique inhérente à cette construction, Judith Butler utilise ici un cadre différent pour étudier ce concept : la politique états-unienne de lutte contre le terrorisme après le 11 septembre 2001, la couverture médiatique des victimes de la guerre en Irak et la récupération des luttes sur les minorités sexuelles dans le cadre de politiques conservatrices anti-immigration en Europe. Étudiant les mécanismes qui sous-tendent différents types de violence (d'État), Judith Butler souligne une nouvelle fois la nécessité d'une approche théorique minutieuse des questions politiques brûlantes, afin de maintenir la possibilité d'une distance critique vis-à-vis de toute action politique conduite « au nom » de valeurs censées la justifier. Qui plus est, Judith Butler fait de la précarité une condition partagée dans laquelle une vie peut être perçue comme une vie. Cette grande attention portée à la violence, à la fois dans son aspect matériel et symbolique, et sur les cadres normatifs qui mettent au premier plan la reconnaissance de la précarité des vies, constitue l'un des éléments qui rendent le travail de Judith Butler particulièrement pertinent pour analyser en profondeur les tensions et les luttes particulières qui émergent dans un contexte global. Si dans *Trouble dans le genre*, Judith Butler pointe la fausse ontologie du sexe et du genre, ses travaux plus récents insistent sur l'ontologie sociale, c'est-à-dire l'ontologie de la précarité, qui est dès le départ

---

\*     Traduit de l'anglais en français par Cyril Leroy.

# Subject to/of Coalition: Rethinking Queer Politics in the Serbian Context

*Ana Vulic*

Part I:
Coalition as a Model of Agency and Intelligibility

Tracing the lines of her previous theoretical engagement with the anti-foundational conception of subjectivity and agency, Judith Butler's recent work, puts a strong emphasis on the social constitution of subjectivity, insisting on the idea of grievable life. Although this recent work shows a certain continuity with her earlier insistence on the contingency of the formative patterns of gender and sexuality, and the symbolic violence intrinsic to this formation, this time Butler chooses a different setting to scrutinize this framing – U.S. policy against terrorism after 9/11, media reporting on the casualties of the Iraqi war, and the conservative appropriation of the sexual minority struggles by the anti-immigration politics in Europe. Investigating the mechanisms that enable different kinds of (state-sponsored) violence, Butler underlines once more the necessity of a profound theoretical elaboration of burning political issues in order to make place for a critical distance toward any political act allegedly made "in the name of" the values that are supposed to justify it. What is more, Butler draws on precarity as a shared condition under which a life is perceived as life. A strong emphasis on violence, in both its material and symbolic guise, and on the normative frameworks that foreground the recognition of lives as precarious, is one of the elements that make Butler's work highly relevant for a thorough analysis of the newly emerging tensions and particular struggles in a global context. Whereas in *Gender Trouble* Butler points to the false ontology of sex and gender, in her more recent work Butler insists on social ontology, i.e. the ontology of precariousness, which is from the beginning immersed in the totality of social relations and therefore cannot

immergée dans la totalité des relations sociales et ne peut par conséquent être séparée, d'un point de vue analytique, ni de ses fondements épistémologiques, ni de ses fondements éthiques.

C'est précisément dans la lignée de ces approches de la subjectivité que la notion de coalition apparaît à l'horizon de l'engagement critique de Judith Butler dans la constellation géopolitique au sein de laquelle différents mécanismes de marginalisation et d'exclusion sont mobilisés pour re/produire l'opposition entre le séculaire/individuel/moderne et le religieux/collectif/prémoderne. A partir de l'idée d'une vie *ek-statique*, d'une vie d'un sujet qui est impliqué dans les vies d'autres, Judith Butler insiste dans ses travaux récents sur « la capacité à nous raconter non pas seulement à la première personne, mais, disons, à la troisième personne, ou à accueillir un récit à la deuxième personne » (Butler, 2005 : 32). Si dans *Vie précaire*, Judith Butler présente cette interdépendance radicale comme le « droit au deuil » *(grievability)*, elle réarticule la même idée dans *Ce qui fait une vie* en termes de nécessité de penser la subjectivité comme une coalition. Ainsi, cette même relationnalité qui constitue la possibilité partagée de la perte, du droit au deuil et de la dépossession, fournit un terrain commun pour des coalitions intra/intersubjectives. Partant de ces hypothèses, nous pourrions supposer que la notion de sujet de coalition questionne le concept même du moi indépendant et autonome. En tant que telle, l'idée de sujet coalitionnel ébranle inévitablement toute possibilité de récit englobant sur soi. Dans une veine similaire, Judith Butler se pose la question des possibilités de constitution d'une communauté politique dans laquelle « la distinction entre soi-même et l'Autre ne [peut être] en aucune façon annulée » (Butler, 2005 : 51).

Pour proposer une réponse plausible à cette question, Judith Butler se réfère aux travaux du sociologue Tariq Modood, pour qui « la citoyenneté doit être comprise comme quelque chose de dynamique et de révisable, marquée par des 'conversations et des renégociations », reposant sur des « façons de dialoguer qui reconstituent de manière significative ce que sont les participants », de sorte que le concept de citoyen lui-même est articulé et compris comme un échange coalitionnel (Butler, 2010 : 135). Afin de répondre à la question de savoir quel type d'échange constitue une coalition, et quelle est la relation entre les parties qui la constituent, nous pouvons nous référer une nouvelle fois à l'idée de vulnérabilité qui résulte d'une interprétation convaincante du cadre hégélien de la reconnaissance, à savoir que l'idée de coalition chez Judith Butler se fonde sur de puissantes externalités qui sont constitutives de qui nous sommes, et qui structurent cette relationnalité comme mutuellement « transférée » *(given over)*. Ainsi, ce qui rend une coalition possible n'est pas la présomption d'identité, mais précisément notre étrangeté vis-à-vis de nous-

be analytically separated neither from its epistemological, nor from its ethic foundations.

It is precisely in line with these accounts of subjectivity that the notion of coalition appears on the horizon of Butler's critical engagement with the current geopolitical constellation in which different mechanisms of marginalization and exclusion are put to work to re/produce the opposition of secular/individual/modern vs. religious/collective/pre-modern. Departing from the idea of ec-static life, as a life of a subject that is implicated in the lives of others, in her recent work Butler insists on the "ability to narrate ourselves not from the first person alone, but from, say, the position of the third, or to receive an account received in the second" (Butler, 2004: 8). While in *Precarious Life* Butler conceives of this radical interdependence as grievability, in *Frames of War* the same idea is rearticulated in terms of the necessity of thinking the subjectivity as a coalition. Therefore, this same relationality that constitutes the shared possibility of loss, grievability and dispossession, provides the common ground for intra/intersubjective coalitions. According to these premises, we could presume that the notion of the coalitional subject calls into question the very concept of the self as autonomous and "in control". As such, the idea of the coalitional subject makes any possibility of an all-encompassing self-knowing narrative inevitably faltering. In a similar vein, Butler wonders about the possibilities of the constitution of a political community when "there is no way to collapse the distinction between the Other and oneself" (Butler, 2004: 25).

In order to provide a plausible answer to this question, Butler turns to the sociologist Tariq Modood. The way in which Modood understands citizenship – as "dynamic and revisable, marked by 'conversations and re-negotiations" – relies on the "modes of dialogue that reconstitute the participants in significant ways", so that the concept of citizen itself is articulated and understood as a coalitional exchange (Butler, 2009: 139). In order to answer the question of what kind of exchange constitutes a coalition, and what is the relation between its constitutive parts, we might turn once more to the idea of vulnerability that results from a convincing interpretation of the Hegelian account of recognition. Namely, the idea of coalition in Butler relies on powerful externalities that are constitutive of who we are, and which, structure this relationality as being mutually "given over". Therefore, what makes a coalition possible is not the presumption of identity, but precisely our own foreignness to ourselves, and, at the same time, our ignorance of our

mêmes et, en même temps, notre ignorance de notre différence avec les autres. Ainsi, cette « ignorance » est la source de notre relation éthique aux autres. Comme Judith Butler le souligne,

> *Ce qui maintient [l'alliance] dans sa mobilité, c'est à mon avis une focalisation constante sur les configurations de pouvoir qui excèdent la stricte définition de l'identité appliquée à ceux qui sont inclus dans l'alliance. Dans ce cas, une alliance devrait rester concentrée sur les méthodes de la coercition étatique [...] et sur les invocations (et sur les réductions) du sujet, de la nature, de la culture et de la religion qui produisent l'horizon ontologique au sein duquel la coercition étatique apparaît comme nécessaire et justifiée.* (Butler, 2010 : 144)

Nous pourrions ainsi ajouter que le concept du sujet coalitionnel permet de travailler aujourd'hui à une redistribution équitable de la vulnérabilité avec à la fois des outils théoriques et politiques qui pourraient nous aider non seulement à réarticuler les termes de la lutte par delà les facteurs de la nation, de la race, du genre, du sexe, ou encore de la religion, mais aussi d'aller au-delà de la réitération des séparations binaires entre le sujet progressiste/civilisé « occidental » et son Autre « oriental », qui serait nationaliste, religieux et homophobe. La suite de l'article présente différents modes de mobilisation de coalitions et d'alliances politiques visant à dépasser certaines de ces divisions dans le contexte serbe contemporain.

## Deuxième partie :
## La coalition de paix comme acte de désobéissance –
## La politique au-delà de l'identité

La première des deux courtes études de cas choisies pour cette analyse porte sur le travail mené par le réseau serbe des *Femmes en Noir (Žene u crnom)*[1] au cours des dernières années, et plus précisément sur son approche critique du rôle des politiques serbes dans les guerres de l'ex-Yougoslavie (1991–1995). Membres d'un réseau international dont le nom signifie symboliquement *celles qui portent le deuil*, les *Femmes en Noir* (désignées par FeN dans la suite de ce texte), s'opposent farouchement depuis le début des années 1990 aux politiques nationalistes en Serbie qui ont abouti à la dislocation brutale de la Yougoslavie. L'une de leurs initiatives les plus importantes, qui s'est déroulée le juillet 2008, avait pour objectif de rompre le silence dans les médias serbes à propos du génocide de Srebrenica. En juillet 1995, au cours

---

1  Le mouvement antimilitariste et féministe des Femmes en Noir est apparu pour la première fois en 1988 avec les marches hebdomadaires organisées par un groupe d'Israéliennes juives et de Palestiniennes contre la violence dans les territoires occupés par les soldats israéliens.

difference from others. As such, this "ignorance" is the source of our ethical relation to others. As Butler stresses,

> *What keeps an alliance mobile is, in my view, the continued focus on those formations of power that exceed the strict definition of identity applied to those included in the alliance. In this case, an alliance would need to stay focused on methods of state coercion [...] and on the invocations (and reductions) of the subject, nature, culture, and religion that produce the ontological horizon within which state coercion appears necessary and justified.* (Butler, 2009: 149)

Therefore, we might add, the concept of the coalitional subject provides the present efforts towards an equitable redistribution of vulnerability with both theoretical and political tools which could help us not only rearticulating the terms of struggle across the lines of nation, race, gender, sex, religion, etc, but also moving beyond the reiteration of the binary divides between the 'Western' progressive/civilized subject and its 'Eastern' – nationalist, religious, homophobic Other. In what follows, I will present different modes in which political coalitions and alliances are mobilized in an effort to overcome some of these lines of divide in the contemporary Serbian context.

## Part II:
## Peace Coalition as an Act of Disobedience – Politics beyond Identity

The first of the two short case-studies that I have chosen for this analysis deals with the work of the Serbian network of *Women in Black (Žene u crnom)*[1] during the past years, or more precisely, with their critical engagement regarding the role of Serbian politics in the wars in the former Yugoslavia (1991–1995). As a part of an international network under the name that symbolically represents those who *mourn*, *Women in Black* (hereinafter WiB) have been active in Serbia ever since the beginning of the 1990s, as a fervent opponent to the nationalist politics that resulted in the violent dissolution of Yugoslavia. One of their most important initiatives, which took place in July 2008, aimed at breaking the silence in Serbian media regarding the Srebrenica genocide. Namely, in July 1995, in what is often described as the only genocide in Europe after World War II, more than 8000[2] people were executed by

---

1   Women in Black first emerged as an anti-militarist feminist movement in Jerusalem in 1988 when a group of Israeli Jewish and Palestinian women started their weekly marches protesting against the violence in the territories occupied by Israeli soldiers.

2   Memorial Center Srebrenica-Potocari (www.potocarimc.ba).

de ce qui est souvent décrit comme le seul génocide perpétré en Europe après la Deuxième Guerre Mondiale, plus de 8000 personnes[2] ont été exécutées par l'armée des Serbes de Bosnie, avec le concours d'unités paramilitaires venues de Serbie. Outre ces crimes, des viols et des tortures à grande échelle ont aussi été commis sur les personnes réunies à Potočari, qui était censé être une « zone de sécurité » pour les réfugiés. Même si l'establishment nationaliste responsable des crimes de guerre a officiellement perdu lors des élections démocratiques de 2000, son discours, qui a préparé le terrain pour ces crimes, reste à de nombreux égards présent dans l'espace public serbe. Pour une partie de l'opinion publique et les médias proches des cercles politiques nationalistes, la manière de représenter ces événements consiste à manipuler systématiquement les données sur le nombre de victimes, à relativiser les crimes perpétrés par un rappel de la violence subie auparavant par les Serbes de Bosnie, quand ce n'est pas un silence total ou, pire, une négation ouverte autour du fait de génocide. Malgré les excuses formelles présentées par des officiels serbes de haut rang[3], et l'adoption d'une résolution sur Srebrenica à l'Assemblée Nationale en 2010[4], les mystifications à répétition et le déni continu des faits les plus incontestables concernant les crimes de guerre dans les grands médias serbes sont révélateurs de l'échec d'une véritable répartition publique du droit au deuil pour les vies fauchées au cours des guerres yougoslaves. En reprenant l'approche de Judith Butler sur la possibilité de pleurer une vie, nous pourrions dire que la Serbie en tant que nation n'a jamais saisi l'opportunité de reconnaître et de déplorer la perte de ces vies comme un apport pour une politique future qui se baserait sur la condition partagée de vulnérabilité. En ce sens, l'effacement des victimes d'autres nationalités de l'espace public serbe par une absence presque totale de discours sur ces victimes n'est rien d'autre qu'une continuation de la violence déjà perpétrée à leur encontre.

Mettre un nom, un visage, un récit sur ce qui s'est passé à Srebrenica est précisément ce que les FeN cherchent à faire. A leur initiative (à laquelle ont pris part un certain nombre d'autres ONG engagées pour la défense des

---

2    Mémorial de Srebrenica-Potocari (www.potocarimc.ba)

3    Dans le cadre des efforts de « normalisation » des relations entre les pays issus de l'ex-Yougoslavie, le président serbe Boris Tadić a assisté à un certain nombre de commémorations en mémoire des victimes des guerres yougoslaves dans la région aux côtés de représentants politiques d'autres pays.

4    Une résolution sur Srebrenica a été adoptée par l'Assemblée Nationale de la République de Serbie en 2010 après une longue période de controverses et de contestations de la part des partis de droite, qui a finalement abouti au remplacement du mot « génocide » par l'expression « crime de guerre » dans la résolution.

the army of the Bosnian Serbs, with the participation of paramilitary units from Serbia. Apart from these killings, massive rapes and torturing of the people gathered in the place Potočari also took place in what was supposed to be a "safe area" for the refugees. Although the nationalist establishment that was responsible for the war crimes officially lost the democratic elections in 2000, the discourse that had prepared the ground for these crimes still persists in Serbian public space in many guises. A common way of representing these events in a part of the public opinion and the media close to nationalist politics is a repetitive manipulation of data relative to the number of victims, the relativization of the crime by pointing to the violence previously suffered by Bosnian Serbs, complete silence or, even worse, an open denial that any such thing as a genocide ever took place. In spite of the formal apologies made by highly positioned Serbian state officials[3], and the adoption of a resolution on Srebrenica in the National Assembly in 2010[4], repeated mystifications and a continuous denial of even the hard facts related to the war crimes in Serbian mainstream media, reveal that the grievability of the lives lost in the Yugoslav wars failed to be properly distributed in public. In line with Butler's accounts of the grievability of life we might say that Serbia as a nation never seized the opportunity to recognize and mourn the loss of these lives as an intake of a future politics that ground itself on the shared condition of vulnerability. In this sense the effacement of the victims of other nationalities from the Serbian public space through almost complete absence of speech about these victims is nothing but a continuation of the violence that was previously executed on them.

Providing a name, a face, a narrative to what happened in Srebrenica is precisely what WiB seek to do. Thanks to their initiative (in which a number of other NGOs committed to human rights in Serbia also took part)[5], a 17 minutes long film was made out of 120 minutes of material recorded under

---

3    In the frame of the efforts to "normalize" the relations between the successor countries of Yugoslavia, among the political representatives of other countries, Serbian president Boris Tadić attended a number of commemorations for the victims of the Yugoslav wars across the region.

4    A resolution on Srebrenica was adopted in the National Assembly of the Republic of Serbia in 2010 only after a long dispute and contestation from the part of right-wing parties, which finally resulted in omitting the word "genocide" from the resolution and replacing it with the word "war crime".

5    Most of the initiatives of WiB are attended or realized in collaboration with the members of other NGOs, such as The Humanitarian Law Fund, The Helsinki Committee for Human Rights in Serbia, The Youth Initiative for Human Rights, Queeria Centre, The Centre for Cultural Decontamination and others).

droits humains en Serbie)⁵, un film de 17 minutes a été tiré de 120 minutes d'enregistrements sous le titre « Les Femmes de Srebrenica parlent ». Le film a été montré en 2008 sur la place principale du centre de Belgrade, à l'occasion du 13ème anniversaire du génocide, le 10 juillet. Il a été projeté quatre fois, sur un écran géant, à très fort volume. C'était la première fois depuis le début des guerres d'ex-Yougoslavie que les voix des victimes de Srebrenica pouvaient être entendues en Serbie. Des forces de police nombreuses ont sécurisé la performance vidéo qui, comme l'indique le site web des FeN, s'est déroulée sans qu'aucun incident ne soit à déplorer⁶. Dans le cadre de la même initiative, cinquante sept militantes des FeN de Serbie se sont rendues à Potočari à l'occasion de la commémoration du génocide de Srebrenica et ont déposé une couronne avec les mots suivants : « Nous n'oublierons jamais le génocide de Srebrenica. » Parmi les événements qui s'ensuivirent, l'aspect considéré comme le plus important est leur participation à la commémoration du génocide aux côtés des membres des familles des victimes.

La question que je voulais soulever est comment nous pouvons interpréter ce mode d'action politique dans ce qu'il peut apporter à la constellation socio-politique du pays ou de la région, mais également dans la manière dont les différents outils politiques et concepts théoriques sont mobilisés ? Vue au prisme de l'idée de coalition telle que la formule Judith Butler, cette initiative constitue le sujet par delà les lignes de séparation nationale (ethnique, religieuse). Les efforts des FeN pour rendre visibles les victimes là où les discours qui sont à l'origine des crimes de guerre ont cours constituent un appel à surmonter la différence de répartition de la précarité des vies au-delà (et indépendamment) de ces marqueurs d'identité rigides. La performance vidéo, en tant qu'alternative aux reportages des médias dominants sur les victimes de guerre, constitue et reconstruit pour nous les visages et les voix de ceux qui avaient été effacés du domaine public.

De surcroît, la présence et la participation non seulement de membres des FeN, mais aussi d'un certain nombre d'autres organisations antimilitaristes de Serbie, aux commémorations annuelles du génocide, constitue une base à partir de laquelle les deux communautés peuvent surmonter l'opposition persistante (et rejouée de manière répétée) entre victime et coupable définie en termes d'identité nationale. Les sujets transnationaux constitués par le biais de

---

5    La plupart des initiatives des FeN impliquent ou sont réalisées en collaboration avec les membres d'autres ONG, notamment l'Humanitarian Law Fund, le Comité Helsinki pour les Droits de l'Homme en Serbie, l'Initiative de la jeunesse serbe pour les Droits de l'Homme, le Queeria Centre, le Centre de décontamination culturelle.

6    http://www.zeneucrnom.org/index.php?option=com_content&task=view&id=462&Itemid=54.

the title "The Women of Srebrenica Speak". The film was broadcasted in 2008 on the central city square in Belgrade, on the occasion of the 13th anniversary of the genocide on July 10. It was shown four times repeatedly, on a large display, with very loud sound. It was for the first time since the beginning of the wars in the former Yugoslavia that the voices of the victims of Srebrenica were heard in Serbia. The video performance was secured by strong police forces, and, as stated on the WiB website, took place without a single incident.[6] In the frame of the same initiative, fifty-seven WiB activists from Serbia went to Potočari on the occasion of the commemoration of the Srebrenica genocide and laid a wreath bearing the words: "We shall never forget the Srebrenica genocide." What is considered as the most important aspect in the series of events that followed, is the participation in the commemoration of the genocide altogether with the members of the families of the victims.

The question I wanted to ask is how we can interpret this mode of political action regarding not only the relative input on the socio-political constellation of the country/region, but also considering the ways in which different political tools and theoretical concepts are put to work? Seen through the lens of Butler's idea of coalition, this initiative constitutes the subject across the lines of national (ethnic, religious) divide. The efforts of the WiB to make the victims visible within the discourse that enabled the war crimes is a call for the overcoming of the differential distribution of precariousness of lives beyond (and independently of) these rigid markers of identity. The video performance, as an alternative to the mainstream media reporting on war casualties, constitutes and reconstructs for us the faces and voices of those who were previously effaced from the domain of appearance and the senses.

What is more, the presence and participation of the members of not only WiB, but of a number of other anti-militarist organizations from Serbia in the annual commemorations of the genocide provides for both communities the basis for overcoming the persistent (and indeed, repeatedly performed) oppositional framing of the victim and the perpetrator defined in terms of national identity. The trans-national subjects constituted through this coalitional exchange seem precisely to be able to introduce a fracture in the "we" that nationalist discourse tends to sustain, so that, as Butler stresses in *Who*

---

6   http://www.zeneucrnom.org/index.php?option=com_content&task=view&id=462&Itemid=54.

cet échange coalitionnel semblent précisément en capacité d'introduire une ligne de fracture dans le « nous » que le discours nationaliste tend à entretenir, de sorte que, comme le fait remarquer Judith Butler dans *L'État global*, « une certaine distance ou fissure devient la condition de possibilité de l'égalité » (Butler, Spivak, 2007 : 61). Ce que je considère essentiel dans l'idée de coalition chez Judith Butler est un concept de subjectivité qui remet radicalement en question à la fois les ontologies de l'identité et de l'individualisme. Comme le montre clairement l'exemple des FeN, une condition partagée de précarité fournit le terrain commun qui rend possible la constitution d'une subjectivité et d'une capacité d'agir *(agency)* qui ignorent, voire transgressent, les frontières établies précédemment. Par conséquent, le sujet de coalition part du caractère inévitable d'une fracture interne, d'un fossé qui se trouve au cœur de sa propre constitution, et qui doit être mobilisé dans le discours public. Partant des idées développées dans cet exemple, je vais maintenant présenter les principales caractéristiques et obstacles des luttes actuelles de la communauté LGBT en Serbie autour de l'organisation de la *Marche des Fiertés de Belgrade* au cours des dernières années.

### Troisième partie :
### Les fiertés en transition – Les droits LGBT dans le contexte serbe

L'organisation de la *Marche des fiertés de Belgrade* réunit un certain nombre de mouvements engagés dans la lutte pour les droits LGBT (notamment la *Gej-Strejt Alijansa*[7], *Queeria* et *Labris*), ainsi que d'autres organisations de défense des droits de l'homme actives en Serbie et dans la région. Comme pour les FeN, leur travail est souvent attaqué par l'establishment politique qui, depuis les élections démocratiques de 2000, oscille entre deux pôles : l'un qui est désigné comme « démocratique », aspirant à rejoindre l'Union Européenne, et l'autre plus populiste, mettant l'accent sur les « intérêts nationaux » et exprimant dans ce cadre une grande hostilité envers les nouveaux sujets et modes d'action politiques émergents. Dans ce contexte, la lutte pour les droits des minorités sexuelles, centrée sur les discussions et les débats autour d'un événement particulier (la *Marche des fiertés de Belgrade*), s'est retrouvée confrontée aux évolutions constantes des orientations et des intérêts des partis au pouvoir. Comme le montrent les déclarations des hommes politiques importants, le spectre des positions prises sur le sujet est très large, allant de la « priorité absolue » – qui lui est accordée pendant les périodes d'« intensification » des pressions et des exigences des responsables l'UE – à la disquali-

---

7   NdT : Alliance gay-hétéro.

*sings the nation-state?* "a certain distance or fissure becomes the condition of possibility of equality" (Butler, Spivak, 2007: 61). What I consider to be an indispensable aspect of Butler's reference to coalition is a concept of subjectivity that radically questions the ontology of both identity and individualism. As the example of WiB clearly demonstrates, a shared condition of precariousness provides the common ground for the constitution of subjectivity and agency that ignores, or even transgresses the previously established borders. Therefore, the subject of coalition is one that departs from the inevitability of an internal fracture, of a gap that resides at the core of its own constitution, and one that needs to be mobilized in the public discourse. Departing from the insights developed from this example, I will now present the main features of and obstacles to the current struggles of the LGBT community in Serbia connected to the organization of the *Belgrade Pride Parade* in the past few years.

## Part III:
## Pride in Transition – LGBT Rights and the Serbian Context

The organization of the *Belgrade Pride Parade* gathers a number of organizations committed to the struggle for LGBT rights (such as the *Gay-Straight Alliance*, *Queeria* and *Labris*) as well as other human rights organizations active in Serbia and in the region. Not unlike WiB, their work is often contested by the political establishment, which, ever since the democratic elections in 2000, oscillates between two poles – one properly called "democratic", with the prospect of joining European Union, and another that is more populist, focused on "national interests", and, as such, more hostile towards newly emerging political subjects and modes of political action. In this context, the struggle for sexual minority rights, focused on discussions and debates surrounding one single event – the *Belgrade Pride Parade* – became entangled with the constantly changing political orientations and interests of the governing parties. As the statements of leading politicians on the issue demonstrate, the actual positioning of these struggles covers a large span of positions – from "being an absolute priority" in moments of "intensified" pressures and expectations from EU officials, to being dismissed with the excuse that it "represents an event of the highest risk for the safety of the participants, as well as of the citizens and their property"[7]. Therefore, the efforts

---

7     As stated in the announcement of Ivica Dacic, the minister of internal affairs, on the occasion of cancelling the Pride Parade in Belgrade in 2011.

cation pure et simple, au motif que « cet événement présente des risques très élevés concernant la sécurité des participants, ainsi que celle des citoyens et de leurs biens »[8]. Par conséquent, les initiatives visant à donner davantage de visibilité aux membres des minorités sexuelles dans l'espace public sont, d'un côté, intégrées dans l'économie d'un discours civilisationnel représenté par la politique de l'UE sur les droits humains et, de l'autre, sujettes aux intérêts des partis politiques qui tendent à empêcher ces initiatives ou, sinon, à se les réapproprier pour servir leurs propres fins.

Une brève histoire des tentatives d'organisation de la *Marche des fiertés* à Belgrade au cours de la dernière décennie permet de clarifier mon point de vue. La première *Marche des fiertés* organisée en Serbie après la guerre s'est déroulée en juin 2001, avec le slogan « Il y a de la place pour nous tous ». Elle introduisait discrètement la revendication d'une conception plus inclusive de la justice sociale autour des droits des minorités sexuelles. Les participants à la marche réunis sur la place centrale de Belgrade ont été attaqués par une foule énorme de hooligans, principalement des supporters de football et des partisans de groupes ultranationalistes, avec le soutien de membres de l'église orthodoxe serbe. A cause du manque flagrant de policiers affectés à la sécurité de la marche, plus de 40 personnes ont été blessées dans les affrontements qui se sont déroulés suite au rassemblement.

Après deux autres tentatives infructueuses d'organisation en 2004 et 2009, la première *Marche des fiertés* « réussie » s'est tenue en octobre 2010 dans le centre-ville de Belgrade. Cette fois, les autorités policières se sont vues obligées de totalement sécuriser l'événement, pour montrer non seulement que la politique officielle était conforme aux lois de l'UE contre les discriminations, mais que ces lois étaient également complètement appliquées[9]. Le site Internet de la *Marche des Fiertés* décrit cependant la situation de la manière suivante:

> *des cocktails Molotov et des pierres ont été lancés sur la marche, après que les autorités l'ont autorisée à se dérouler avec le soutien public expresse du ministère de l'Intérieur. Ce sont les 5000 policiers mobilisés cette année pour encadrer le défilé, auquel participaient 1000 marcheurs, qui ont essuyé l'essentiel des attaques. Selon le ministre de l'Intérieur, 40 policiers*

---

8    Extrait de la déclaration du ministre des Affaires intérieures Ivica Dacic à l'occasion de l'annulation de la Marche des Fiertés de Belgrade en 2011.

9    La campagne pour l'organisation de la Marche des Fiertés en 2009 a été précédée par un scandale autour du projet de loi contre les discriminations, qui avait été retiré de l'ordre du jour du Parlement sur demande de l'Église orthodoxe serbe et d'autres groupes religieux. La loi a ensuite été soumise à nouveau et adoptée, sur recommandation insistante des responsables de l'UE. Tous ces événements ont mis la communauté LGBT sous les feux de l'actualité.

to achieve a better visibility of the members of sexual minority groups in the public space are, on the one hand, included in the economy of a civilizational discourse reflected in the EU policy of human rights, and, on the other hand, subject to the interests of the political parties that tend either to disable these efforts, or, alternatively, to reappropriate them for their own purposes.

To clarify my point, I will briefly sketch the history of the attempts to organize the *Pride Marche* in Belgrade over the last decade. The first *Pride* march in post-war Serbia, organized in June 2001 under the slogan "There's room for all of us" discreetly announced a claim for a more inclusive concept of social justice regarding sexual minority rights. The participants who gathered at the central city square were attacked by a huge crowd of hooligans – mainly football fans and members of ultra-nationalist groups, supported by members of the Serbian Orthodox Church. Due to a considerable lack of police officers in charge of securing the parade, more than 40 persons were injured in the clashes that followed the gathering.

After another two attempts to organize the *Pride* march in Belgrade in 2004 and 2009 failed, Belgrade had its first "successful" *Pride Parade*, held in the central city area in October 2010. This time, the police authorities obliged themselves fully to secure the event, in an attempt to prove that the official policy was not only in line with EU laws against discrimination but that these laws were also fully implemented[8]. As stated on the *Pride Parade* website, in practice, however, this looked as follows:

> *Petrol bombs and rocks flew at the parade, after authorities allowed it to go forward with express public backing from the interior ministry. A police presence of 5,000 strong that year – which guided the way for 1,000 marchers – took the brunt of the attacks, which injured 40 officers, according to the interior ministry. Sixty people were arrested in the wake of the anti-gay violence.*[9]

---

[8] The campaign for the Pride Parade in 2009 was preceded by a scandal surrounding the anti-discrimination law: a draft of the law had been withdrawn from consideration in Parliament on demand of the Serbian Orthodox Church and other religious groups. The law was then resubmitted and adopted, after strong recommendation by the EU officials. All these events brought some public attention to the LGBT community.

[9] http://www.parada.rs/index.php/en/history.

*ont été blessés lors des affrontements et 60 personnes ont été arrêtées à la suite des violences anti-gays[10].*

Néanmoins, cette victoire obtenue difficilement après une longue attente a été de courte durée : le ministère des Affaires intérieures a une nouvelle fois interdit la tenue de la *Marche des fiertés de Belgrade* en 2011.

Ces attaques violentes contre la *Marche des fiertés* ne sont pas simplement l'apanage de la Serbie, mais un phénomène que l'on retrouve dans l'ensemble des pays d'Europe de l'Est. L'adoption de nouvelles formes d'action politique qui a accompagné le basculement depuis l'ancien paradigme communiste/socialiste vers le modèle de la démocratie libérale a souvent coïncidé avec une paupérisation continue de la société due aux pratiques monopolistiques de « magnats » locaux des affaires et au rétrécissement de la classe moyenne. Ainsi, les personnes qui constituent la majorité (dont l'identité hégémonique est incarnée dans le discours nationaliste qui glorifie les valeurs chrétiennes orthodoxes, serbes, hétérosexuelles) ont souvent recours au même modèle fondé sur l'identité pour exprimer leurs revendications, comme le montre l'exemple de l'organisation en octobre 2010 d'une « contre-marche » *(kontra-parada)* de défense des « valeurs de la famille »[11], quelques jours seulement avec la *Marche des fiertés*. Même si des progrès considérables ont été réalisés dans le domaine des droits des minorités sexuelles (voir par exemple la réussite de la *Marche des fiertés de Zagreb*), les défilés des *Marches des fiertés* en Europe de l'Est et dans les Balkans sont généralement encadrés par d'importantes forces de police qui à la fois protègent et séparent les participants de la foule qui les entoure (c'était le cas à Bucarest en 2008, à Budapest en 2009 ou à Bratislava en 2010). Ainsi, ces manifestations ont très peu en commun avec les *Marches des fiertés* d'Europe de l'Ouest qui, à l'inverse, perdent peu à peu leur caractère subversif antérieur, et participent du processus en cours de « marchandisation » de l'identité.

Comme le fait remarquer la plasticienne et théoricienne Marina Gržinić dans son analyse critique de l'exposition *Gender Check – Feminity and Masculinity in the Art of Eastern Europe*, « aujourd'hui, le soi-disant déséquilibre entre l'Est et l'Ouest de l'Europe n'est plus une question d'opposition comme par le passé, la relation entre les deux régions est maintenant plutôt caractérisée par la répétition » (Gržinić, 2009). Cependant, la répétition de l'événement unique que constitue, selon Marina Gržinić, le règne incontrôlé

---

10   http://www.parada.rs/index.php/en/history.

11   En octobre 2010, sur à la Marche des Fiertés de Belgrade, un groupe d'organisations nationalistes a initié un rassemblement public afin de « défendre » les « vrais » valeurs de la société, par opposition à la Marche des Fiertés, souvent qualifiée de « caricature de Serbes tourmentés ».

Nevertheless, this long time expected and difficult victory didn't last long: the Ministry of Internal Affairs banned the *Belgrade Pride Parade* again in 2011.

The cases of brutal attacks on the *Pride Parade* are not, however, limited only to Serbia, but shared across the Eastern European space. The adoption of the newly emerging forms of political action that took place in the shifts from the earlier communist/socialist paradigm to the model of liberal democracy, often coincided with the ongoing pauperization of the society due to the monopoly of local "tycoons" and the shrinking of the middle class. So, those who are the majority (epitomizing hegemonic identity in the nationalist discourse as Christian Orthodox, Serbs, heterosexual), often express their demands by turning to the same identity based model. One example of this tautological turn would be the organization of a "kontra-parada", in order to promote "family values"[10], as happened in October 2010, just few days before *Pride*. Although there has been a considerable progress in the field of sexual minority rights (e.g. successful examples of the *Zagreb Pride*), in East and Southeastern Europe the *Pride* manifestations are usually held in the strong presence of highly armed police forces that protect, but in the same time segregate the participants from the crowd surrounding them – as was the case in Bucharest in 2008, Budapest in 2009, and in Bratislava in 2010. As such, these events have very little in common with the *Pride* marches held in Western Europe, which are, on the other hand, increasingly loosing the subversive perspective they previously had, taking part in the ongoing "commodification" of identity.

As the visual artist and theorist Marina Gržinić points out in her critical analysis of the exhibition "Gender Check – Femininity and Masculinity in the Art of Eastern Europe", "today the so-called misbalance between East and West of Europe is not any more a question of opposition as it was in the past but East of Europe and West of Europe are today in a relation of repetition" (Gržinić, 2009). However, this repetition of a single event that is, according to Gržinić, the unrestrainment of capital is not a simple process of mirroring, but rather a repetition of one part within the other. Moreover, by stating that the Western Balkans are today the paradigm of the border – by virtue of oc-

---

10   As it happened in October 2010, in the wake of the Belgrade Pride, a group of nationalist organizations initiated the public meeting in order to "defend" the "real" values of the society as opposed to the Pride Parade, which is usually referred to as a "mockery of tormented Serbian people".

du capital, n'est pas simplement un processus de mise en miroir, mais plutôt la répétition d'une chose au sein d'une autre. De plus, en affirmant que les Balkans occidentaux constituent aujourd'hui le paradigme de la frontière, de par leur positionnement géographique entre l'Europe et ses Autres, et finissent par devenir cet Autre par glissement métonymique[12], Marina Gržinić semble suggérer que la répétition manifeste de la reproduction des modèles normatifs des démocraties libérables occidentales impose une perspective progressiste universelle qui, selon Madina Tlostanova, « affecte les gens de l'ancien tiers monde et second monde à un stade antérieur par lequel l'Occident est passé il y a longtemps » (Tlostanova, 2009). Une telle présentation de la situation actuelle dans l'« ex-Europe de l'Est » semblent entrer en résonance de manière remarquable avec l'idée de Judith Butler selon laquelle « la ‹ constellation › qui forme la propre époque de quelqu'un est précisément la scène difficile et interruptive de temporalités multiples qui ne peuvent être réduites à un pluralisme culturel ou au discours juridique du libéralisme politique » (Butler, 2010 : 132). De plus, loin de mettre en scène différentes modalités du temps conçues comme « autosuffisantes, s'articulant dans des lieux culturels distinctifs ou entrant confusément et brutalement en contact entre elles », Judith Butler souligne leur interdépendance radicale et leurs enchevêtrements formateurs (Butler 2010 : 102). Ainsi, le récit de Marina Gržinić sur la répétition dans le contexte de l'Europe de l'Est semble converger avec la critique que Judith Butler fait de la temporalité linéaire, mais aussi du lien entre liberté et progrès temporel pensé comme inhérent dans les invocations de la modernité (ou, encore plus, de la laïcité) par les représentants des politiques gouvernementales en Occident. Une analyse qui se concentre sur le discours des droits humains et des progrès démocratiques peut être considérée comme un outil utile pour étudier les implications libérales dans les discours civilisationnels qui ont cours. Plus précisément, pour rendre compte de la constellation globale actuelle du pouvoir et s'opposer à la répartition injuste des vulnérabilités physiques à la fois au niveau global et local, nous devons abandonner le cadre binaire des luttes politiques en cours qui opposent le sujet occidental à ses Autres au nom de ces mêmes luttes. Une appropriation non critique des concepts des démocraties libérales occidentales dans l'espace de l'« Europe de l'Est » tend non seulement à reproduire le sujet libéral dans son ensemble avec ses exclusions historiquement constitutives en termes de genre, de race et de classe, mais aussi à radicaliser celles qui existent déjà. De surcroît, suite aux alliances politiques occasionnelles entre les minorités sexuelles et les partis au

---

12   Dans son livre Imaginaire des Balkans, Maria Todorova étudie comment la topographie même des Balkans est re-produite par un certain type de discours orientaliste qu'elle désigne sous le nom de balkanisme.

cupying the space between Europe and its Others, and, eventually, through a metonymical slippage, becoming this very Other[11], Gržinić seems to imply that the repetition manifest in the reproduction of the normative models from Western liberal democracies imposes a universal progressivist perspective, which, according to Madina Tlostanova, "assigns people from the ex-third and ex-second world to some earlier stage that the West already went through long ago" (Tlostanova, 2009). Such an account of the present situation in "Former Eastern Europe" seems to communicate in compelling ways with Butler's idea that "the 'constellation' which is one's own era is precisely the difficult and interruptive scene of multiple temporalities that cannot be reduced to cultural pluralism or a liberal discourse of rights" (Butler, 2009: 134). Moreover, far from staging different modalities of time conceived as "self-sufficient", "articulated in different and differentiated cultural locations or that come into confused or brutal contact with one another", Butler stresses their radical interdependency and mutual formative entanglements (Butler 2009, 102). Therefore, it seems that Grzinic's account of repetition related to the Eastern European context seems to converge with Butler's criticism towards the idea of linear temporality, but also towards the link between freedom and temporal progress as inherent in the invocations of modernity (or, even more secularism) by the public policy representatives in the West. An analysis that focuses on the discourse of human rights and democratic progress can be considered a useful tool in tracing liberalist involvement in the civilizational discourses at work. More precisely, in order to account for the present global constellation of power and to counter the inequitable distribution of corporeal vulnerability both globally and locally, we must abandon the binary perspective on the ongoing political struggles that opposes the progressive Western subject to its Others for the very sake of these struggles. An uncritical appropriation of the concepts from the Western liberal democracies in "Eastern European" space tends not only to reproduce the liberal subject altogether with its historically constitutive exclusions in terms of gender, race, and class but also to radicalize the existing ones. What is more, as a result of the occasional alliances between sexual minority politics and governing parties, these struggles are (in a transitional context) subject to a twofold "colonization". Therefore, the normative goal of rethinking the current political struggles in terms of coalitions would

---

11   In her book Imagining the Balkans Maria Todorova examines the ways in which the very topography of the Balkans is being re/produced by a specific kind of orientalist discourse which she calls balkanism.

pouvoir, ces luttes sont sujettes (dans un contexte de transition) à une double «colonisation». Par conséquent, l'objectif normatif qui consiste à repenser les luttes politiques actuelles en termes de coalitions serait de réarticuler les luttes existantes de sorte qu'elles ne sont pas exclusivement soutenues au nom du progrès démocratique tel qu'il est considéré au travers du prisme occidental, ni récupérées de manière opportuniste à des fins de politique régionale.

## Conclusion

Si la notion de coalition à laquelle Judith Butler fait référence implique un ensemble dynamique d'interrelations, la question essentielle dans les deux exemples présentés dans cet article est de savoir comment elles contribuent à la mobilisation des antagonismes existants afin de déconstruire les cadres nationalistes et familiaux qui perpétuent l'économie de la violence et de l'exclusion. Même si elles partent de certaines hypothèses des politiques identitaires des minorités, les *Femmes en Noir* et la *Marche des fiertés de Belgrade* entreprennent des coalitions de types différents, non seulement en termes d'alliances formelles et d'horizons politiques partagés, mais aussi au sens d'un concept sous-jacent qui (dé-)structure les notions dominantes de capacité d'agir *(agency)*, d'intelligibilité, de vulnérabilité et de communalité. Comme je l'ai montré, une attention critique soutenue à la notion de coalition pourrait contribuer à la conception d'une politique qui «déferait» les coalitions existantes entre le capital et l'État-nation dans le contexte serbe. Par conséquent, le recadrage coalitionnel de ces luttes pourrait contribuer à surmonter ces schémas répétitifs qui tendent à reconsolider et à geler les antagonismes déjà existants, mais seulement afin de les remanier et d'ouvrir ainsi la voie vers de nouvelles alliances, par delà les marqueurs identitaires et les lignes de séparation inscrites dans le discours progressiste.

### Références bibliographiques

BUTLER Judith (2010). *Ce qui fait une vie. Essai sur la violence, la guerre et le deuil.* Paris: Zones.

BUTLER Judith (2006). *Trouble dans le genre. Le féminisme et la subversion de l'identité.* Paris: La Découverte/Poche.

BUTLER Judith (2005). *Vie précaire. Les pouvoirs du deuil et de la violence après le 11 septembre 2001.* Paris: Editions Amsterdam.

BUTLER Judith, SPIVAK Gayatri Chakravorty (2007). *L'État global.* Paris: Payot & Rivages.

be to rearticulate the existing struggles so that they are not exclusively sustained under the mark of democratic progress as seen through a Western lens, nor appropriated in the opportunist domestic mediations.

## Conclusion

If the notion of coalition that Butler refers to involves a dynamic set of interrelations, the crucial question regarding the two examples that I have outlined in the previous analysis is how they contribute to the mobilization of existing antagonisms in order to deconstruct nationalist and familial frameworks which perpetuate the economy of violence and exclusion. Although they depart from certain presumptions of identitarian minority politics, *Women in Black* and *Belgrade Pride Parade* engage in different versions of coalitions, not only in terms of formal alliances and shared political horizons, but also in the sense of an underlying concept which (de)structures prevailing notions of agency, intelligibility, vulnerability and communality. As I have shown, a sustained critical focus on the notion of coalition could contribute to the conception of a politics that would "undo" the existing coalitions between capital and the nation-state in the Serbian context. Coalitional reframing of these struggles could, therefore, contribute to the overcoming of those repetitive patterns that tend to reconsolidate and freeze the already existing antagonisms, but only in order to reshuffle them and, hence, to open the path towards new alliances – across identity markers and beyond the lines of the divide inscribed by the progressivist discourse.

## References

BUTLER Judith (2009). *Frames of War. When is Life Grievable?* London, New York: Verso.

BUTLER Judith (2004). *Precarious Life. Powers of Mourning and Violence.* London: Verso.

BUTLER Judith (1990). *Gender Trouble. Feminism and the Subversion of Identity.* New York, London: Routledge.

BUTLER Judith, SPIVAK Gayatri Chakravorty (2007). *Who sings the Nation-State? Language, Politics, Belonging.* London, New York, Calcuta: Seagull Books.

GRŽINIĆ Marina (2009). "Analysis of the Exhibition 'Gender Check – Femininity and Masculinity in the Art of Eastern Europe' Museum of Modern Art (MUMOK), Vienna, November 2009/February 2010"; <http://eipcp.net/policies/grzinic/en>.

GRŽINIĆ Marina (2009). "Analysis of the Exhibition 'Gender Check – Femininity and Masculinity in the Art of Eastern Europe' Museum of Modern Art (MUMOK), Vienna, November 2009/February 2010"; <http://eipcp.net/policies/grzinic/en>.

PARADA PONOSA BEOGRAD, Udruzenje gradjana/ki; <http://www.parada.rs>, website visited on 14.2.2012.

TLOSTANOVA Madina (2009). "Re(dis)articulating the Myth of Modernity through the Decolonial Perspective". *Reartikulacija*, no. 6, 2009; <http://www.reartikulacija.org>.

TODOROVA Maria (1997). *Imagining the Balkans*. Oxford: Oxford University Press.

ZENE U CRNOM BEOGRAD, Women's Feminist Antimilitarist Peace Organization; <http://www.zeneucrnom.org>, website visited on 14.2.2012

PARADA PONOSA BEOGRAD, Udruzenje gradjana/ki; <http://www.parada.rs>, website visited on 14.2.2012.

TLOSTANOVA Madina (2009). "Re(dis)articulating the Myth of Modernity through the Decolonial Perspective". *Reartikulacija*, no. 6, 2009; <http://www.reartikulacija.org>.

TODOROVA Maria (1997). *Imagining the Balkans*. Oxford: Oxford University Press.

ZENE U CRNOM BEOGRAD, Women's Feminist Antimilitarist Peace Organization; <http://www.zeneucrnom.org>, website visited on 14.2.2012.

# Aller à la rencontre d'alliés – Signatures de femmes, politique de la performativité et dissensus*

*Eirini Avramopoulou*

## 1    Réflexions préliminaires sur une campagne de signatures

Le 5 mars 2010, le magazine turc *Kaos gl* publiait une série de lettres issues de la correspondance entre Yasemin Öz (avocate spécialiste des droits humains et militante pour les droits LGBT) et Hidayet Şefkatli Tuksal (écrivain et militante féministe religieuse).[1] Leur échange faisait suite à une campagne de signatures pour le droit des femmes à porter le foulard à l'université. Cette pétition avait été signée par un grand nombre d'individus et d'organisations, dont *Kaos gl*, une association LGBT basée à Ankara. Mais le fait que cette organisation signe une pétition pour soutenir les droits de militantes religieuses s'avéra être une question plus complexe qu'il n'y peut paraître de prime abord.

Si le nom de *Kaos gl* figurait parmi les premières signatures, il disparut rapidement de la liste. Sans connaître les raisons qui avaient poussé les membres de *Kaos gl* à retirer leur signature, Hidayet publia un article abordant ce sujet (cf. Tuksal, 2010). Elle y exprimait d'abord sa gratitude envers les groupes féministes qui, bien qu'opposés à la religion et au port du foulard, soutenaient néanmoins le combat des femmes religieuses contre la discrimination et l'injustice. Elle remerciait ensuite les membres de *Kaos gl* pour leur décision de retirer discrètement le nom de leur association de la liste des signataires de la pétition, supposant alors que ce retrait résultait d'une décision de ne pas soutenir leur lutte. Au nom de *Kaos gl*, Yasemin répondit alors immédiatement en faisant circuler sur divers groupes de discussion Yahoo un e-mail, également envoyé à Hidayet en personne, afin d'expliquer leur position. Les membres de *Kaos gl* avaient pris la décision de retirer leur signature

---

\*    Traduit de l'anglais en français par Cyril Leroy.
1    Pour consulter les trois lettres échangées, en turc, voir http://www.kaosgl.org/sayfa.php?id=4413 (consulté le 10 mai 2010). Pour la première lettre d'Hidayet publiée dans le journal *Star*, voir Tuksal 2010.

# Crossing Distances to Meet Allies: On Women's Signatures, the Politics of Performativity and Dissensus

*Eirini Avramopoulou*

## 1 First reflections on a signature campaign

On March 5, 2010, the Turkish magazine *Kaos gl* published a series of letters exchanged between Yasemin Öz (a human rights lawyer and LGBT rights activist) and Hidayet Şefkatli Tuksal (a writer and a religious feminist activist).[1] The exchange had been occasioned by a signature campaign supporting the right of women to wear headscarves in the universities. A great number of people, both as individuals and as organisations, signed it. *Kaos gl*, an LGBT organisation based in Ankara, was amongst them. However, the fact that they had signed a petition to support religious activist women's rights appeared not to be a simple matter.

Although the name of *Kaos gl* initially appeared on the signatories list, it soon disappeared. Without knowing the reasons why members of *Kaos gl* had decided to remove their signature, Hidayet published an article to address this issue (cf. Tuksal, 2010). First, she expressed her gratitude to the feminist groups that might oppose religion and the use of the headscarf but nevertheless supported religious women's fight against discrimination and injustice. She then thanked *Kaos gl* for deciding quietly to withdraw their endorsement, presupposing that their missing signature was a result of their decision not to support their struggle. Yasemin, representing *Kaos gl*, responded immediately

---

1  For the three exchanged letters, in Turkish, see http://www.kaosgl.org/sayfa.php?id=4413. Accessed 10 May 2010. For Hidayet's letter, first appearing in the newspaper *Star*, see Tuksal 2010.

lorsqu'elles avaient appris que certaines militantes religieuses s'étaient retrouvées soumises à une forte pression de la part des cercles conservateurs pour s'être alignées avec une organisation LGBT. Yasemin soulignait le fait que le retrait de la signature de *Kaos gl* devait en réalité être compris comme un geste renforçant leur soutien à la campagne elle-même.

En fait, Hidayet et Yasemin étaient toutes deux membres de la plate-forme « Birbirimize Sahip Çıkıyoruz » ('Nous gardons un œil les unes sur les autres', ou 'Nous faisons attention les unes aux autres'), constituée en 2008 par des militantes suite à la décision inattendue du Premier ministre Recep Tayyip Erdoğan de voter un amendement à la constitution pour lever l'interdiction du port du voile à l'université et dans la fonction publique[2]. Les militantes religieuses s'opposaient à ce que l'AKP prenne l'initiative de résoudre leurs problèmes en leur nom. Cela donna lieu à une coalition surprenante rassemblant militantes féministes, queer et religieuses qui signaient de manière commune en tant que « femmes », malgré leurs différences. Par cette signature, l'objectif était de s'allier autour d'une identification partagée, une subjectivité politique précaire issue d'une expérience commune de la souffrance, de l'oppression, de l'exploitation et des interdictions légales, imposées par l'État et reprises par des idéologies exercées au nom du modernisme, du sécularisme, de la religion, de la tradition, de la moralité, de l'honneur ou de la liberté. Cependant, comme je l'expliquerai de manière plus détaillée, peu de temps après la formation de cette alliance surprenante, le groupe a eu besoin de réexaminer ce que cela signifiait de signer, en tant que femme, dans une lutte commune. Après deux ans de négociations quasi-quotidiennes sur les limites du soutien qu'elles pouvaient effectivement s'apporter les unes aux autres, les alliées sont parvenues à une position impliquant une « solidarité paradoxale ». Comme Hidayet le soulignait dans sa lettre, certaines organisations avaient signé la pétition des femmes religieuses malgré leur opposition à la religion et au port du voile, afin de soutenir la lutte des femmes religieuses contre la discrimination et l'oppression. Si *Kaos gl* n'avait pas décidé de retirer son soutien, la signature de cette association aurait eu la même signification. Cependant, dans ce cas précis, la pression exercée par les cercles conservateurs sur les militantes religieuses pour avoir accepté la signature d'une organisation

---

2   L'amendement proposé portait sur les articles 10 et 42 de la Constitution turque. L'article 10, qui garantit l'égalité devant la loi, devait être modifié pour assurer l'égal accès de tous les citoyens à l'ensemble des services publics, et l'article 42, qui porte sur le droit à l'éducation, devait inclure une phrase visant à empêcher le refus de l'accès à l'éducation. En plus de ces amendements, suivant la proposition du parti d'opposition minoritaire MHP (Parti d'action nationaliste), le gouvernement AKP a proposé un amendement à l'article 17 des statuts du Conseil de l'enseignement supérieur, qui réglemente les tenues vestimentaires dans les universités. Au sujet de ces modifications, voir également Saktanber et Çorbacıoğlu, 2008.

by circulating an email to various yahoo groups and to Hidayet personally, in order to explain their position. They decided to take back their signature, when they learned that some religious activists had been subjected to severe pressure by conservative circles for aligning themselves with an LGBT organisation. Yasemin stressed on the fact that *Kaos gl's* signature withdrawal should then be perceived as a gesture reinforcing their support to the campaign itself.

Actually, both Hidayet and Yasemin were members of the activist women's platform called "Birbirimize Sahip Çıkıyoruz" ('We Keep an Eye on Each Other', or 'We look After Each Other') which was formed in 2008, following the unexpected decision taken by Prime Minister, Recep Tayyip Erdoğan, to pass a constitutional amendment in order to secure the lifting of the headscarf ban in higher education and in the public sector[2]. Religious activist women opposed AKP's initiative to resolve their problems in their name. At the same time, an unexpected coalition was formed bringing together feminist, queer and female religious activists who commonly signed their differences under the name of 'woman.' Such a signature was meant to make them allies in being mutually identified with a precarious political subjectivity signified in terms of experiencing suffering, oppression, exploitation and legal prohibitions imposed by the state and reiterated in ideologies exercised in the name of modernism, secularism, religion, tradition, morality, honour and freedom. However, as I will explain in detail, soon after this unexpected alliance was formed, the group needed to reconsider what it meant to sign, in the name of woman, a common struggle. After two years of almost daily negotiations over the limits of the support they could actually give to each other, they had reached a position that would entail a paradoxical solidarity. As Hidayet mentioned in her letter, some feminist organisations signed the religious women's petition, while their signature meant that they still opposed religion and veiling practices but supported the fight of religious women against discrimination and oppression. If *Kaos gl* had not decided to withdraw their endorsement, their signature would have also come to bear the same signification. This time, though, the pressure exercised by conservative

---

2   The suggested amendment was targeting constitutional Articles 10 and 42. Article 10, which guarantees equality before the law, would change to secure equal access for all citizens to all public services, and Article 42, which certifies the right to education, would include a phrase aiming to prevent the denial of access to education. In addition to these amendments the AKP government, following the suggestion of the minor opposition Nationalist Movement Party (MHP), proposed the amendment of Article 17 of the Higher Education Council regulations, which governs the style of clothing in universities. Regarding these changes see also Saktanber and Çorbacıoğlu, 2008.

LGBT montrait une nouvelle fois que ce genre de soutien paradoxal devait être freiné. Pour ces femmes qui s'étaient mises d'accord pour devenir alliées, tout en maintenant leurs différences, il était politiquement presque impossible de donner une visibilité publique à un tel acte de soutien.

Partant de la recherche ethnographique que j'ai effectuée entre 2007 et 2009 à Istanbul sur la vie et la politique des militantes féministes, LGBT et religieuses, cet article s'intéresse à la dynamique complexe à l'œuvre entre ces groupes militants dans le processus de formation d'alliances politiques. Dans cet exemple ethnographique, la signature « femme » est comprise comme un acte performatif de non-complicité avec les inscriptions normatives de la précarité féminine, et également comme une métonymie pour la création d'alliances basées sur le genre. Il s'agit ainsi de suivre le travail de Judith Butler pour comprendre les questions de capacité d'agir *(agency)* en jeu lorsque le nom « femme » est utilisé, non seulement comme une signature de résistance contre l'État, mais également, selon moi, comme une catachrèse permettant de rendre compte de l'historicité des expériences de souffrance, de violence, de discrimination et de violations de droits liées au genre et au sexe, tout en révélant les difficultés inhérentes à ce processus.

## 1.1    Donner du sens au mot 'femme' : 'Birbirimize Sahip Çıkıyoruz'

En 2008, alors que la psyché collective à propos des pratiques liées au voile en Turquie était surdéterminée par l'amendement constitutionnel du Parti pour la justice et le développement (AKP) au pouvoir, une ONG de femmes musulmanes appelée AK-DER[3] (Ayrımcılığa Karşı Kadın Hakları Derneği – Organisation pour les droits des femmes contre les discriminations) a lancé une campagne de signatures comme moyen de répondre à la fois aux partis politiques et à ceux qui considèrent systématiquement la politique des femmes voilées avec suspicion. Elles avaient besoin de déclarer qu'en tant que femmes portant le voile, elles étaient également conscientes d'autres problèmes politiques. Elles contestaient le droit de l'État à exercer son autorité sur leurs corps, à intervenir dans les décisions sur le style de coiffure d'une personne, ou sur le type de voile d'une autre. Elles revendiquaient la liberté dans les universités pour toutes les personnes qui en avaient été exclues sur la base de leurs croyances religieuses, de leurs positions politiques, de leur origine ethnique ou autre, et elles condamnaient la mise en œuvre de l'article 301 de la Constitution limitant la liberté d'expression, parmi d'autres revendications politiques. Immédiatement après sa diffusion sur le web, la pétition reçut plus

---

3    Pour une analyse de la position politique de l'AK-DER par rapport à la décision de l'AKP d'amender la constitution, voir Avramopoulou (2013).

circles on female religious activists, for accepting the signature of an LGBT organisation, exposed once again that this kind of paradoxical support was to be hindered. It was almost impossible to give public visibility to such a supportive act as a political statement made by women who had agreed to become allies while still keeping a distance between them.

Drawing on ethnographic research on the lives and politics of feminist, LGBT and religious activists I carried out in Istanbul from 2007 to 2009, this paper focuses on the complicated dynamics between these activist groups as they are in the process of forming political alliances. Perceiving the signature 'woman', in this ethnographic example, as a performative act of non-complicity with normative inscriptions of female precariousness as well as a metonymy for the creation of gendered based alliances, I follow Judith Butler's work in order to understand questions of agency ascribed when the name 'woman' was not only used as a signature of resistance against the state, but also, I will argue, as a catachresis aimed to address the historicity of gender and sexual experiences of suffering, violence, discrimination, and rights injuries, while revealing how difficult this process might be.

## 1.1 Making sense in 'woman': 'Birbirimize Sahip Çıkıyoruz'

In 2008, when public affects with regard to veiling practices were over-determined by the governing Justice and Development Party's (AKP) constitutional amendment, a women-run Islamic NGO called AK-DER[3] (Ayrımcılığa Karşı Kadın Hakları Derneği – Organisation for Women's Rights Against Discrimination) prepared a signature campaign as a means of answering back both to the political parties and to those constantly perceiving veiled women's politics with suspicion. They needed to declare that, as women wearing the headscarf, they were similarly aware of other political problems and hence contested the state's authority over their bodies, the state's intervention in decisions regarding the style of someone's haircut, or the style of another's headscarf; they asked for freedom in universities for everybody who had been expelled on the basis of their religious, political, ethnic or other beliefs; and they condemned the implementation of Article 301 of the Constitution restricting freedom of speech, amongst other political statements. Within one

---

3  For an analysis of AK-DER's political stance in relation to AKP's decision to amend the constitution see Avramopoulou (2013).

de 650 signatures en une journée. Elle fut chaleureusement accueillie par des militantes féministes et lesbiennes qui décidèrent ensuite de signer ensemble une autre déclaration en soutien à l'initiative des militantes voilées, donnant ainsi naissance à la plate-forme de militantes « Nous gardons un œil les unes sur les autres », ou « Nous faisons attention les unes aux autres » (*Birbirimize Sahip Çıkıyoruz*).

« Une sphère publique dans laquelle nous ne pouvons pas marcher bras dessus bras dessous n'est pas notre sphère publique », tel était le titre de la déclaration, dans laquelle on pouvait également lire : « Nous, femmes, croyantes et non-croyantes, voilées et non-voilées, femmes qui agissons pour les droits et les libertés des femmes, nous sommes contre ceux qui disent que 'si tu existes, alors je n'existe pas' », et qui s'achevait par une citation d'Hannah Arendt : « Le fait d'ignorer quelqu'un l'amène à douter de sa propre existence. »[4]

En se réappropriant les connotations du verbe *sahip çıkmak (se revendiquer en tant que ou prendre soin de)*, les militantes ré-inscrivaient de manière performative dans l'économie politique nationale ce que signifiait « se revendiquer en tant que femme », afin de prendre soin les unes des autres, ou de faire attention les unes aux autres. Comme elles le soulignaient : « Nous, femmes, ne sommes pas suspicieuses les unes envers les autres, mais nous faisons attention les unes aux autres ! Parce que nous, femmes, restons aux côtés de celles que nous reconnaissons ! »[5] Dans le même temps, elles se positionnaient comme les hôtes définissant les règles domestiques par leur désapprobation, leur refus et leur contestation des représentations sexistes des femmes dans la société, qu'elles soient le fait de l'État ou reprises dans des idéologies cherchant à contrôler le corps des femmes. L'amalgame intéressant de droits revendiqués dans une déclaration unique, amenant des militantes à signer différemment le contrat du politique, présentait un potentiel de re-configuration des règles du domicile (national). De quelle manière ?

Une lecture attentive permet de comprendre comment, dans leurs différentes articulations, les luttes pour les droits des différents groupes se retrouvent dans une déclaration commune. En premier lieu, le refus du contrôle de l'État sur les corps trouve des échos intéressants dans plusieurs directions. Il résonne avec la seconde vague de lutte féministe opposée aux féministes d'État qui avaient endossé le rôle de « femmes-citoyennes » du nouvel État laïque (voir aussi White, 2003). Il résonne simultanément dans la position des militantes religieuses qui contestent la politique de « protection » de leurs droits

---

4    La déclaration est disponible à l'adresse http://birbirimizesahipcikiyoruz.blogspot.gr/2008/02/birlikte-dans-edemediimiz-bir-kamusal.html (consultée le 20 avril 2010).

5    Voir note 4.

day, immediately after this signature campaign was circulated on the web, it had gained more than 650 signatures. This also ignited the warm embrace of feminist and lesbian activists who then decided to commonly sign a different statement in support of the veiled activists' initiative, inaugurating the activist women's platform 'We Keep an Eye on Each Other', or 'We look After Each Other' *(Birbirimize Sahip Çıkıyoruz)*.

"A public sphere where we cannot walk arm in arm is not our public sphere" was the headline of this declaration and parts of the text read: "We, women, both believers and non-believers, veiled or not-veiled, women who act within the frame of women's rights and liberties, we are against those saying that 'if you exist, then I do not'", while concluding by citing Hannah Arendt: "Ignoring anyone directs him/her to be suspicious about his/her own existence."[4]

By re-appropriating the connotations of the verb sahip çıkmak (to step forth as the owner of), the activists were performatively re-inscribing within the national political economy the meaning of 'stepping forth as women' in order to take care of each other, or to look after each other. As they emphasised: "We, women, are not suspicious of each other, but we look after each other! Because we, women, stay together with those whom we recognise!"[5] At the same time, they were positioning themselves as the hosts of the home's rules while objecting, refusing and opposing the sexist representations of women in society by the state or by its reiteration in ideologies aiming to control women's bodies. The interesting amalgam of rights demands inscribed in one declaration, bringing activist women to sign differently the contract of the political, could potentially re-set the rules of (the national) home. How?

Through a careful reading, one can understand how each group's differently articulated rights' struggles meet together in a common declaration. First, the claim to oppose the control of the state over their bodies interestingly echoes in more than one direction. It reverberates with the second wave feminist struggle to oppose state-feminists who had embraced their roles as "women-citizens" of the newly formed secular state (see also White, 2003). Simultaneously, it resounds with the position of religious activists opposing the

---

4  The declaration can be found at http://birbirimizesahipcikiyoruz.blogspot.gr/2008/02/birlikte-dans-edemediimiz-bir-kamusal.html Accessed 20 April 2010.

5  See footnote 4.

voulue par le gouvernement. Le double écho de l'État (dans ses connotations laïques et religieuses) et la position commune des militantes dans la dénonciation des politiques masculines et pour la réappropriation de leurs corps ne doivent cependant pas être considérés comme féministes. La déclaration commune ouvre aux militantes un espace nécessaire dans lequel elles peuvent inscrire leur position par l'impression de leurs propres touches sur le texte. Mais le féminisme ne peut servir de cadre d'interprétation pour comprendre la position anti-État des femmes religieuses et leur revendication de réappropriation de leurs corps, parce qu'elles sont ouvertement opposées au féminisme (à l'exception d'Hidayet qui s'identifie elle-même comme féministe). Le recours au cadre du féminisme ou à celui des valeurs laïques cosmopolites pour analyser l'appel commun des femmes contre l'oppression, la discrimination et la violence constituerait une lecture passablement erronée de leurs revendications politiques[6].

De manière similaire, l'opposition des militantes aux discours sur la «morale publique» ouvre un espace de possibles pour la formation de nouvelles alliances. L'association LGBT Lambda Istanbul a ainsi été la cible d'une action en justice pour « atteinte à la morale publique », une justification qui avait déjà été utilisée plusieurs fois auparavant contre des personnes LGBT. Les militantes féministes se sont aussi attaquées et opposées avec véhémence aux discours moraux ciblant les femmes (par exemple, dans les cas de divorce, de crimes d'honneur, dans les décisions de justice pour des affaires de viol, ainsi que dans le langage utilisé dans les médias, etc.). Si les féministes comme les militant·e·s LGBT ont donné de la voix pour condamner publiquement les discours sur la « morale publique », elles se sont retrouvées sur des actions communes seulement à quelques rares occasions pour s'attaquer, par exemple, aux « crimes haineux » et aux « crimes d'honneur ». Enfin, de nombreuses militantes LGBT ne se qualifieraient pas elles-mêmes de féministes et pourraient en réalité être plus ancrées dans les croyances religieuses que dans les valeurs laïques.

---

[6] Yeşim Arat a récemment soutenu que les nouvelles alliances formées présentent la possibilité de lutter contre la « menace potentielle » des politiques islamistes telles que celles menées par le gouvernement turc actuel (2010 : 882). Arat rejoint la position de Seyla Benhabib et défend ainsi l'idée d'« une 'itération démocratique' par 'médiation de la volonté et de la formation de l'opinion des majorités démocratiques et des normes cosmopolites' » (Benhabib, 2006 : 45, cité dans Arat, 2010 : 882). S'il existe en effet une possibilité associée à cette alliance, à l'inverse d'une lecture normative de ré-inscription de valeurs cosmopolites-laïques, je voudrais suggérer ici que cette alliance de militantes s'est en réalité exactement opposée à ces cadres (utilisés pour réitérer la division sociale et politique entre régime politique et piété, sécularisme et islamisme).

government's politics to 'protect' their rights. The double echo of the state (as in its secular and religious connotations) and the activists' common position in denouncing male politics and reclaiming their bodies, however, should not be mistakenly interpreted as feminist. This declaration provides the necessary space for feminist activists to inscribe their positions in it by imprinting their own traces on the text. But feminism cannot be the frame through which one can understand the anti-state position of religious women and their demand to reclaim their bodies because they openly contest feminism (with the exception of Hidayet who self-identifies as feminist). If we were to use the frame of feminism or secular-cosmopolitan values to analyse the common call against women's oppression, discrimination and violence, this would be a serious misreading of their political claims[6].

Similarly, the activists' opposition to discourses on 'public morality' opens the space for gaining more allies. Harming 'public morality' was the official accusation used to justify the legal case opened against the LGBT organisation Lambda Istanbul, as it had also been used several times against LGBT people. At the same time, feminist activists have been vehemently addressing and contesting discourses of morality cast against women (e.g., in divorce cases, in honour killings, in court decisions about rape as well as in the language used in the media, etc). While both feminist and LGBT activists have been vocal in publicly condemning discourses of 'public morality,' only on a few occasions have they together organised common actions to address, for instance, 'hate crimes' and 'honour killings'. Ultimately many LGBT activists would not self-identify as feminists and, indeed, might be more embedded in religious beliefs than secular values.

---

[6] Yeşim Arat has recently argued that there is possibility in newly formed alliances to fight against the "potential threat" of Islamist politics reflected in the current government's politics in Turkey (2010: 882). Arat's position meets Seyla Benhabib's argument and hence Arat also encourages "a 'democratic iteration' by 'mediating the will and opinion formation of democratic majorities and cosmopolitan norms'" (Benhabib, 2006: 45, cited in Arat, 2010: 882). While there is indeed a possibility ascribed in this alliance, contrary to a normative reading of re-inscribing cosmopolitan-secular values, I want to suggest that this activist women's alliance actually opposed exactly such frames – frames used to reiterate the social and political division between polity and piety, secularism and Islamism.

Devons-nous par conséquent comprendre cette alliance comme un assemblage de positions différentes dépourvu de cadre, de structure ou de base associée à l'ensemble des revendications ? Les membres de l'alliance essentialisent-elles la position de « femme » pour donner voix à leur dissidence ? Selon moi, une réponse positive à ces questions serait révélatrice d'une incompréhension de la signification de cette alliance pour celles qui y sont impliquées. En effet, aucune des signataires de la déclaration n'était prête à renoncer à son investissement dans sa propre lutte pour certains droits sur la base de la religion, du féminisme ou des politiques queer. Le mot « Femme » n'était pas revendiqué en tant que « nom propre » pour niveler leurs différences. Comment comprendre alors autrement la saturation en jeu ?

Le recours à Hannah Arendt dans le texte est particulièrement intéressant car il fait résonner le mot « femme » avec celui d'humanité, une humanité qui, pour Arendt, voit la sphère publique comme un espace de droits fondé sur « le droit absolu d'avoir des droits » (Arendt 2004). L'humanité plurielle à laquelle Arendt se réfère est une « utilisation catachétique de l'unité » selon Butler qui soutient que, pour Arendt, l'universalisation « vise à établir un caractère inclusif pour toute société humaine, sans poser une définition de ce principe pour l'Humanité qui s'y assemble » (Butler, 2011 : 84). Cela est également ce qui nous fait comprendre la pluralité chez Arendt comme un processus et non comme une frontière définie par des limites posées par le biais de différenciations internes (Butler, 2011 : 834–85).

Ainsi, de manière similaire et en référence à Arendt, le mot « femme » endosse dans cette déclaration une signification catachétique visant à troubler les différences internes afin de s'intéresser à une interdépendance unique développée au sein d'une pluralité. Les militantes écrivent ainsi qu'elles s'opposent à ceux qui défendent la position du « si j'existe, alors vous n'existez pas ». Avec les mots d'Arendt, la co-existence en tant que « femme » prend la signification suivante : « Le fait d'ignorer quelqu'un l'amène à douter de sa propre existence. »[7] Les militantes contestent également les frontières internes à la nation définissant qui doit être exclu ou inclus, tout en revendiquant une sphère publique définie comme « un environnement de paix et par la pratique des droits et des libertés ». Elles auraient pu situer leur référence aux droits, aux libertés et à la paix dans un cosmopolitisme kantien de l'hospitalité universelle (voir Derrida, 2000 et 2001), qui fait ensuite écho à un idéal habermassien de la sphère publique « cosmopolite et européenne », où la cohabitation apparaît comme un simulacre des « salons démocratiques » (cf. Berlant, 1997 : 235). Elles citent cependant Arendt. Il existe certes un lien étroit entre Arendt et Kant dans leur perception de la pluralité comme « idéal régulateur, que tout

---

7   Voir note 4.

But should we then understand this alliance as an assemblage of different positions, without ascribing any frame, structure or base to hold their claims together? Are the allies essentialising the position of 'woman' to voice their dissidence? If one was to give positive answers to these questions, I believe it would miss the point of what this alliance came to signify for those involved in it. Actually, none of those who signed this declaration was willing to give up their strong investments in their own struggles for certain rights that would give priority to their attachments to religion, feminism, or queer politics. 'Woman' was not claimed as a 'proper name' to commensurate their differences. But how else can we understand the saturation at play?

The use of Hannah Arendt in their text is of special interest because it makes 'woman' echo in the name of humanity, a humanity that for Arendt welcomes the public sphere as a space of rights grounded upon "the ungrounded right to have rights" (cf. Arendt 2004). The human as plural to which Arendt refers is "a catachrestic use of oneness" according to Butler, who argues that, for Arendt, universalisation "seeks to establish inclusiveness for all human society, but one that posits no single defining principle for the humanity it assembles" (Butler 2011: 84). This is also what makes us understand plurality in Arendt as a process and not as a boundary set by limits posed through inner differentiations (Butler, 2011: 84–85).

Similarly then, and in reference to Arendt, 'woman' in this declaration assumed a catachrestic meaning aiming to unsettle inner differences in order to address such a unique interdependence traced within a plurality. As the activists write, they oppose those advocating "if I exist, then you do not." Co-existing in 'woman' becomes signified, in Arendt's words, as: "Ignoring anyone directs him/her to be suspicious about his/her own existence."[7] The activists also contest the inner national borders defining who is to be excluded or included, while asking for a public sphere claimed as "an environment of peace and by the practice of rights and liberties." Their reference to rights, liberties and peace may as well have sounded in a Kantian cosmopolitanism of universal hospitality (cf. Derrida, 2000 and 2001), which then resonates to a Habermasian ideal 'cosmopolitan and European' public sphere, where cohabitation appears to be simulacra of "democratic salons" (cf. Berlant, 1997: 235). However they quote Arendt. Indeed, there is strong link between Arendt and Kant in their perception of plurality as "a regulative ideal, that everyone has

---

7   See footnote 4.

le monde possède ces droits, sans égards pour les différences culturelles, linguistiques, qui caractérisent chacun » (Butler, 2011 : 85). Mais, pour Butler, la différence importante dans la pluralisation arendtienne (par opposition à l'universalisation kantienne) est la reconnaissance du fait que « les droits politiques s'universalisent, mais cette universalisation opère toujours dans le cadre d'une population différenciée (et perpétuellement en voie de différenciation) » (Butler 2011 : 85–86).

Même si l'humanité revendiquée au nom de « l'humain », pour Arendt, était concrètement analysée avec pour sujets les populations apatrides, les réfugiés et les migrants, cette précarité, pour les militantes, prend une nouvelle signification au nom de la femme et en lien avec la position des femmes dans une sphère publique dominée par les hommes. En déclarant que les droits de la Femme ont été forgés comme autres par rapport aux droits de l'Homme, elles présentent la Femme comme l'Autre d'un citoyen humain-mâle qui s'est vu octroyer les droits de citoyenneté. Par cette déclaration, elles créent une sorte de *subjectivité politique précaire* qui vise à révéler les modes de gouvernance qui sous-tendent leur vulnérabilité en tant que sujets dépourvus de droits. Elles basent leurs revendications sur le « droit absolu d'avoir des droits » en tant que femmes. C'est pourquoi, sans recourir à des cadres pour désigner leur acte de revendication de droits, elles révèlent la catégorie de « femme » dans son historicité et elles l'inscrivent dans l'avenir comme une promesse de co-existence ou de co-habitation différente. Est-il cependant aisé de faire de cela le départ de l'action politique ?

### 1.2 Lorsque « femme » commence à ne pas faire sens ou, plutôt, à faire dissensus

Plus qu'une fin en soi, la signature performative du nom « femme » constituait un processus, qui se place dans le contexte d'un statut de femme différencié et perpétuellement en voie de différenciation. Cependant, comme le souligne Rancière, « Homme et citoyen [ou Femme] ne désignent pas des collections d'individus. Ils désignent des sujets politiques virtuels. Des sujets politiques, ce sont d'abord des *noms supplémentaires*, des noms qui instituent un *litige* sur la question de savoir qui est inclus dans leur compte » (2010 : 68) c'est nous qui soulignons). La valeur supplémentaire portée par le nom de femme est revenue comme une question qui s'est posée aux militantes alors qu'elles devaient à nouveau prendre en compte le processus de leurs perpétuelles différenciations. Peu de temps après la création de « Nous gardons un œil les unes sur les autres », ou « Nous faisons attention les unes aux autres », elles ont du repenser ce que cela signifiait de signer « pluralité » sous le nom de

such rights, regardless of the cultural and linguistic differences by which anyone is characterised" (Butler, 2011: 85). But, for Butler, the important difference in the Arendtian pluralisation (as opposed to the Kantian universalisation) is the recognition that "political rights universalise, but always in the context of a differentiate (and continually differentiating) population" (Butler 2011: 85–86).

Even if the humanity claimed in the name of 'the human,' for Arendt, was concretely analysed in relation to stateless populations, refugees and migrants, for the female activists this precariousness is re-signified in the name of woman and in relation to women's position in a public sphere dominated by men. By claiming that the rights of Woman have been cast as Other to the rights of Man, they expose Woman as the Other of a male-human citizen who has been granted citizenship rights. Upon this claim, they seem to build *a political, precarious subjectivity* which aims to expose modes of governance sustaining their vulnerable status as subjects deprived of rights. They are basing their demands upon the "ungrounded right to have rights" as women. This is why, without employing frames to name their act of demanding rights, they expose the category of 'woman' in its historicity and inscribe it in the future as a promise of a different co-existence, or co-habitation. But how easy is it to keep this promise as departure of political action?

## 1.2     When 'woman' starts not to make sense or, rather, to make sense in dissensus

The name of 'woman' was performatively signed as a name that revealed a process, rather than a destination; a process that is ensured in the context of a differentiated and continually differentiating womanhood. However, as Rancière points out, "Man and citizen [or Woman] are political subjects and as such as are not definite collectivities, but *surplus names* that set out a question or a dispute *(litige)* about who is included in their count" (2010: 68, emphasis added). The surplus value carried in the name of woman returned as a question posed back to the activists while each had to account again for the process of their continuous differentiations. Soon after the creation of

femme alors qu'elles se voyaient obligées de reprendre en compte la différenciation au sein de leurs différences internes.

L'atmosphère positive autour de l'initiative a rapidement engendré le besoin d'approfondir les discussions autour de ces différences internes. L'organisation AK-DER a ainsi décidé d'organiser une réunion dans ses bureaux. Apparemment, AK-DER avait perçu la pétition susmentionnée comme un signe de soutien, mais également comme une opportunité grâce à l'atmosphère créée, propice à la réciproque dans l'hospitalité. C'est donc en tant qu'hôtes qu'elles ont ouvert leurs portes à d'autres femmes afin de discuter de leurs différences et de mieux se comprendre. Elles ont invité des personnes de différentes organisations ainsi que des écrivains, des journalistes, des universitaires et des militantes. La principale question à l'ordre du jour de leur réunion était l'« islamité » (qu'est-ce qu'être musulman/qui est musulman). Une membre d'AK-DER a ainsi expliqué : « Je pense que c'est la première fois dans ce pays que nous pouvons discuter de qui est musulmane, ou de la manière dont nous nous considérons comme musulmanes. » Elle a poursuivi ainsi :

> *Nous avons dit que pour toute identité, il existait un Autre, je veux dire, un Autre fondateur (kurucu öteki). Ainsi, en tant que musulmanes, notre autre n'est pas une non-musulmane, mais la zulüm (oppression, cruauté). Tous les musulmans doivent être contre la zulüm, quiconque pratique la zulüm est notre autre. Lorsque quelqu'un fait œuvre de violence à l'encontre d'une personne homosexuelle, nous sommes contre cette violence. Peu importe si la personne est homosexuelle, peu importe qui elle est, cela n'a aucune importance, nous devons dire que nous sommes contre ça, il en va de notre responsabilité religieuse.*

Après avoir ouvert leurs portes en tant que musulmanes à d'autres « musulmanes », les membres d'AK-DER ont repris les connotations religieuses du mot *zulüm* pour désigner leur revendication commune pour un environnement de paix, de droits et de libertés, ce qui a renforcé les craintes et la méfiance des féministes à l'égard de l'islamisme des militantes religieuses. Cela a aussi provoqué des débats intenses entre militantes religieuses et *queer*. En outre, un conflit autrement âpre a éclaté entre militantes féministes et lesbiennes. Certaines de ces dernières se sont senties instrumentalisées par les féministes qui avaient fait de l'anti-homophobie une précondition pour maintenir le dialogue avec les militantes religieuses. Les militantes lesbiennes doutaient de la sincérité des féministes, qu'elles soupçonnaient de se servir de l'alliance comme d'une occasion pour changer, moderniser et éduquer les femmes religieuses, les accusant ainsi de reprendre à leur compte une idéologie kémaliste. Même si toutes celles qui avaient apposé leur signature sous le nom de femme l'avaient fait dans une volonté d'effacer les traces de l'idéologie

'We Keep an Eye on Each Other', or 'We look After Each Other', they had to rethink what it meant to sign 'plurality' in the name of woman as they had to re-account for differentiation within their inner differences.

The positive atmosphere created soon led to the need to further discuss the internal differences. AK-DER decided to organise a meeting at their office. Apparently, AK-DER had received the aforementioned petition as a sign of support, but also as a gift that creates the proper atmosphere of reciprocation within hospitality. As hosts, then, they opened the doors to other women in order to discuss their differences and understand each other better. They invited people from different organisations as well as writers, journalists, academics, and activists. The main issue on the day of their meeting was 'Muslimness' (what is Muslim/who is Muslim). As a member of AK-DER explained, "I believe that this is the first time in this country when we could discuss who is Muslim, or as Muslims how we understand ourselves." She continued:

> *We said that every identity has its Other, I mean, a founding Other (kurucu öteki), so as Muslims our other is not a non-Muslim but zulüm (oppression, cruelty). All Muslims should be against zulüm, whoever enacts zulüm is our other. When someone is using violence against a homosexual, then we are against this violence. It doesn't matter if one is a homosexual, or whoever one is, it doesn't matter, we need to say that we are against this, this is our religious responsibility.*

When religious women opened their doors as Muslims to other 'Muslims' and employed the religious connotations of the word *zulüm* to signify their common demand for an environment of peace, rights, and liberties, this gesture re-affirmed feminist women's fears and suspicions with regard to the Islamist politics of religious activists, and it also led to intense debates between religious and queer activists. Moreover, another fierce conflict emerged, this time between feminist and lesbian activists. Arguably, some lesbian activists felt used by some feminists who had raised anti-homophobia as a precondition for sustaining a dialogue with the religious activists. Lesbian activists accused feminists of showing insincerity and of using the platform as an opportunity to change, modernise and educate religious women, and hence accusing them of reiterating a Kemalist ideology. Although all of those who had

de l'État qui divise les femmes, ces traces redevenaient à nouveau visibles. Elles se voyaient dans les peurs, les suspicions et les accusations exprimées, dans les rumeurs et dans l'ironie[8]. La sphère publique se retrouvait à nouveau imprégnée du concept d'«hostipitalité» (cf. Derrida 2000 et 2001)[9], circulant entre ennemis et amis, entre les rôles interchangeables d'hôtes et d'invités. En conséquence, un certain nombre ont commencé à envisager de se retirer de la plate-forme BSÇ, alors que leurs échanges devenaient de plus en plus inconfortables.

D'un autre côté, pour celles qui restaient dans la coalition, la question n'était pas d'atteindre un consensus sur les conditions qui les ont privées, de manière séparée, de certains droits à la citoyenneté. Leur alliance était construite sur un processus de mésentente. Pour reprendre Rancière, «un sujet politique est une capacité à mettre en scène la mésentente» (2010:69). Rancière souligne que la relation entre la vie simple et la vie politique n'est jamais claire et que les droits de l'homme révèlent le dilemme de la vie politique: «Les *droits de l'homme sont les droits de ceux qui n'ont* pas les droits qu'ils ont et qui ont les droits qu'ils n'ont pas» (Rancière 2010:67). Et c'est dans ce dilemme qu'Arendt enferme les droits de l'homme (Rancière 2010:66). Pour lui, proposer une solution à ce dilemme ne consiste pas à se mettre d'accord. Il ne s'agit pas d'atteindre un consensus sur ce qui devient un vide (les droits de l'homme sont les droits de ceux qui n'ont pas de droits), ou une tautologie (ce sont les droits de ceux qui ont des droits) (Rancière 2010:67). Pour lui, les droits sont des inscriptions, ils textualisent la visibilité et ils sont accordés comme un droit au litige, pour ceux qui peuvent faire quelque chose de telles inscriptions et non simplement les «utiliser» en tant que droits, pour créer des affaires, pour ouvrir un litige sur qui est inclus (2010:69). Pour cette raison, il soutient que «le dissensus n'est pas la confrontation des intérêts, des opinions

---

8   Veena Das (2007) soutient que la marque de l'État est visible partout, dans de nombreux contextes, non seulement dans l'action de contrôle qu'il exerce sur la population mais aussi dans la vie de tous les jours, et en particulier aux marges. Pour Das, «comme le projet de l'État n'est jamais complètement réalisé, les marges constituent le meilleur terrain pour l'observer, mais ces marges ne sont pas simplement des lieux périphériques, elles irriguent le corps politique comme les rivières irriguent le territoire. Il serait cependant dangereux de considérer les gens qui se trouvent dans ces périphéries comme des objets passifs de la manipulation d'État» (2007:183).

9   Lors d'une conférence publique donnée à l'université Boğaziçi en mai 1997, Derrida utilisait le néologisme «hostipitalité» pour souligner la frontière très étroite qui sépare hospitalité et hostilité, dans sa déconstruction du «droit cosmopolite» de Kant en référence aux réfugiés, migrants et apatrides qui se sont retrouvés otages au moment de la constitution des États-nations européens modernes (Derrida 2000). Le terme utilisé par Derrida sous-tend l'affect d'hostilité qui surgit lorsque l'«hôte» se présente lui-même sans complexe comme maître des lieux, dont les règles s'imposent à l'«invité» qui doit s'y conformer.

given their signatures to the name of woman had done so in an attempt to erase the traces of state ideology dividing women, now such traces were once again becoming visible. They were retraced in their expressed fears, suspicions, and accusations, in rumours and through irony.[8] The public sphere was once again imbued with the affect of "hostipitality" (cf. Derrida 2000 and 2001)[9] circulating between enemies and friends, between the exchangeable roles of hosts and guests. In result, many started thinking of signing out of BSÇ as their dialogues were increasingly mediated by discomfort.

On the other hand, for those remaining in the coalition, the issue was not to reach a consensus on the conditions that have separately deprived them of certain citizenship rights. Their alliance was built on dissensus. As Jacque Rancière suggests, "a political subject is a capacity for staging scenes of dissensus" (2010: 69). Rancière emphasises that the relation between bare life and political life is never clear and that human rights mark the paradox of political life: "The rights of Man are the rights of those who have not the rights that they have and have the rights that they have not" (Rancière 2010: 67). And this is the paradox upon which Arendt builds a lock (Rancière 2010: 66). According to Rancière, the process of making sense out of this paradox is not to agree, it is not to reach a consensus that becomes either a void (the rights of man are the rights of those who have no rights), or a tautology (they are the rights of those who have rights) (Rancière 2010: 67). For him, rights are inscriptions, they textualise visibility and they are granted as a right to dispute *(litige)*, for those who can make something out of such inscriptions and not to just 'use' them as rights, but to build cases, to set out a dispute *(litige)* on

---

8  Indeed, as Veena Das (2007) has argued, the signature of the state can be read everywhere while its iterability becomes visible not only in moments of control over the population but also in everyday life, and especially in the margins. Das notes, "because the state project is always an unfinished project, it is best observed at the margins, but these margins are not simply peripheral places –they run into the body of the polity as rivers run through a territory. Yet it is dangerous to assume that people on these peripheries are somehow passive objects of state manipulation" (2007: 183).

9  In a public lecture that Derrida delivered in May 1997 at Boğaziçi University in Istanbul he coins the word 'Hostipitality' denoting the thin line between hospitality and hostility while deconstructing Kant's 'cosmopolitan right' with reference to refugees, migrants and stateless people held hostage under the premisses of modern European nation-states (cf. Derrida, 2000). One of the dynamics encapsulated by Derrida's term is the affect of hostility that emerges when the 'host' is assertively self-presented as the master of the home to whose rules the 'guest' must conform.

ou des valeurs; il est une division qui s'insère dans le ‹sens commun' : un litige sur ce qui est un donné et sur le cadre dans lequel nous voyons quelque chose comme un donné» (ibid.).

Même si le fait de reconnaître l'oppression commune que constitue la perte du droit d'avoir des droits les avait fait apparaître comme des alliées inattendues, cette reconnaissance était une manifestation de dissensus parce que son objectif était de perturber le sens commun sur lequel les militantes se retrouvaient en opposition. Ainsi, la valeur supplémentaire portée par le nom «femme» était négociée entre elles afin de pousser plus avant la possibilité de leur capacité de maintenir le dialogue, la communication, l'intimité et l'affection. Les différences entre elles étaient agonistiques, plutôt que statiques, incluses ou commensurables dans le nom de femme. Elles ont émergé comme une question *aporétique* servant d'intermédiaire à la manière dont est déterminée la précarité des femmes dans la société et dont elle devient pour elles (entre elles) une revendication de réappropriation d'une subjectivité précaire afin d'inscrire leurs propres litiges sur les droits, les préjudices et les traumatismes. Cela était encore plus évident dans la manière dont elles avaient décidé de se soutenir les unes les autres dans leurs oppositions, à chaque fois qu'elles accordaient leur signature en solidarité à la lutte des autres. Mais cela non plus n'était pas simple, comme je vais le montrer maintenant.

## 2     Leçons sur les ré(s)pons/abilités: reconfigurer les limites

Deux ans après la création de BSÇ, de nouvelles entraves au soutien mutuel entre ses membres ont surgi, cette fois de manière différente. En 2010, les déclarations de la ministre d'État turque des Affaires relatives aux femmes et à la famille, qui considérait l'homosexualité comme une maladie due à un désordre biologique qui nécessite un traitement, ont encore compliqué leurs relations. Ses commentaires sur l'homosexualité faisaient suite à ceux sur les scènes d'amour des feuilletons télévisés turcs qu'elle condamnait parce qu'elles étaient contraires aux valeurs familiales[10].

La ministre reçut le soutien de 21 organisations différentes qui ont signé un communiqué de presse dans lequel elles jugeaient l'homosexualité comme une menace et une dépravation, comme un acte pervers, immoral, coupable et non naturel. Elles y désignaient les militantes LGBT comme un lobby engagé dans une conspiration visant à faire de l'homosexualité un choix

---

10     Interview d'Aliye Selma Kavaf, Hürriyet, 7 mars 2010 (http://www.hurriyet.com.tr/pazar/ 14031207.asp?gid=59).

who is included (2010: 69). For this reason, he argues that "a dissensus is not a conflict of interests, opinions or values; it is a division inserted in 'common sense': a dispute over what is given and about the frame within which we see something as given" (ibid.).

Even if the recognition of being commonly oppressed by the loss of the right to have rights, made them appear as unexpected allies, this recognition was a signature of dissensus because its aim was to unsettle the common sense upon which the activists are positioned in opposition. Then the surplus value that the name 'woman' carried was negotiated between them in order to push further forward the possibility of their ability to be in dialogue, communication, intimacy, and affection. The differences between them were agonistic, rather than static, subsumed, or commensurable in the name of woman. They emerged as an *aporetic* question mediating how women's precarity is framed in society and how it becomes for them (between them) a claim of re-appropriating a precarious subjectivity in order to inscribe their own disputes over rights, injuries and traumas. This was even more evident in the way that they had decided to support each other in their oppositions each time they would give their signature of solidarity to the other's struggle. But even this was not that easy, as I will now explain.

## 2      Lessons on response/ability: Limits redrawn

Two years after the creation of BSÇ the possibility of supporting each other was even further hindered, but this time differently. In 2010, comments made by the Turkish state minister for Women and Family Affairs, Aliye Selma Kavaf, who declared gay people 'sick' and homosexuality a biological disorder that requires treatment, complicated their relations even further. Her comments on homosexuality followed her opinion regarding love scenes on Turkish soap operas that she condemned on the basis of contravening family values.[10]

Moreover, 21 different organisations welcomed the minister's declarations and signed a press release in which they deemed homosexuality a threat and corruption, as a perverse, immoral, sinful and unnatural act, while identifying LGBT activists as part of a conspiratorial lobby to embed homosexuality

---

10      Aliye Selma Kavaf's Interview in Hürriyet, March 7, 2010 (http://www.hurriyet.com.tr/pazar/ 14031207.asp?gid=59).

naturel dans l'imaginaire des gens. Certaines militantes religieuses, ainsi que l'AK-DER, ont essayé de prendre leurs distances vis-à-vis de cette initiative.

Parmi les soutiens aux propos de Kavaf, signataires du communiqué de presse, figurait MAZLUM-DER (Insan Hakları ve Mazlumlar İçin Dayanışma Derneği – Organisation pour les droits humains et la solidarité pour les opprimés), l'une des premières organisations de droits de l'homme à faire le lien entre violations des droits, souffrance et oppression (*zulüm, zalim, mazlum* comme son nom l'indique). Tentant de concilier les objectifs affichés dans le nom même de son organisation tout en expliquant sa décision de signer cette pétition, le président de MAZLUM-DER, Ahmet Faruk Ünsal, a fait la déclaration publique suivante: «Nous considérons l'homosexualité comme une chose anormale, mais nous nous opposons à toute forme de discrimination et de violence contre les personnes homosexuelles.»[11]

En fait, ce commentaire présentait des tonalités similaires à celles de la position des militants de l'AK-DER lorsqu'il leur avait été demandé de se positionner sur l'homosexualité après la formation de l'alliance de femmes. Cependant, AK-DER considérait l'homosexualité comme illégale *(eşcinsellik haramdır)*, ou comme un péché *(günah)*, mais pas comme une maladie. Cela constituait une base minimum pour permettre le dialogue entre militantes religieuses et LGBT, alors que ces dernières étaient encore très critiques de la position des premières. La position de MAZLUM-DER était encore plus ambiguë, étant donné que cette organisation avait signé une pétition légitimant le «crime haineux» à une période où la longue lutte pour la reconnaissance légale de l'organisation LGBT était en suspens, et où les journaux faisaient état des meurtres fréquents de personnes transexuelles et homosexuelles. De plus, certains signataires du communiqué de presse condamnant l'homosexualité ont exercé une pression sur les militantes religieuses de l'AK-DER pour qu'elles n'acceptent pas la signature de soutien de *Kaos gl* pour la pétition défendant les droits des femmes religieuses à porter le voile. Comme je l'ai déjà décrit, cette pression a poussé *Kaos gl* à retirer sa signature, ralentissant encore les efforts entrepris pendant deux ans pour soutenir cette plate-forme militante.

Nikki Sullivan (2004) soutient que l'écriture est une «question de tact», suivant Jean-Luc Nancy qui suggère que la seule manière de répondre à l'appel de l'autre est de répéter l'appel. Yasemin comme Hidayet ont fini par répéter l'appel pour essayer et ré-envisager une société plus mûre et démocratique. Mais ce soutien paradoxal n'aurait pas eu la signification politique qu'il était censé porter, si l'absence de signature de *Kaos gl* était restée inaperçue. Les

---

11    Bianet, 25 mars 2010 (http://bianet.org/bianet/toplumsal-cinsiyet/120894-mazlumderde-insan-haklari-escinsel-deyince-bitiyor).

as a natural choice in the consciousness of people. Some female religious activists, as well as AK-DER, tried to take a distance from this initiative.

Amongst those who supported Kavaf's statements and signed this press release was MAZLUM-DER (Insan Hakları ve Mazlumlar İçin Dayanışma Derneği – Organisation for Human Rights and Solidarity for the Oppressed People), one of the first human rights organisations to relate rights' violations to suffering and oppression (*zulüm, zalim, mazlum* as its name indicates). Ironically, MAZLUM-DER's president, Ahmet Faruk Ünsal, while attempting to justify the aims ascribed to the name of this organisation and also to explain the decision to sign this petition, argued publicly that "We deem homosexuality abnormal, but we oppose any form of discrimination and violence against homosexual people."[11]

Actually, this comment had similar undertones to the position employed by AK-DER's activists when they had been asked to position themselves regarding homosexuality after the women's alliance had been formed. However, AK-DER considered homosexuality as illicit (eşcinsellik haramdır), or a sin (günah), but not as a sickness. This was considered as a minimum base for enabling the dialogues between religious and LGBT activists while the latter were still highly critical of the former's position. The position employed by MAZLUM-DER was even more ambiguous considering the fact that the organisation had signed a petition legitimising 'hate crime' in a period when the long fight for legal recognition of the LGBT organisation Lambda Istanbul was pending, and as the murders of transexual and gay people were frequently reported in the news. Furthermore, some amongst those who had signed the press release condemning homosexuality exercised pressure on the female religious activists from AK-DER not to accept the signature of support from *Kaos gl* in a petition advocating the rights of religious women to wear the headscarf. As I have already described, this pressure led *Kaos gl* to withdraw their endorsement, impeding further almost two years of efforts to sustain this activist platform.

Writing is "a matter of tact" as Nikki Sullivan (2004) argues while following Jean-Luc Nancy who suggests that the only way to respond to the call of the other is to repeat the call. Both Yasemin and Hidayet concluded by repeating the call to try and re-address for a more mature and democratic society. But, this paradoxical support would not have assumed the political significance it was meant to carry, had the missing signature of *Kaos gl*

---

11   Bianet, March 25, 2010 (http://bianet.org/bianet/toplumsal-cinsiyet/120894-mazlumderde-insan-haklari-escinsel-deyince-bitiyor).

militantes religieuses et LGBT ont décidé de la rendre publique pour mettre en lumière l'historicité de la « tâche impossible » dans laquelle elles étaient prises au piège, à savoir de se soutenir les unes les autres dans leurs différences contre la discrimination et l'oppression. En particulier lorsque leurs chemins se croisent dans des espaces déjà imprégnés d'une atmosphère d'« hostipitalité » (d'amitié et d'hostilité partagée entre les rôles interchangeables d'hôtes et d'invitées), le « domicile » est transformé en ligne frontière, en une territorialité qui doit constamment être protégée contre de possibles invasions et où le « co- » de cohabitation peut facilement être rejeté (cf. Butler, 2011). En fin de compte, c'est cela qui définit les frontières politiques (in)franchissables que ces alliances entre femmes essayent de traverser. Comme j'ai essayé de le suggérer dans ce texte, les mouvements sociaux et les alliances genrées négocient la ligne de démarcation de ces traversées. C'est la raison pour laquelle il est nécessaire de réexaminer et re-travailler en permanence les promesses offertes par la performativité parce que, comme Butler l'a souligné, la promesse politique d'un acte de répétition porte en elle le potentiel pour désinstituer les classifications par lesquelles les noms et les identités sont institutionnalisées et naturalisées. Néanmoins, Butler a également expliqué qu'il n'y avait aucune célébration de la capacité d'agir *(agency)* au cœur de cette possibilité de défaire les normes. Ce processus révèle plutôt que la non-complicité avec les normes se fait au prix de la discipline, de la censure, de la punition, de la violence et souvent de la mort. Ou, comme cela semble être le cas ici, elle peut se faire au prix de la perte d'une voix qui a besoin de témoigner des complexités piégées dans l'historicité douloureuse de la traversée de différentes limites pour aller à la rencontre d'alliés politiques.

## 3    Références bibliographiques

ARAT Yeşim (2010). "Religion, Politics and Gender Equality in Turkey: Implications of a Democratic Paradox?" *Third World Quarterly,* no.31: 6, pp. 869–84.

ARENDT Hannah (2004). *The Origins of Totalitarianism.* New York: Schocken Books.

AVRAMOPOULOU Eirini (2013). "Signing Dissent in the Name of 'Woman': Reflections on Female Activist Coalitions in Istanbul, Turkey", in Athanasiou A. & Tsimouris G. (dir.), *Migration, Gender, and Precarious Subjectivities in times of Crisis.* Numéro spécial de: *Review of Social Sciences, The Greek Review of Social Research*, 140–141 (December 2013). pp. 233–246

BENHABIB Seyla (2006). *Another Cosmopolitanism.* Oxford & New York: Oxford University Press.

remained unnoticed. Both religious and LGBT activists decided to make it public and hence to publicise the historicity of the "impossible task" in which they were ensnared, i.e. to support each other in their differences against discrimination and oppression. Especially when their paths crisscross in spaces already imbued with an atmosphere of 'hostipitality' –of amity and enmity shared between the exchangeable roles of hosts and guests– 'home' is turned into a borderline, a territoriality that constantly needs to be protected from possible invasions and therefore, the "co-" of cohabitation is easily repudiated (cf. Butler, 2011). Ultimately, this is what defines the (im)passable political borders that these female alliances attempt to cross. As I have tried to suggest in this text, social movements and gendered alliances constantly negotiate the borderline of such crossings. It is the reason why one needs to constantly review and re-work on the promise of performativity because, as underlined by Butler (1993), the political promise of an act of repetition carries the potential to de-institute the classifications through which names and identities are institutionalised and naturalised. Nonetheless, Butler has also explained that at the heart of the potential undoing of norms there is no celebration of agency. Rather, this process reveals that an act of non-complicity with the norms comes at the price of discipline, censorship, punishment, violence, and often death. Or, as it appears here, it might come at the price of the loss of a voice that needs to testify to the complexities ensnared in the painful historicity of crossing different limits in order to encounter political allies.

## 3  References

ARAT Yeşim (2010). "Religion, Politics and Gender Equality in Turkey: Implications of a Democratic Paradox?". *Third World Quarterly*, no. 31: 6, pp. 869–84.

ARENDT Hannah (2004). *The Origins of Totalitarianism*. New York: Schocken Books.

AVRAMOPOULOU Eirini (2013). "Signing Dissent in the Name of 'Woman': Reflections on Female Activist Coalitions in Istanbul, Turkey", in Athanasiou A. & Tsimouris G. (eds.), *Migration, Gender, and Precarious Subjectivities in times of Crisis*. Special Issue in *Review of Social Sciences, The Greek Review of Social Research*, 140–141 (December 2013). pp. 233–246

BENHABIB Seyla (2006). *Another Cosmopolitanism*. Oxford & New York: Oxford University Press.

BERLANT Lauren (1997). *The Queen of America Goes to Washington City: Essays on Sex and Citizenship*. Durham, NC: Duke University Press.

BERLANT Lauren (1997). *The Queen of America Goes to Washington City: Essays on Sex and Citizenship*. Durham, NC: Duke University Press.

BUTLER Judith (2011). "Is Judaism Zionism?", in Mendieta E. & Vanantwerpen J. (dir.), *The Power of Religion in the Public Sphere*. New York: Columbia University Press, pp. 70–91.

BUTLER Judith (2009). *Ces corps qui comptent: De la matérialité et des limites discursives du «sexe»*. Paris: Editions Amsterdam.

DAS Veena (2007). *Life and Words: Violence and the Descent into the Ordinary*. Berkeley, CA & Londres: University of California Press.

DERRIDA Jacques (2001). *On Cosmopolitanism and Forgiveness*. Londres & New York Routledge.

DERRIDA Jacques (2000). *Of Hospitality*. Stanford, CA: Stanford University Press.

RANCIERE Jacques (2010). *Dissensus: On Politics and Aesthetics*. Londres & New York: Continuum International Publishing Group.

SAKTANBER Ayşe, ÇORBACIOĞLU Gül (2008). "Veiling and Headscarf-Skepticism in Turkey". *Social Politics,* no. 15: 4, pp. 514–38.

SULLIVAN Nikki (2004). "Being-Exposed: 'The Poetics of Sex' and Other Matters of Tact". *Transformations,* 8. Electronic Journal, http://www.transformationsjournal.org/journal/issue_08/article_04.shtml.

TUKSAL Hidayet Şefkatli (2010). "Birlikte Pişmeye Ihtiyacımız Var". *Star,* 3 mars.

WHITE Jenny B. (2003). "State Feminism, Modernization, and the Turkish Republican Woman". *NWSA Journal,* no. 15: 3, pp. 145–59.

BUTLER Judith (2011). "Is Judaism Zionism?", in Mendieta E. & Vanantwerpen J. (eds.), *The Power of Religion in the Public Sphere*. New York: Columbia University Press, pp. 70–91.

BUTLER Judith (1993). *Bodies that Matter: On the Discursive Limits of "Sex"*. New York & London: Routledge.

DAS Veena (2007). *Life and Words: Violence and the Descent into the Ordinary*. Berkeley, CA & London: University of California Press.

DERRIDA Jacques (2001). *On Cosmopolitanism and Forgiveness*. London & New York Routledge.

DERRIDA Jacques (2000). *Of Hospitality*. Stanford, CA: Stanford University Press.

RANCIERE Jacques (2010). *Dissensus: On Politics and Aesthetics*. London & New York: Continuum International Publishing Group.

SAKTANBER Ayşe, ÇORBACIOĞLU Gül (2008). "Veiling and Headscarf-Skepticism in Turkey". *Social Politics,* no. 15: 4, pp. 514–38.

SULLIVAN Nikki (2004). "Being-Exposed: 'The Poetics of Sex' and Other Matters of Tact". *Transformations,* 8. Electornic Journal, http://www.transformationsjournal.org/journal/issue_08/article_04.shtml.

TUKSAL Hidayet Şefkatli (2010). "Birlikte Pişmeye Ihtiyacımız Var". *Star,* March 3.

WHITE Jenny B. (2003). "State Feminism, Modernization, and the Turkish Republican Woman". *NWSA Journal,* no. 15: 3, pp. 145–59.

# Alliances entre Mizrahi et Palestiniens : Coexistence ou cohabitation ?*

*Tal Dor*

## 1    Introduction

Dans le contexte israélo-palestinien, la coexistence est devenue une pratique, ainsi qu'un terme auquel sont associées de nombreuses interprétations et significations. Ce terme est ainsi régulièrement utilisé pour évoquer la résistance aux formes de rencontres institutionnalisées et hégémoniques. Les critiques de ces rencontres se placent souvent dans la lignée de Fanon (1952), qui considère qu'elles reproduisent les dynamiques coloniales à l'œuvre entre « maîtres et esclaves ».

Cet article s'intéresse à la question de l'évolution vers une véritable cohabitation dans le contexte de la poursuite de l'occupation et de la colonisation. A partir de l'exemple d'un « Forum de la périphérie » créé pour que les groupes opprimés puissent faire entendre leur voix dans le cadre de la lutte pour une politique de logement juste, il interroge le rôle central des « rencontres radicales » et du dialogue critique dans la création d'alliances entre opprimés, ainsi que la manière dont ces alliances transgressent la violence et la temporalité d'État et remettent en cause la ségrégation et les dynamiques coloniales de la société israélienne.

Pour saisir pleinement la complexité du terme « coexistence » et toutes ses connotations dans le contexte israélo-palestinien, cet article commence par une analyse du « conflit » et de l'État israélien dans une perspective orientaliste, afin de mieux comprendre les dynamiques à l'œuvre à l'intérieur des frontières de l'État israélien au regard de l'histoire coloniale entre l'Europe et Israël. Cela permet de mettre en lumière le contexte historique de la destruction de la Palestine et de la dépossession du peuple palestinien. En second lieu, suivant le travail de Butler (2005a), cet article examine la nature et les conséquences de rencontres entre différents acteurs de la société israélienne, pour se concentrer finalement sur les rencontres entre sujets précaires, à savoir entre Palestiniens et Juifs Mizrahi (Orientaux). A partir de l'étude de l'action du mouvement Tarabut-Hithabrut et de l'expérience du « Forum de la périphérie », cet article

---

\*    Traduit de l'anglais en français par Cyril Leroy.

# Mizrahi-Palestinian Alliances: Coexistence or Cohabitation?

*Tal Dor*

1   Introduction

Coexistence, within the Israeli-Palestinian context, has become a practice, and a term which carries numerous interpretations and understandings. As a consequence employing this term often evokes resistance to institutionalized and hegemonic forms of encounters. Critiques of these encounters often draw on the work of Fanon (1952) who claims that they reproduce the colonial dynamics found between 'masters and their slaves'.

In this paper I consider the question of the evolution of genuine cohabitation in an ongoing colonial context of occupation. By examining the example of a Peripheral Forum created to give oppressed groups a voice in a wider struggle for just housing, I raise questions related to the central role of Radical Encounters and critical dialogue in creating alliances between the oppressed, and the role of such alliances in transgressing state violence and temporality and in challenging the segregation and colonial dynamics of Israeli society.

In order to fully understand the complexity of the term 'Coexistence' and all its connotations within the Israeli-Palestinian context, I first examine the so called 'Conflict' and Israeli state from the perspective of Orientalism. This will help in understanding the dynamics within the boundaries of the Israeli state in the context of the settler-colonial history of Europe-Israel. This in turn clarifies the historical context of the destruction of Palestine and the dispossession of the Palestinian people. Secondly, drawing from Butler (2004), I examine the nature and consequences of encounters between different actors in the Israeli context, finally focusing on encounters between precarious subjects, namely Palestinians and Mizrahi (Oriental)-Jews in Israel. While examining the praxis of Tarabut-Hithabrut through the experience of the Periphery Forum, I argue that Radical Encounters, rather than Hegemonic-Meetings,

soutient que les « rencontres radicales », par opposition aux « rencontres hégémoniques », sont une condition nécessaire pour créer d'authentiques coalitions durables, qui sont elles-mêmes un prérequis pour une véritable cohabitation.

Lors d'un meeting sioniste en avril 1914 à Paris, Weizmann définit le sionisme autour du double enjeu de la terre et du peuple. Il prononça une phrase souvent reprise depuis pour justifier la création de l'État d'Israël : « Il existe un pays qui se trouve s'appeler la Palestine, un pays sans peuple, et, d'un autre côté, il existe le peuple juif, et il n'a pas de terre » (Weizmann cité dans Abu-Lughod, 2001 : 200). Cette vision coloniale et eurocentrique du mouvement sioniste ignorait les vies palestiniennes ou, pour reprendre les termes de Butler (2005a, 2010), n'estimait pas qu'elles pouvaient « être sujettes au deuil » et les considérait ainsi comme des non-vies. En outre, Weizmann faisait référence au peuple juif comme s'il s'agissait d'un peuple homogène. Le sionisme officiel a universalisé l'expérience juive par une lecture eurocentrique de l'histoire juive, rejetant l'identité et l'histoire juives arabes (Shohat, 1999).

A la différence de Weizmann, Theodor Herzl, près de vingt ans plus tôt en 1897, ne niait pas l'existence du peuple de Palestine (voir Abu-Lughod, 2001). Cependant, sa vision de l'arrivée de colons juifs européens en Palestine était similaire à celle qui prévalait pour le colonialisme européen, considéré comme un bienfait pour les peuples afro-asiatiques colonisés. L'arrivée des colons juifs européens en Palestine était guidée par la même mission « universelle » et « civilisatrice » que celle qui animait les Européens lors de la construction de leurs empires coloniaux. L'approche orientaliste associait les Palestiniens aux autres peuples des pays arabes, considérés comme inférieurs aux yeux des colonisateurs occidentaux. En outre, elle visait à les assimiler à des populations nomades et bédouines, afin de leur refuser tout droit de propriété collective ou individuelle sur la terre ou sur le pays (ibid.). Ella Shohat, inspirée par les travaux fondateurs d'Edward Saïd (1978), soutient que ce portrait d'un Orient anormal, sous-développé et inférieur a été utilisé pour constituer un « moi » rationnel, moderne et supérieur pour l'Israélien occidental, ainsi que pour justifier ses privilèges et ses agressions.

L'identité juive ashkénaze en Israël vise à construire une image soi-disant occidentale du moi, qui se distingue et s'oppose aux représentations passives du corps oriental. Cette représentation « passive », qui aurait peut-être pu avoir une certaine pertinence dans le contexte de l'Europe de la diaspora, a ensuite été projetée sur la population autochtone palestinienne et les immigrés juifs arabes. Jusqu'à ce jour, les normes du sens commun social en Israël sont basées sur une performance rationnelle, éclairée et laïque du corps et des représentations de genre. Ces attendus sociaux sont un produit de l'hégémonie sioniste ashkénaze dominante.

are a condition for sustainable authentic coalitions, themselves a prerequisite for genuine cohabitation.

It was Weizmann who, during a Zionist meeting in Paris in April 1914, formulated Zionism on the twin issues of land and people. He coined the phrase so often employed to justify the creation of the state of Israel: "There is a country which happens to be called Palestine, a country without people, and on the other hand, there exists the Jewish people, and it has no country" (Weizmann quoted in Abu-Lughod, 2001: 200). This colonial, Eurocentric view of the Zionist movement ignored Palestinian lives, or, in Butler's terms (2004, 2009), regarded them as non-grievable and therefore as non lives, at all. Furthermore, Weitzmann's position refers to the Jewish people as a homogeneous people. Official Zionism universalized the Jewish experience through a Eurocentric reading of Jewish history, rejecting Arab Jewish identity and history (Shohat, 1999).

Unlike Weizmann, Theodor Herzl, some twenty years earlier in 1897, did not deny the population of Palestine (see Abu-Lughod, 2001). However, he viewed the coming of the Jewish European settlers to Palestine in the same way that European colonialism was viewed; as benefiting the Afro-Asian people it had colonized. The coming of the Jewish-European settlers to Palestine was led by the same 'Universal' and 'Civilizing' mission that Europeans had when building their colonial empires. The Orientalist gaze related the Palestinians to the other Arab countries, considered inferior in the eyes of the Western colonizers. Furthermore, it aimed at framing them as nomadic and Bedouin, in order to deny any kind of collective or personal ownership of land or country (ibid.). Ella Shohat, drawing from the groundbreaking scholarship of Edward Said (1978), argues that this view of the East as aberrant, underdeveloped, and inferior, exists in order to constitute an Israeli-Occidental 'self' as rational, modern, and superior, as well as to justify its privileges and aggressions.

Israeli Ashkenazi-Jewish identity is aimed at constructing a so called Western image of self, which is distanced from and contrasts with representations of the passive oriental body. This 'passive' representation which might perhaps have had some relevance in the context of Diaspora Europe, was then projected onto the native Palestinian population and the immigrant Arab-Jews. To this day the norms of Israeli social common sense involve rational, enlightened and secular performance with body and gendered representations. These social expectations come from the dominant Ashkenazi Zionist hegemony.

Les processus d'altérisation ont d'abord été appliqués aux Palestiniens. Puis, avec la construction de l'État d'Israël, ils ont également visé les Juifs Mizrahi (Shenhav, 2006). Si elle est définie par les institutions israéliennes et considérée dans le sens commun israélien comme la «minorité arabe d'Israël», la population palestinienne autochtone fait partie intégrante de la nation arabe palestinienne (Bishara, 1993, Rabinowitz, 1993). Au sein d'Israël, cette identification nationale est niée et réprimée et les membres de la minorité palestinienne d'Israël sont désignés sous le terme d'«Arabes israéliens». Toutefois, même dans ce discours, leur «arabité» reste reconnue. Les Juifs Mizrahi se trouvent quant à eux confrontés à une situation différente. Pour être acceptés par le groupe dominant, ils sont obligés de gommer leur arabité et de la remplacer par l'incarnation du sens commun ashkénaze. Ainsi, même s'ils sont soumis à une situation de précarité qu'ils partagent avec d'autres minorités vulnérables de la société israélienne, les Juifs Mizrahi continuent de faire partie du groupe dominant qui opprime les Palestiniens. Cette double situation d'opprimé/oppresseur est un élément important dans la construction de la conscience Mizrahi. Shalom-Chetrit (1999, 2000) et d'autres (notamment Ella Shohat, 1988, 1999) ont montré que les Mizrahi se retrouvent pris dans des processus les empêchant de s'assumer, la figure de l'Arabe étant tellement méprisée dans l'imaginaire ashkénaze hégémonique que le «moi» Mizrahi déteste sa propre image, qu'il peut voir dans les reflets de lui-même/elle-même que les Palestiniens peuvent lui renvoyer en miroir.

Cet article s'intéresse aux trois principaux groupes ethniques/nationaux qui existent au sein de l'État israélien: Palestiniens, Juifs ashkénazes et Juifs Mizrahi. Appréhender la société israélienne au prisme de cette division constitue certainement une simplification de la complexité et de l'hétérogénéité de la population vivant dans ces territoires (qui compte notamment des Juifs orthodoxes, des immigrés de l'ex-Union soviétique et leur descendance, des immigrés d'Éthiopie, des travailleurs immigrés non-juifs, des réfugiés, etc.). Cependant, l'examen de ces trois groupes majeurs permet de mieux comprendre la question qui se trouve au cœur des préoccupations de cet article, à savoir l'appréhension du rôle potentiellement encapacitant d'un dialogue critique entre groupes précaires, en particulier entre Palestiniens et Juifs Mizrahi d'Israël.

## 2      Contexte historique

Selon Shotat (1999), la catégorie Mizrahi est pertinente dans la sociologie de l'État d'Israël. Elle regroupe des communautés juives originaires de plusieurs pays asiatiques et africains, dont les histoires ne sont pas nécessai-

Othering processes were first applied to the Palestinians. However, later with the construction of the Israeli state, they were also employed when referring to Mizrahi-Jews (Shenhav, 2006). While defined by Israeli institutions, and referred to within Israeli common sense, as Arab-Israelis or 'the Arab minority in Israel', the Palestinian native population of the land is fully part of the Arab-Palestinian nation (Bishara, 1993, Rabinowitz, 1993). Within Israel, this national self-definition is denied and repressed, and the Palestinian minority in Israel, are referred to as Arab-Israelis. However, even in this discourse their 'Arabness' is recognized. The Mizrahi Jews present an altogether different case. In order to be accepted by the dominant group, they are obliged to erase their Arabness and to replace it by the embodiment of Ashkenazi common sense. Yet, Mizrahi Jews, while experiencing the precariousness of vulnerable minority groups within Israeli society, are still part of the dominant group oppressing Palestinians. This dual position of oppressed/oppressor is an important element in Mizrahi consciousness construction. Shalom-Chetrit (1999, 2000) and others (e.g., Ella Shohat, 1988, 1999) have shown, that Mizrahis enter into self-hating processes as the image of the Arab is so despised by Ashkenazi hegemony that the Mizrahi "I" hates his/her own mirrored image and hates the Arab reflections Palestinians might create of him/her.

This article looks at the three major ethnic/national groups within the Israeli state: Palestinians, Ashkenazi-Jews and Mizrahi-Jews. Understanding this society through this division implies perhaps an oversimplification of the complexity and heterogeneity of the population living in those territories (e.g., orthodox Jews, immigrants and their descendants from the former Soviet Union, from Ethiopia, non-Jewish labor migration, refugees, etc.). However, looking at the three largest ethnic groups enables us to better explain the issue at the heart of the present study which is understanding the potentially enabling role critical dialogue between precarious groups, in particular, between Palestinians and Mizrahi-Jews in Israel.

## 2  Historical Overview

According to Shotat (1999), the category Mizrahi is relevant to the sociology of the state of Israel. Mizrahi includes Jewish communities from several Asian and African countries, which do not necessarily have a common

rement communes, que ce soit dans le passé ou actuellement (ibid., Swirski, 1981). La grande immigration institutionnalisée de ceux que l'on désigne comme les Juifs Mizrahi a débuté dans les années 1950, après la création de l'État d'Israël. A cette époque, la majorité des Juifs de Palestine vivant dans ce que l'on appelle le *Vieux Yishuv* étaient soit des Ashkénazes européens, soit des Séfarades de Turquie, de Grèce ou des montagnes du Caucase (Swirski, 1981, Butler, 2012).

Selon la définition israélienne institutionnelle[1], l'origine ethnique d'une personne est déterminée par son pays de naissance ou par celui de son père. Un tiers des Juifs nés en Israël dont les parents sont également nés en Israël sont ainsi considérés comme étant d'origine israélienne. Bien que les inégalités ethniques existent toujours au travail, dans l'éducation et dans les niveaux de revenus, ces définitions ethniques institutionnelles rendent difficile l'identification des inégalités parmi la troisième génération de gens nés en Israël (Cohen et *al* 2007). Selon ce cadre de définition, les Juifs ashkénazes sont soit des immigrés, soit des natifs d'Israël de père d'origine européenne et/ou américaine, tandis que les Juifs Mizrahi sont soit des immigrés, soit des natifs d'Israël de père d'origine africaine et/ou asiatique. Cependant, cette classification ethnique binaire ignore le nombre croissant de natifs d'Israël ayant des parents d'origine ethnique mixte (ibid.).

Au début des années 1950, la population juive a été multipliée par deux avec l'immigration en provenance de pays asiatiques et africains et l'arrivée des survivants européens de l'Holocauste. Au cours des deux décennies suivantes, 800 000 immigrés juifs se sont installés dans le nouvel État israélien. 55 % de ces immigrés étaient originaires de pays arabes, en particulier d'Afrique du Nord, tandis que les autres venaient d'Europe, d'Amérique ou d'Australie (Cohen et *al*, 2007). Au milieu des années 1970, les immigrés juifs ashkénazes étaient totalement intégrés en termes de scolarisation, d'emplois et de revenus, tandis que leurs homologues Mizrahi étaient encore dans une situation précaire, frappés par l'exclusion (ibid.). En 1977, pratiquement un Ashkénaze natif d'Israël sur deux travaillait dans le domaine universitaire ou comme scientifique, tandis qu'un Mizrahi natif d'Israël sur sept travaillait dans les mêmes secteurs. Plus d'un tiers des Mizrahis natifs d'Israël étaient des travailleurs prolétaires (Swirski, 1981).

Des travaux récents (Cohen et *al*, 2007, Heberfeld et *al,* 2007) ont montré que la hiérarchie au sein du marché du travail israélien n'a pas évolué depuis cinquante ou soixante ans. Au cours de ces années, les inégalités économiques entre les hommes et les femmes ashkénazes n'ont pas diminué, malgré le fait qu'en 1990 les inégalités avaient complètement disparu entre ces

---

1   En particulier celle du Bureau central des statistiques.

history, either in the past or in the present (ibid., Swirski, 1981). The large and institutionalized immigration of what is called Mizrahi-Jews started after the creation of the state of Israel during the 1950s. At this time, the majority of Jews in Palestine living in the so-called *Old Yeshuv* were either European-Ashkenazi Jews or Sephardi-Jews from Turkey, Greece and the Caucasus Mountains (Swirski, 1981, Butler, 2012).

According to the Israeli institutional[1] definition, a person's ethnic origin is defined by that person's country of birth or by that person's father's country of birth. One third of the Israeli-born Jewish population who have Israeli-born parents, are therefore said to be of Israeli origin. Even though ethnic inequality is still found in the work place, in education and in earnings, this institutional form of ethnic definition creates difficulties when researching the inequalities within third generation Israeli-born people (Cohen et al 2007). According to this definitional method, Ashkenazi-Jews are either immigrants or Israeli-born to a father of European and/or American origin while, Mizrahi-Jews are either immigrants or Israeli-born to a father of African and/or Asian origin. However, this binary ethnic classification ignores the growing number of Israeli-born to parents of mixed ethnicity (ibid.).

In the early 1950s the Jewish population doubled as a consequence of the arrival of immigrants from Asian and African countries as well as European survivors of the Holocaust. Throughout the following two decades some 800,000 Jewish immigrants arrived in the new Israeli state. Fifty five per cent of this immigration came from Arab, especially North African, countries while the others migrated from Europe, America and Australia (Cohen et al, 2007). By the mid-1970s the Ashkenazi-Jewish immigrants were fully integrated in terms of schooling, occupation and earnings, however their Mizrahi counterparts remained excluded and in a precarious condition (ibid.). In 1977 almost every second Israeli-born Ashkenazi was employed in academia or held a scientific position, yet only one out of seven Israeli-born Mizrahi was in the same fields of work. Over a third of Israeli-born Mizrahi were proletariat workers (Swirski, 1981).

Recent research (Cohen et *al*, 2007, Heberfeld et *al*, 2007) has shown that the hierarchy within the Israeli labor market has not changed during the last fifty or sixty years. Throughout these years, the economic gap between Ashkenazi men and women has not narrowed despite the fact that by 1990 the educational gap between these two groups had completely disappeared. In

---

1     In particular the Central Bureau of Statistics

deux groupes dans le domaine de l'éducation. Au tournant du millénaire, les hommes ashkénazes continuent de se situer en haut de l'échelle des salaires. Ils sont suivis par les hommes Mizrahi puis les hommes palestiniens, tandis que les femmes Mizrahi et palestiniennes se trouvent toujours au bas de l'échelle (ibid.).

Même s'il est bien établi qu'un diplôme universitaire est devenu indispensable pour réussir sur le marché de l'emploi israélien, et si le fossé éducatif entre les hommes et les femmes ashkénazes semble avoir été comblé, les inégalités ethniques subsistent dans l'enseignement supérieur. La situation relative des différents groupes ethniques parmi les natifs d'Israël de la troisième génération n'a pas évolué de manière significative (ibid.). Les Israéliens nés de deux parents ashkénazes se situent en haut de la hiérarchie ethnique, suivis par les personnes ayant au moins un parent ashkénaze. Les personnes d'origine ethnique mixte ont presque deux fois plus de chances de réussir que leurs homologues Mizrahi. Au bas de la liste, on trouve les natifs d'Israël sans aucune origine ashkénaze (ibid., Dahan et *al*, 2002).

Selon le discours dominant en Israël, les inégalités entre les grands groupes ethniques se seraient réduites au sein de la société israélienne, au point d'avoir presque disparu. Cependant, des recherches approfondies sur le sujet montrent le contraire. Dans son livre de 1981 *Not Backwards but Made Backwards*, Swirski analysait la division « ethnique » du travail à l'origine de la précarité de la majorité de la population Mizrahi. A l'inverse du discours dominant selon lequel les Juifs Mizrahi devraient finir par occuper des postes revenant traditionnellement aux Juifs ashkénazes, Swirski prédisait que le système d'intégration israélien allait maintenir les écarts et les injustices plutôt qu'il n'allait les supprimer.

## 3    Rencontres hégémoniques versus rencontres radicales

> *Je ne peux pas penser la question de la responsabilité en ne me considérant que moi-même, indépendamment de l'Autre ; si je le fais, c'est que je me suis soustrait-e au lien relationnel qui définit dès l'origine le problème de la responsabilité.* (Butler, 2005a : 74)

L'État israélien, avec son état d'urgence permanente et sa politique d'occupation, crée un sens de la temporalité visant à diviser plutôt qu'à promouvoir les alliances et les coalitions, en particulier entre minorités vulnérables sujettes à une violence d'État sans fin ni limites. Depuis de nombreuses années, des militants et des universitaires essayent de promouvoir des rencontres entre Israéliens et Palestiniens. Nombre de ces rencontres reproduisent les pouvoirs hégémoniques et sont par conséquent associées à des pratiques de coexistence. Recouvrant ce qu'Halabi (2004) appelle les rencontres naïves, la

the new millennium, Ashkenazi men are still at the top of the income scale; they are followed by Mizrahi and then Palestinian men, while at the very bottom of this scale one can find Mizrahi and then Palestinian women (ibid.).

Although it is well-known that a university degree has become indispensable for success in the Israeli labor market, and although the educational gap between Ashkenazi men and women seems to have narrowed, the ethnic gaps in higher education remain. The relative situation of different ethnic groups of third generation Israeli-born has not changed significantly (ibid.). Israelis born from two Ashkenazi parents are at the top of the ethnic hierarchy, followed by persons with at least one Ashkenazi parent. Persons of mixed ethnicity are almost twice as likely to succeed as their Mizrahi counterparts. At the bottom of the list are Israeli-born with no Ashkenazi descent (ibid., Dahan et al, 2002 ).

A common hegemonic assumption is that the inequalities between the major ethnic groups within Israeli society have narrowed to the point where they have almost disappeared. However extensive research on this subject shows the opposite. Swirski (1981), in his early book "Not Backwards but Made Backwards", analyzes the "ethnic" division of labor which has brought the majority of the Mizrahi population into precariousness. While common Israeli discourse claims that over time Mizrahi Jews will access positions traditionally held by Ashkenazi Jews, Swiski predicted that the system of Israeli integration will sustain the gaps and injustice rather than the opposite.

## 3   Hegemonic Meetings vs Radical Encounters

*I can't think the question of responsibility alone, in isolation from the Other; if I do, I have taken myself out of the relational bind that frames the problem of responsibility from the start.* (Butler, 2004: 46)

The Israeli state in its constant state of emergency and occupation creates a sense of temporality designed to separate rather than promote alliances and coalitions, in particular between vulnerable minorities subjected to endless and limitless state violence. For many years, activists and academics have been trying to promote Israeli-Palestinian encounters. Many of these encounters are the reproduction of hegemonic powers and are therefore associated with practices of coexistence. Coexistence, named by Halabi (2004) naïve

coexistence fait référence au modèle institutionnel des rencontres qui reproduisent les dynamiques d'oppression à l'œuvre dans le contexte du groupe. Néanmoins, une petite partie de ces rencontres constituent, selon moi, une véritable alternative à la violence d'État car elles permettent le développement d'une conscience critique. Nous allons maintenant nous intéresser à ces différents types de rencontres.

Au début des années 1970, peu de temps après la fin de la loi martiale à laquelle étaient soumis les Palestiniens[2], un mouvement réunissant des Juifs et des Palestiniens citoyens de l'État d'Israël a avancé l'idée de rencontres. Cependant, après de nombreuses rencontres et des années d'expériences, des voix critiques se sont élevées, en particulier du côté palestinien, pour s'opposer à cette forme de rencontres naïves (Halabi, 2004). Ces voix affirmaient que les stéréotypes y étaient considérés comme le problème, plutôt que comme un symptôme d'inégalités structurelles plus profondes. Les rencontres étaient motivées par l'hypothèse que le simple fait d'organiser la rencontre entre Juifs et Arabes (essentiellement entre Juifs ashkénazes et Palestiniens) amènerait la paix. Cette croyance était issue d'une approche nord-américaine de la résolution des conflits, selon laquelle ces derniers sont la conséquence du manque de connaissance de l'autre. Ces rencontres étaient principalement organisées à l'initiative d'Israéliens juifs ashkénazes. Souvent, les Juifs israéliens ressortaient de ces rencontres avec la « bonne conscience » d'avoir rencontré les Arabes, en concluant qu'ils avaient beaucoup en commun. En revanche, les participants palestiniens sortaient de ces rencontres avec le sentiment d'avoir été une nouvelle fois trahis, car elles ne permettaient en aucune manière de remettre en cause les dynamiques de pouvoir existantes. De plus, ces rencontres partaient d'une idée de la société juive israélienne considérée comme un corps homogène et ne s'attaquaient ainsi jamais au racisme et à la ségrégation internes.

Pour ce qu'Halabi (2004) désigne sous le nom de rencontres naïves, je propose d'utiliser l'expression de « rencontres hégémoniques » dans le cadre du travail en groupe. Elles entretiennent et reproduisent en effet le sens commun sioniste-ashkénaze. Les rencontres hégémoniques se déroulent dans la vie de tous les jours ; elles préservent le statu quo, maintiennent l'état de temporalité et reproduisent la violence d'État. De plus, les rencontres sous cette forme produisent un sentiment artificiel d'égalité et ne permettent ainsi pas de répondre aux inégalités structurelles liées aux dynamiques de pouvoir inhérentes au colonialisme (Butler, 2012). Les organisations à l'initiative de ce genre de

---

2   De 1949 à 1966, les citoyens palestiniens d'Israël étaient soumis à la loi martiale. En juin 1967, l'État israélien occupa la Cisjordanie, la bande de Gaza, le plateau du Golan et la péninsule du Sinaï.

encounters, refers to the institutional model of encounters which reproduces the oppressing power dynamic within the setting of the group. Nevertheless, a minority of these encounters are, in my opinion, a genuine alternative to state violence since they allow for the development of critical consciousness. In the following section each kind of encounter is examined.

In the early 1970s, shortly after the end of martial law, to which the Palestinian citizens of Israel were subjected[2], a movement of Jewish and Palestinian citizens of the state of Israel worked towards the idea of encounters. However, after numerous encounters and years of experience, critical voices opposing this form of naïve encounter started rising up, especially from the Palestinian side (Halabi, 2004). These voices claimed that stereotypes were being looked at as the problem, rather than as a symptom of deeper structural inequalities. These encounters were motivated by the assumption that merely creating an encounter between Jews and Arabs – mostly, between Ashkenazi-Jews and Palestinians – would bring peace. That belief came from a North American approach to conflict resolution, according to which conflict is a consequence of lack of knowledge about the other. These meetings were mainly led by Ashkenazi-Jewish Israelis. Often the Jewish-Israeli participants ended up "feeling good" for having met the Arabs, concluding that they had much in common. However the Palestinian participants came out of these encounters feeling yet again betrayed, as the encounter did not in any way deconstruct existing power dynamics. Furthermore, these meetings looked at Israeli-Jewish society as one homogenous body and thus never tackled internal racism and segregation.

What Halabi (2004) calls naïve encounters I propose to name Hegemonic-Meetings framed in the form of group work. They maintain and reproduce Zionist-Ashkenazi common sense. Hegemonic-Meetings take place in everyday life; they preserve the status quo maintain the state of temporality, and reproduce state violence. Furthermore encounters in this form install an artificial sense of equality and thus fail to address the structural inequalities drawn from settler colonialism power dynamics (Butler, 2012). The organi-

---

2    From 1949 to 1966, the Palestinian citizens of Israel were under martial law. In June 1967 the Israeli state occupied the West Bank, Gaza strip, Golan heights and Sinai peninsula.

rencontres hégémoniques sont nombreuses et financées principalement par des fondations européennes et américaines.

Certains militants israéliens et palestiniens qualifient ces rencontres de réunions «Abu Lafiya» ou «Khoumous», pour souligner leur côté superficiel. Abu Lafiya est un restaurant arabo-palestinien situé à l'entrée de Jaffa. Les rencontres orientalistes confèrent un caractère exotique aux Palestiniens. Elles ignorent l'urgence du contexte politique pour se concentrer sur l'«universel» (par exemple l'amour de la nourriture orientale). La désignation de ces rencontres sous le nom d'«Abu Lafiya» souligne le fait qu'elles se concentrent sur ce qui est partagé, tout en évitant de s'attaquer aux inégalités structurelles profondes. De même, l'utilisation du terme «Khoumous», prononciation incorrecte du mot «Houmous», se veut sarcastique en rapport avec la manière dont les Ashkénazes prononcent la lettre ח' Heit, différente de la prononciation arabe ou Mizrahi. Pour comprendre pleinement ce que sous-entend l'utilisation de ce terme, il faut savoir que, dans le cadre des processus de négation de l'identité palestinienne, le Khoumous est généralement considéré comme de la nourriture israélienne orientale ou, au mieux, arabe.

Cependant, face au modèle naïf, vivement critiqué, un modèle conflictuel a également émergé, fondé sur l'opposition aux schémas hégémoniques reproduits dans les rencontres en petits groupes. Ce modèle conflictuel, à l'initiative de l'École de la Paix[3], met en avant la nécessité de prendre en compte le caractère asymétrique du conflit et de comprendre que le conflit n'est ni personnel, ni un conflit entre individus, mais un conflit qui existe dans un champ politique caractérisé par la domination et l'oppression. A partir du travail de Helms (1990) qui propose deux modèles pour développer une identité ethnique positive pour les Blancs et les Noirs aux États-Unis, le modèle conflictuel de rencontres défend l'idée que:

> *... seule une rencontre entre des identités bien établies peut déboucher sur une véritable réunion entre égaux et ouvrir la possibilité de construire une société plus humaine et plus juste.* (Helms citée dans Halabi, 2004: 8)

Dans ces rencontres, le groupe dominant, c'est-à-dire les participants juifs israéliens, comme le groupe dominé, les Palestiniens, construisent leur identité par la rencontre avec l'autre et sont ouverts à une transformation critique de la conscience. hooks[4] (2003) et Helms (1990) soulignent toutes les deux l'importance de la rencontre avec l'autre opprimé dans la construction d'une conscience critique au sein du groupe dominant. Helms (1990) soutient que ce contact avec l'autre peut potentiellement pousser les membres du

---

3   The School for Peace: http://www.sfpeace.org/index.php?_lang=en&page=about.
4   bell hooks choisit d'écrire son nom en minuscules.

zations which lead such Hegemonic-Meetings are numerous and are mostly financed by European and American foundations.

Some Israeli and Palestinian activists refer to these encounters, as either "Abu Lafiya" or Khumous encounters. Both namings highlight what is understood as being the superficial nature of the encounters. Abu Lafiya is an Arab-Palestinian restaurant at the entrance to Jaffa. Orientalist encounters frame Palestinians as exotic. They ignore the urgent political context and concentrate on the 'universal' – love for oriental food for example. Naming these encounters "Abu Lafiya" underlines the fact that they focus on what is shared while failing to address deep-seated structural inequalities. Likewise the use of the term 'Khumous' understood as a mispronunciation of the word 'Houmous', is sarcastic; a critical highlighting of Ashkenazi pronunciation of the letter ח' Heit which differs from Arabic-Mizrahi pronunciation. In order to fully understand the implication of the use of this term one must be aware of the fact that, as a part of processes denying Palestinian identity, Khumous is hegemonically considered to be Eastern-Israeli or at best Arab food.

However, in contrast to the much-criticized naïve model, a conflictual model also arose. It was based on opposing hegemonic patterns which were reproduced in small group encounters. This conflictual model, namely led by The School for Peace[3], argues that one must relate to the asymmetrical character of the conflict and further understand that the conflict is neither personal nor between individuals. Rather, it is a conflict within a political field of domination and oppression. Based on Helms' work (1990) in which she proposes two models for developing a positive white and black ethnic identity in the United States, the conflictual model of encounters promotes the idea that:

> ... only an encounter between confident identities can lead to a genuine meeting of equals and permit the option of building a more human and just society. (Helms quoted in Halabi, 2004: 8)

In these encounters, both the dominant group, i.e., the Jewish-Israeli participants, and the dominated group, the Palestinian participants, construct their identity through the encounter with the other and are open to a critical consciousness transformation. Both hooks[4] (2003) and Helms (1990) highlight the importance of encountering the oppressed other, in order to build critical consciousness within the supremacy group. Helms (1990) argues that

---

3   The School for Peace: http://www.sfpeace.org/index.php?_lang=en&page=about.
4   bell hooks chooses to spell her name in lowercase.

groupe dominant à mener une réflexion sur leur position privilégiée, qu'ils ne reconnaissent que rarement.

Je propose d'appeler « rencontres radicales » ce genre de rencontres et de les considérer comme des actions visant à remettre en cause la temporalité et la violence de l'État. Elles dévoilent des processus implicites dans lesquels les dynamiques de pouvoir de la domination sont remises en cause. Les « rencontres radicales » pourraient ainsi devenir un outil dans ce que Butler (2005a) appelle prendre ses responsabilités sur le présent par une lecture de l'histoire au sein d'un cadre critique complexe. Elles consistent en trois éléments principaux : en premier lieu, un dialogue critique aspirant à l'égalité ; en second lieu, une compréhension claire des dynamiques de pouvoir externes et de l'oppression ; enfin, la reconnaissance de sa propre position genrée, ethnique/raciale et/ou nationale (Dor, 2012). De mon point de vue, les « rencontres radicales », par opposition aux « rencontres hégémoniques », peuvent constituer un point de bascule dans les processus d'évolution de la conscience, à la fois chez les groupes hégémoniques et chez les minorités vulnérables. Pour reprendre les mots de Butler, ces rencontres permettent d'écouter au-delà de ce qui peut être écouté. En outre, elles rendent possibles des processus de reconnaissance du récit de l'Autre, tout en déconstruisant sa propre performance de domination depuis une position de responsabilité. L'hypothèse pédagogique est que les membres du groupe hégémonique ne savent pas grand chose sur les groupes opprimés. De l'autre côté, les opprimés en savent beaucoup plus sur les groupes dominants parce que ces derniers représentent la norme et sont à l'origine du sens commun socialement accepté (Hill Collins, 2000 ; hooks, 1994). Lors des rencontres radicales entre participants socialement inégaux, le groupe dominant doit faire preuve de solidarité, plutôt que de générosité, envers les opprimés (Freire, 1970).

Selon la pédagogie critique, pour faire preuve d'une véritable solidarité envers les opprimés, l'oppresseur doit arrêter de considérer ces derniers comme une catégorie abstraite et il doit les voir comme des individus qui ont été traités de manière injuste, privés de voix et floués dans la vente de leur force de travail. Pour Freire (1970), la générosité de l'oppresseur envers l'opprimé constitue par contre un moyen de maintenir son pouvoir et sa domination. Les individus appartenant au groupe dominant doivent développer leur capacité d'écoute et de réflexion sur leur propre rôle et leur propre position dans la société. La solidarité avec les opprimés est une position radicale qui *« exige que l'on ‹ assume › la situation de ceux avec lesquels on se solidarise (…) [et] consiste à lutter avec les opprimés pour la transformation de la réalité objective qui fait d'eux des 'êtres pour un autre'* » (Freire, 2001).

contact with the other could potentially cause the dominant group to reflect on their privileged position; something which they rarely acknowledge.

I propose to call such encounters Radical Encounters and to consider them as actions aimed at challenging state temporality and violence. They present implicit processes in which the power dynamics of domination are challenged. Radical Encounters could become a tool for what Butler (2004) would regard as taking responsibility for the present through reading history within a critical and complex framework. They involve three main elements: first, a critical dialogue thriving for equality; second a clear understanding of external power dynamics and oppression; and finally, recognition of one's own gendered, ethnic/racial and/or national position (Dor, 2012). I suggest that Radical Encounters, as opposed to Hegemonic-Meetings, mark a consciousness turning point within consciousness transformative processes both within hegemonic groups and within vulnerable minorities. These encounters enable one, in Butler's words, to hear beyond what is heard. Furthermore, they allow processes of recognition of the Other's narration to take place while deconstructing one's supremacy performance from a position of responsibility. The pedagogical assumption is that members of the hegemonic group know little about oppressed groups. On the other hand, the oppressed are much more knowledgeable about the dominating groups because the latter represent the norm and are at the origin of accepted social common sense (Hill Collins, 2000; hooks, 1994). In the course of radical encounters between socially unequal members, the supremacy group is required to embrace solidarity, rather than generosity, with the oppressed (Freire, 1970).

Critical pedagogy argues that the solidarity of the oppressor with the oppressed can only be genuine when the oppressor stops regarding the oppressed as an abstract category and sees them as individual people who have been unjustly dealt with; who have been deprived of their voice and cheated in the sale of their labor. In contrast, generosity of the oppressor towards the oppressed, Freire (1970) argues, is a means of maintaining power and domination. Individuals belonging to the supremacy group have to develop the ability to listen and especially to embark on detailed self-reflection on their own role and position in society. Solidarity with the oppressed is a radical posture and *"requires that one enters into the situation of those with whom one is solidary [...] fighting at their side to transform the objective reality which has made them these 'beings for another'"* (Freire, 2000: 49).

Seule cette forme de pratique de la solidarité ou, dans les termes de Butler, des actes de reconnaissance peuvent permettre de construire un avenir commun équitable et juste à partir d'une réalité extrêmement injuste.

Pour qu'un dialogue critique puisse exister au sein de la pédagogie critique, les deux côtés doivent s'engager à nommer le monde afin de le changer. Ces rencontres constituent une situation rare dans lequel l'oppresseur est obligé de se confronter à sa propre position privilégiée et de réaliser que sa domination correspond à l'exécution d'un choix plutôt qu'à un produit de circonstances (hooks, 1994). Dans le même temps, l'opprimé doit développer une conscience critique et ouvrir un dialogue complexe et critique avec ses oppresseurs. Selon Freire (2000, 1973), le chemin que les opprimés doivent suivre pour produire une pensée critique implique nécessairement un regard critique sur leur propre oppression, ainsi que le développement d'une compréhension des pouvoirs hégémoniques.

## 4    Tarabut-Hithabrut – une rencontre radicale?

La situation est toutefois plus complexe que cette brève présentation des « rencontres radicales » entre Israéliens et Palestiniens ne pourrait le laisser penser. Le groupe israélien dominant n'est pas homogène. Il comprend en effet lui-même des minorités vulnérables qui subissent la précarité de manière quotidienne. Dans des travaux antérieurs sur les processus transformateurs anti-hégémoniques dans la société israélienne[5], j'ai montré que dans leurs récits des rencontres radicales avec l'Autre, les participants avaient une vision complexe de leur position sociopolitique. Les femmes et les Mizrahi interrogés dans le cadre de la recherche évoquaient leur position de précarité au sein du groupe dominant. Ces travaux montrent dans quelle mesure une conscience Mizrahi non/anti-sioniste cherche à lier sa propre lutte contre l'oppression à la lutte des Palestiniens. Ce travail rejoint le discours féministe Mizrahi qui propose une vision complexe des questions de genre et d'ethnicité depuis un point de vue israélien non-hégémonique. L'étude conclut que la production d'une conscience radicale exige la pratique de luttes à la fois « sociales » et « politiques ».

Très tôt, les Juifs Mizrahi ont eu la volonté de jouer un rôle d'intermédiaire pour qu'un dialogue s'engage entre Palestiniens et Juifs (Shohat, 1988).

---

5    Dor (2010) « Queering Zionism – An Israeli Anti-Hegemonic Transformative Process ». Master Européen de Recherche « Formation des Adultes : Champ de recherches » Centre de Recherche sur la Formation du Cnam (CRF – EA.1410). Partenaires : Cnam (établissement pilote – Crf) et Université de Paris-XIII (Experice), Université de Louvain-la-Neuve (Apprentissage et motivation Girsef), Université de Genève (Form'action).

Only through this form of praxis of solidarity, or in Butler's words acts of recognition, can it be possible to build a joint, equal and just future in the extreme unjust reality.

Within critical pedagogy, for a critical dialogue to take place, both sides have to commit to naming the world in order to change it. These encounters are a rare case in which the oppressor is obliged to face his/her own privileged position and comprehend that her/his domination, is a performed choice rather that an accident of circumstances (hooks, 1994). At the same time, the oppressed is required to develop critical consciousness and enter into a complex and critical dialogue with their oppressors. The journey towards critical thinking undergone by the oppressed, according to Freire (2000, 1973), necessarily involves undertaking a critical gaze at their own oppression and developing understanding of hegemonic powers.

## 4    Tarabut-Hithabrut – a Radical Encounter?

The situation is however more complex than this brief account of Radical Encounters between Israelis and Palestinians perhaps suggests. The Israeli dominant group is not homogeneous. Rather it itself includes oppressed vulnerable minorities which experience precariousness on a daily basis. In previous research on anti-hegemonic transformative processes within Israeli society[5], I show that through Radical Encounters with the Other, participants recount a complex understanding of their socio-political position. Both the women and the Mizrahi participants in the research recounted their encounters from a position of precariousness within the dominant group. The research illustrates the extent to which a non/anti-Zionist Mizrahi consciousness seeks to relate its own struggle against oppression to the Palestinian struggle. The research joins Mizrahi-Feminist discourse which offers a complex understanding of both gender and ethnicity within a non-hegemonic Israeli experience. The research concludes that in order to perform radical consciousness, praxis of both 'social' and 'political' struggles is required.

From very early on Mizrahi Jews were eager to serve as a bridge for dialogue between Palestinians and Jews (Shohat, 1988). However, within Israeli

---

5       Dor (2010) "Queering Zionism – An Israeli Anti-Hegemonic Transformative Process". Master Europeen de Recherche «Formation des Adultes: Champ de recherches» Centre de Recherche sur la Formation du Cnam (CRF – EA.1410) Partenaires: Cnam (établissement pilote – Crf) et Université de Paris-XIII (Experice) Université de Louvain-la-Neuve (Apprentissage et motivation Girsef) Université de Genève (Form'action).

Cependant, dans le sens commun israélien, il existe une équation entre « être de droite » ou « raciste » et les communautés Mizrahi, tandis que les Juifs ashkénazes ont une image de gens de gauche. Le mouvement civique israélien tend à être caractérisé par une dichotomie politique, avec d'un côté les organisations considérées comme politiques parce qu'elles s'intéressent à la question palestinienne et à l'occupation israélienne, et de l'autre les organisations considérées comme sociales parce qu'elles s'intéressent aux questions économiques, ethniques et de genre au sein de l'État d'Israël (Dor et *al*, 2011). L'organisation Tarabut-Hithabrut cherche à remettre en cause cette dichotomie.

En 1959, le Parti des travailleurs de la Terre d'Israël (Mapai[6]) réprima violemment un soulèvement populaire Mizrahi dans le quartier Wadi-Salim de Haifa. Au début des années 1970, les Panthères Noires Israéliennes appelèrent tous les opprimés du régime ashkénaze, parmi lesquels les Juifs Mizrahi et les Arabes palestiniens, à unir leurs forces pour le faire tomber et lutter pour l'égalité des droits pour tous. Les Panthères Noires étaient un groupe politique fondé par de jeunes Juifs Mizrahi qui appelaient à un « véritable dialogue » avec les Palestiniens et avec l'OLP en tant qu'organe politique dirigeant. Elles avaient saisi le besoin de lier leur combat à d'autres luttes anti-coloniales et d'analyser leur oppression dans ce contexte colonial[7]. A la fin des années 1970, la répression par Mapai des manifestations et des soulèvements organisés par les Panthères Noires, ainsi que l'absence d'intégration de la population Mizrahi dans le nouvel État d'Israël, incitèrent un grand nombre de Juifs Mizrahi à voter pour Menahem Begin et Herut[8]. Le discours d'Herut donnait de la place à la tradition juive et devint ainsi une alternative à la politique européenne laïque. Les Juifs Mizrahi ne partagent certes pas tous les mêmes orientations politiques, mais la rupture des Mizrahi avec le parti social-démocrate colonial fut très importante[9].

Au cours de l'été 2011, la rue israélienne a été le théâtre d'un mouvement social exceptionnel, initié par de jeunes étudiants de la classe moyenne et mobilisant les citoyens israéliens autour de la question de la justice sociale en matière de logement. Les manifestants sont descendus dans la rue pour pro-

---

6   Mapai a construit l'hégémonie ashkénaze de facto lors de la création des villages collectifs (kibboutz), des coopératives, des syndicats, etc. Ces structures sociales ont d'abord réprimé et exclu les Palestiniens, leur refusant l'exercice de toute forme de solidarité entre eux, puis elles ont exclu les Juifs Mizrahi.

7   http://matityaho.com/ (en hébreu).

8   Herut : liberté en hébreu, parti politique de droite.

9   http://in.bgu.ac.il/bgi/past_events/amir_goldstein.pdf. Amir Goldstein "Menahem Begin, Haherut Movement and the Mizrahi Struggle : The case of Wadi Salim and it's and lessons", article présenté lors de la conférence "Leaders and Leadership at the Start of the State" au Ben-Gurion Heritage Institute (en hébreu).

common sense, being "right wing" or "racist" is associated with Mizrahi communities, while being a leftist or a liberal is associated with Ashkenazi-Jews. The Israeli civic movement tends to be characterized by a political dichotomy. On one hand there are organizations which are referred to as political as they address the so-called Palestinian question and Israeli occupation. On the other hand there are organizations which are referred to as social as they address Israeli socio-economic, ethnic and gender questions within the Israeli state (Dor et al, 2011). The organization Tarabut-Hithabrut aims to challenge this dichotomy.

In 1959 the Workers' Party of the Land of Israel (Mapai[6]) violently repressed a popular Mizrahi uprising in the Wadi-Salim neighborhood in Haifa. During the early 1970s the Israeli Black Panthers called for all oppressed, of the Ashkenazi regime, in which they included Mizrahi-Jews and Arab-Palestinians, to join forces to bring down the regime and fight for equal rights for everyone in the land. The Black Panthers, a political group established by young Mizrahi Jews, called for "real dialogue" with Palestinians and the PLO as their political leadership. They understood the need to link their struggle with other anti-colonial struggles and analyze their oppression within this colonial context[7]. In the late 1970s, Mapai's suppression of demonstrations and uprisings organized by the Black Panthers, together with the deception of integration of the Mizrahi population into the new State of Israel, resulted in a large number of Mizrahi-Jews voting for Menahem Begin, and Herut[8]. Herut's discourse left room for Jewish tradition and therefore became an alternative to European secularist politics. While one cannot say that Mizrahi-Jews have a united political orientation, the rupture of Mizrahim with the colonial social-democratic party has been substantial[9].

During the Summer of 2011, an exceptional social movement took to the streets. The movement was started off by young middle class university students, and mobilized Israeli citizens around the question of just housing. They took to the streets to contest the neoliberal agenda of the government

---

6    Mapai, de facto, built the Ashkenazi hegemony. They were generated by colonial Zionism while building collective villages (Kibutzim), cooperatives, unions (to name a few). These social structures first repressed and excluded Palestinians and any sort of solidarity with them, and later excluded Mizrahi-Jews.

7    http://matityaho.com/ (Hebrew).

8    Herut: Freedom in Hebrew, the right-wing political party.

9    http://in.bgu.ac.il/bgi/past_events/amir_goldstein.pdf. Amir Goldstein "Menahem Begin, Haherut Movement and the Mizrahi Struggle: The case of Wadi Salim and it's and lessons", paper in conference "Leaders and Leadership at the Start of the State" at The Ben-Gurion Heritage Institute (Hebrew).

> Tarabut-Hithabrut (TH) encourage les rencontres, par le biais d'actions de terrain, entre sujets précaires, à savoir Palestiniens et Juifs Mizrahi. Les mots Tarabut, en arabe, et Hithabrut, en hébreu, signifient tous deux connecter et/ou connexion. Le mouvement TH a été fondé en 2006 par des militants qui étaient déterminés à rassembler les courants du militantisme social et politique. La citation suivante, extraite de la charte de TH, montre que les alliances entre Juifs Mizrahi et Palestiniens sont au cœur des priorités politiques du mouvement : « Passer d'une société coloniale à une société égalitaire et démocratique. Israël est une société coloniale. Elle est le résultat d'un processus historique complexe, dont un des principes moteurs, même si ce n'est pas le seul, était le projet colonial conduit par le mouvement sioniste avec le soutien des empires occidentaux. Tous les aspects de la vie dans la société israélienne sont marqués par son caractère colonial. Les migrants, qui se retrouvent émiettés dans les colonies, sont condamnés à vivre un conflit permanent avec les Palestiniens autochtones dépossédés de leur terre. La colonisation offre des privilèges temporaires fragiles aux Juifs, au lieu de droits égaux reconnus pour tous… » (ma traduction depuis l'hébreu). TH fait partie des rares groupes politiques qui, selon la terminologie du mouvement, mènent un travail de solidarité entre opprimés et promeuvent des alliances entre groupes précaires au sein de l'État israélien. Si la voix de TH reste minoritaire dans la sphère politique israélienne, TH n'est ni le premier, ni le seul mouvement politique qui considère Israël comme un État colonial dans son analyse politique et sociale. En plus des Panthères Noires Israéliennes, dès 1972, Arie Bober avait publié un recueil d'articles écrits par des membres de l'Organisation socialiste israélienne (OSI) intitulé *The Other Israel : The Radical Case Against Zionism.*
> (L'OSI est mieux connue sous le nom de Matzpen, qui était le journal de l'organisation. http://98.130.214.177/index.asp?p=100.)

tester contre les politiques néolibérales du gouvernement et les loyers extrêmement élevés des logements à Tel Aviv. Ils ont commencé par camper sur l'une des principales artères de la ville. Grâce à la couverture médiatique, le pays s'est alors pris de passion pour les campeurs. Les gens connaissaient les noms et les histoires personnelles des leaders du mouvement, qui étaient principalement des femmes ashkénazes. A l'image de la classe moyenne, les étudiants ashkénazes étaient le reflet d'autres « Je » hégémoniques en Israël et dans le monde euroatlantique avec qui ils pouvaient s'identifier et créer un « Nous » imaginaire. Ce « Nous » imaginaire apporta son soutien au mouvement estival,

> Tarabut-Hithabrut (TH) promotes encounters, through grassroots actions, between precarious subjects, namely Palestinians and Mizrahi-Jews. Tarabut in Arabic and Hithabrut in Hebrew both mean connecting and/or connection. The movement was established in 2006 by activists who were determined to bring together the social and political currents of activism. The following quote is taken from TH 'Document of Principles'. Alliances between Mizrahi and Palestinians are at the core of their political agenda: "From a colonial to an equal and democratic society. Israel is a colonial society. It was designed as a result of a complex historical process, of which one of its principle powers, however not the only, was the colonial project led by the Zionist movement, under the patronage of the western empires. All aspects of life are affected by the colonial character of Israeli society. This colonial character: crumbles the migrant communities and condemns them to constant conflict with the Palestinians, the indigenous dispossessed of the land; it offers Jews temporary fragile privileges instead of equal acknowledged rights for all …" (My translation from Hebrew). TH is part of the few current political groups which, in the movement's terminology work for solidarity between the oppressed and promote alliances between precarious groups within the Israeli state. While TH remains a minority voice within the Israeli political sphere, it is neither the first nor the only political movement to analyze the Israeli state as colonial and thus tackle what we earlier called the Political and Social questions. In addition to the Israeli Black Panthers, as early as 1972 Arie Bober edited a book of articles written by the members of the Israeli Socialist Organization (ISO) entitled *The Other Israel: The Radical Case Against Zionism*. (ISO is better known as Matzpen which was in effect the organization's newspaper. http://98.130.214.177/index.asp?p=100.)

and contest the outrageous rental prices in Tel Aviv. They started camping on one of the main boulevards in the city. The country was taken by them, their images were shown on television, and people knew the names and personal stories of the leaders of the movement, who were mostly Ashkenazi women. An image of the middle class, the Ashkenazi students were images of other hegemonic "I" in Israel and around the Euroatlantic world with whom they could identify and create an imaginary "We". This imaginary "We" brought support to the Summer movement and ignored yet again the human condi-

tout en ignorant une nouvelle fois la condition de ceux qui n'étaient pas inclus dans le cadre. N'était-ce finalement pas là un « Nous » exclusivement colonial qui maintenait et reproduisait les dynamiques de pouvoir hégémoniques de la ségrégation ? Le 6 août 2011, 300 000 personnes manifestaient à Tel Aviv sous le mot d'ordre « Ha'am Doresh Tzedek Hevrati »[10] – « Le peuple veut la justice sociale », qui est devenu le slogan du mouvement. Cependant, qui englobait cette notion de Peuple ? Ou, pour être plus précis, qui était exclu du Peuple ?

Une nouvelle fois, les Mizrahi et les Palestiniens se retrouvaient exclus de la direction de ce mouvement politique (tout comme les Juifs orthodoxes et éthiopiens). De plus, contrairement aux révolutions qui se déroulaient dans les pays arabes voisins au même moment, les Israéliens de la classe moyenne qui demandaient la justice sociale étaient loin de revendiquer la chute du régime ou de l'État colonial sioniste[11]. Ainsi, ce mouvement exceptionnel du peuple israélien est selon moi resté une plate-forme qui a donné lieu à des « Je hégémoniques » excluant les minorités les plus vulnérables de la société israélienne. De plus, le mouvement insistait sur sa volonté de rester apolitique et refusait ainsi de prendre position sur la question coloniale et sur l'occupation. En parallèle de la direction classe moyenne du mouvement, des groupes Mizrahi et palestiniens se sont constitués en périphérie pour établir leur propre programme et faire entendre leur voix. Il s'agissait notamment de groupes juifs en lutte pour la justice sociale en matière de logement et contre les expulsions, ainsi que des Palestiniens, qui ont rarement accès au logement social et qui sont de plus victimes de la confiscation de leurs terres et sont expulsés de leurs maisons, parfois démolies. Ces groupes ne parvenaient pas à trouver leur place au sein du mouvement dirigé par des Ashkénazes, car les jeunes étudiants ashkénazes étaient considérés comme des « gauchistes privilégiés » par les Juifs Mizrahi et comme des sionistes et des nationalistes par la plupart des Palestiniens.

Un forum a été constitué pour permettre à ces groupes de la périphérie de faire entendre leur voix. Il était animé par des responsables de TH. Au cours de la mise en place du forum, les participants se sont retrouvés confrontés à des questions relatives à leur propre solidarité et à la possibilité de créer des alliances. La citation suivante est extraite d'un court entretien que j'ai réalisé avec Johayna Saifi de TH :

> *Lors d'une des premières réunions du Forum de la périphérie, mais pas la première, nous avons commencé par faire un tour de table pour nous pré-*

---

10   Pour plus d'informations sur ce mouvement, voir Yael Lerer « Indignation (sélective) dans les rues d'Israël » http://www.monde-diplomatique.fr/2011/09/LERER/20925.

11   Gerardo Leibner http://www.tarabut.info/he/articles/article/summer-of-protest-2011/.

tion of those who were not included in the frame. Was it at the end of the day an exclusively colonial "We" which maintained and reproduced the hegemonic power dynamics of segregation? On the 6th of August 2011, 300,000 people demonstrated in Tel Aviv calling: 'Ha'am Doresh Tzedek Hevrati"[10] – "The People demand social justice", which became the slogan of this movement. However, who was considered within this notion of People? Or to be more precise, who was excluded from the People?

Mizrahi and Palestinians were yet again excluded from the leadership of this political movement (as were Orthodox and Ethiopian Jews). Furthermore, contrary to the revolutions taking place in the neighboring Arab countries at the time, the middle class Israelis calling for social justice, were far from demanding the fall of the regime or of the Zionist colonial state[11]. Thus while witnessing an exceptional Israeli people's movement, it was still, I would argue, a platform which gave place to Hegemonic I's and excluded the most vulnerable minorities of Israeli society. Furthermore the movement insisted on being apolitical and thus refused to take a position on colonial and occupation questions. In parallel to the middle class leadership, peripheral Mizrahi and Palestinian groups formed in order to build their own agenda and have their voices heard. These groups included Jewish groups struggling for just housing and against home expulsion and Palestinians who have rarely had access to public housing and further suffer from land confiscation, house demolition and expulsions. These groups could not find their place within the Ashkenazi led movement as the young Ashkenazi students were regarded as "privileged-leftists", by the Mizrahi Jews, and considered Zionist and nationalist, by most Palestinians.

In order to empower the periphery groups, a forum was established to give them voice. Figures from TH took on the leadership of this forum. During the establishment of the forum, the participants were faced with questions relating to their own solidarity and the possibility of creating alliances. The following quote is taken from a short interview I conducted with Johayna Saifi of TH:

> *In one of the first meetings of the Periphery Forum, yet not the first one, we started the meeting by going around asking everyone to present him/*

---

10  For more on this movement read Yael Lerer «Indignation (sélective) dans les rues d'Israël» http://www.monde-diplomatique.fr/2011/09/LERER/20925.
11  Gerardo Leibner http://www.tarabut.info/he/articles/article/summer-of-protest-2011/.

> *senter les uns aux autres. Lorsque mon tour est arrivé, j'ai dit mon nom et je me suis identifiée comme palestinienne. Immédiatement après, l'un des membres juifs du groupe, qui se définit comme Mizrahi, a dit qu'avant de continuer, nous devions nous mettre d'accord, ou au moins prendre une décision au niveau du groupe, de ne pas utiliser le mot Palestinien et de ne pas parler d'occupation. Certains autres animateurs du groupe étaient d'accord sur le fait qu'il serait plus simple d'éviter ces deux mots. Mais j'ai alors exprimé mon désaccord. J'ai dit au groupe que je comprenais que l'utilisation de ces mots était une question sensible, mais que je n'étais pas prête à y renoncer. J'ai poursuivi en disant que s'ils voulaient que je reste parmi eux, je devais pouvoir continuer d'affirmer mes préoccupations. Je pouvais être sensible et prévenante envers eux, mais sans changer mon discours ni moi-même. Je leur ai également dit qu'en retour, ils devaient être attentifs à ma position et que je ne les laisserais pas me réduire au silence. Je suis en désaccord avec l'idée selon laquelle il serait possible de séparer la lutte pour le logement de nos luttes. Tout est lié.*[12]

Dans son explication, Johayna refuse la reproduction de la violence d'État dans le groupe. La condition que le participant juif Mizrahi essayait d'imposer au groupe nie l'identité des Palestiniens et les oblige à se conformer au discours sioniste. Dans sa réponse à cette forme de violence, Johayna a choisi de mettre en avant une vision complexe de la condition humaine précaire et vulnérable qui est partagée par les participants Mizrahi et palestiniens. Elle fait également remarquer que certains participants palestiniens avaient également du mal à accepter sa position. Selon un mécanisme décrit par Fanon (1952), ces derniers, dans l'espoir d'être acceptés et craignant d'être rejetés par le groupe hégémonique israélien, préféraient suivre l'agenda imposé, même au prix de la négation de leur identité nationale. Le dialogue s'est finalement poursuivi lorsque le groupe a dit à Johayna qu'ils ne voulaient pas la perdre pour la rencontre.

Dans une interprétation de cet incident se fondant sur les travaux de Butler (2005), nous pourrions dire qu'une fois que le groupe est parvenu à un accord pour accepter la position de Johayna et poursuivre le dialogue, ses membres, dont les participants Mizrahi en particulier, pouvaient écouter Johayna d'une manière qui leur était auparavant impossible. Ils étaient devenus capables d'entendre des récits qu'ils ne pouvaient entendre auparavant, ainsi que de participer au groupe non seulement à partir de leur propre position, mais également du point de vue de l'Autre. Une nouvelle forme de dialogue par l'action permettait aux deux récits d'exister sans qu'il ne soit nécessaire de comparer les souffrances. Dans la terminologie freirienne, il s'agit de la pratique de dénomination du monde pour le changer.

---

12   Entretien réalisé en avril 2012.

*herself. When it got to my turn I said my name and identified myself as Palestinian. Right after, one of the Jewish members of the group, who defines himself as Mizrahi, said that before we continue we have to agree or at least take a group decision, that we don't use the word Palestinian nor do we say the word occupation. Some of the other leaders of the group agreed that it would be easier to avoid these two words, however I disagreed. I said to the group that I understand that it is sensitive to use these words but I am not willing to give in. If you want me to be here, I said, this is my agenda. I can be sensitive and attentive to you and your position, but without changing myself and my discourse. I also told them, that in return, they have to be attentive to my place and I would not let them shut my mouth. I don't agree that one can separate the housing struggle from our struggles, it is all connected.*[12]

Johayna, in her account, refuses to let state violence be reproduced in the group. The condition that the Jewish-Mizrahi participant tried to impose on the group denies the Palestinians their identity and obliges them to conform to Zionist discourse. In her response to this form of violence, Johayna chooses to bring to the fore a complex understanding of the precarious and vulnerable human condition which both the Mizrahi participants and the Palestinian participants experience. Her position was, according to her, equally challenging for some of the Palestinian participants. These participants, drawing from Fanon (1952), hoping for acceptance and fearful of rejection by Israeli hegemony, preferred to obey the imposed agenda, even to the point of having their national identity erased. The dialogue continued when the group told Johayna that they were not willing to lose her in the encounter.

Interpreting this incident from the perspective of Butler (2005), we could say that, once the group had agreed to accept Johayna's position and continue the dialogue, they, and the Mizrahi participants in particular, could listen to Johayna in a way that they could not before. They were able to hear narrations they were unable to hear before and were able to participate not only from their own position but from the point of view of the Other. The new form of dialogue through action allowed both narrations to exist without having to compare the suffering. It is, in Freirien terminology, the praxis of naming the world in order to change it.

---

12   Interview done in April 2012.

Le « Forum de la périphérie » a continué à lutter pendant quelques mois après la levée du campement estival du Boulevard Rothschild. Cependant, selon Johayna, le groupe a arrêté de fonctionner comme un véritable collectif : « Des actions ont continué d'être menées, mais le dialogue s'est interrompu. »

Le Forum de la périphérie pourrait être un exemple de remise en cause de la temporalité de l'État, conçue pour organiser la ségrégation plutôt que pour créer de la solidarité. Il constitue une pratique dans laquelle des alliances se sont constituées entre Juifs Mizrahi et Palestiniens. Il est en phase avec la ligne pédagogique de hooks (2003) concernant le caractère « ici et maintenant » du conflit, de l'oppression et des partenariats. Le fait d'être dans l'« ici et maintenant » ne nie pas l'importance de la compréhension de l'origine des dynamiques de pouvoir à l'œuvre, ainsi que de leur cadre historique (Butler, 2005a, 2005b). Il s'agit plutôt de développer la capacité de produire un récit complexe qui cherche à comprendre l'oppression sous toutes ses formes, sans entrer dans des questions de hiérarchie dans la douleur et la souffrance.

Les animateurs du Forum de la périphérie voulaient faire évoluer la conscience à la fois des participants et des sociétés dans lesquelles ils vivent. La transformation des consciences nécessite de comprendre les mécanismes d'oppression et les schémas coloniaux au sein de ces sociétés dans leur complexité. Les participants Mizrahi étaient confrontés à une oppression exercée par les animateurs ashkénazes du mouvement estival. Dans le même temps, ils se retrouvaient dans une position d'oppresseurs dans leur dialogue avec les Palestiniens.

## 5  Vers une véritable cohabitation

Par le biais de rencontres radicales entre Palestiniens et Juifs Mizrahi, TH récuse la ségrégation et les dynamiques coloniales à l'œuvre dans la société israélienne. En cherchant à promouvoir l'égalité et la responsabilité au travers d'un dialogue critique avec l'Autre, TH a été créé pour résister à la temporalité de l'État et pour ouvrir la possibilité d'une véritable cohabitation.

L'exemple du Forum de la périphérie montre que la rencontre entre sujets vulnérables peut constituer le point de départ pour un dialogue critique. Il s'agit selon moi d'une condition nécessaire pour qu'une « rencontre radicale » puisse avoir lieu. En ce sens, la cohabitation peut être définie comme une condition dans laquelle les sujets reconnaissent leur propre vulnérabilité et sont ainsi capables de reconnaître la vulnérabilité de l'Autre et de créer des alliances. En revanche, cet exemple illustre également les difficultés inhérentes au fait de résister à la temporalité de l'État. Les alliances créées dans ce cas

While the summer encampment of *Rothschild Boulevard* closed down, the 'Periphery Forum' continued to struggle for some months. However, according to Johayna the group stopped performing as a joint group: "While actions took place, the dialogue stopped" she says.

The Periphery Forum might be an example of a challenge to state temporality, designed to segregate rather than created solidarity. It is an example of a praxis in which alliances were made between Mizrahi Jews and Palestinians. It follows hook's (2003) pedagogical line concerning the 'here and now' of the conflict, of oppression and of partnerships. Being in the here and now does not negate the importance of understanding the origins of power dynamics and thus their historical framework (Butler, 2004, 2005). It rather involves developing the ability to give a complex account which takes into consideration the total understanding of oppression, while avoiding entering into a hierarchy of grief and suffering.

The leaders of the Periphery Forum were devoted to changing both the consciousness of the participants and that of the societies in which they live. Consciousness transformation involves understanding oppressing and colonial patterns within those societies. Further it demands a complex understanding of oppression. The Mizrahi participants were faced with their oppression in front of the Ashkenazi leadership of the summer movement. Yet at the same time they were confronted with their performance as oppressors when dialoguing with Palestinians.

## 5   Toward Genuine Cohabitation

Through Radical Encounters between Palestinians and Mizrahi-Jews, TH challenges the segregation and colonial dynamics of Israeli society. Seeking to promote equality and responsibility through critical dialogue with the Other, TH was established to resist state temporality and to open up the possibility of genuine cohabitation.

The example of the Periphery Forum shows that the encounter between vulnerable subjects can be a starting point for critical dialogue. I argue that this is a necessary condition for a Radical Encounter to take place. In this sense, cohabitation can be defined as a condition in which the subjects recognize their own vulnerability and are thus able to recognize the Other's vulnerability and to build alliances. However, this example also illustrates the difficulties involved in resisting state temporality. The alliances created in this instance were punctual. The example of the Periphery Forum high-

> Le déclenchement de la première Intifada palestinienne, il y a environ trente ans, a entraîné la création de plusieurs organisations, comme le *Centre d'Information Alternative (AIC)*, une organisation d'information israélo-palestinienne visant à promouvoir la justice, l'égalité et la paix pour les Palestiniens et les Israéliens ; *Isha L'Isha*, une organisation féministe militante basée à Haifa, qui défend le statut et les droits des femmes et des jeunes filles, et qui fait la promotion de la paix, de la sécurité et de la justice sociale et économique ; *Sadaka-Reut*, un mouvement pour la jeunesse arabe et juive qui éduque et donne les moyens aux jeunes Israéliens juifs et palestiniens de travailler pour le changement social et politique par le biais de partenariats binationaux ; *Adva Center*, un institut d'analyse politique, dont la mission est d'analyser les questions d'égalité et de justice sociale dans la société israélienne ; *Hila*, dont la mission consiste à soutenir l'implication des parents dans les communautés précarisées d'Israël, avec l'objectif de réduire les inégalités dans l'éducation et de renforcer la mobilité sociale et économique.
>
> A la fin des années 1990, après les accords d'Oslo, ainsi qu'au début des années 2000 suite à la seconde Intifada palestinienne, une nouvelle vague d'organisations de la société civile a émergé, parmi lesquelles (pour n'en citer que quelques-unes) : *Adalah*, un centre juridique pour les droits humains, qui promeut et défend les droits des citoyens arabes palestiniens d'Israël ; *Mahapach-Taghir*, une association de base composée de Juifs et de Palestiniens dont l'objectif est le changement social ; *Hakeshet Hademocratit Hamizrahit*, un mouvement Mizrahi qui vise à amener un changement significatif au sein de la société israélienne ; *Zochrot*, qui cherche à provoquer un questionnement dans l'opinion des Juifs israéliens sur la Nakba et les événements à l'origine de la création de l'État d'Israël ; *Haokets*, une plate-forme indépendante de débat critique, sur laquelle des centaines d'auteurs publient des articles sur des questions socioéconomiques, culturelles et philosophiques, sur la défense des droits humains, le féminisme et surtout les questions politiques concernant les Mizrahi ; la *Coalition des Femmes pour la Paix*, une organisation féministe contre l'occupation de la Palestine et pour une paix juste ; *Hirakuna*, qui vise à promouvoir la solidarité sociale, le leadership des jeunes et le volontariat au sein de la société palestinienne en Israël.

sont restées ponctuelles. L'exemple du Forum de la périphérie montre que les alliances subsistent seulement si le dialogue critique est pratiqué et maintenu

> With the eruption of the First Palestinian Intifada, some thirty years ago, several organizations were formed such as: The *Alternative Information Center (AIC)* a joint Palestinian-Israeli media organization promoting justice, equality and peace for Palestinians and Israelis; *Isha L'Isha*, a grassroots feminist organization based in Haifa, that seeks to advance the status and rights of women and girls, and promote peace, security and socio-economic justice; *Sadaka-Reut*, an Arab-Jewish Youth Partnership, that educates and empowers Jewish and Palestinian Israeli youth and university students to pursue social and political change through bi-national partnership; *Adva Center*, a policy analysis institute, the mandate of which is to examine Israeli society from the perspective of equality and social justice; *Hila*, that promotes the involvement of parents, from disempowered communities in Israel, with the aim to narrow educational gaps and strengthen social and economic mobility.
>
> In the late 1990s, after the Oslo Accord, and in the early 2000s following the Second Palestinian Intifada, a new wave of organizations sprung up within the political civic sphere. Organizations such as (to name only a few): *Adalah*, a human rights and legal center, that promotes and defends the rights of the Palestinian Arab citizens of Israel; *Mahapach-Taghir*, a grassroots Jewish-Palestinian social change organization; *Hakeshet Hademocratit Hamizrahit* a Mizrahi movement which strives to bring about meaningful change within Israeli society; *Zochrot*, which acts to challenge the Israeli-Jewish public on the Nakba and the events creating the state of Israel; *Haokets* an independent platform for critical discussion, where hundreds of writers publish on socioeconomic, cultural and philosophical issues, human rights activism, feminism, and especially Mizrahi politics; *Coalition of Women for Peace* is a feminist organization against the occupation of Palestine and for a just peace; *Hirakuna*, that promotes reciprocal social responsibility, volunteerism and leadership throughout Palestinian society in Israel.

lighted the fact that alliances can only be maintained when critical dialogue is practiced and continued on a regular basis. Genuine cohabitation occurs

de manière régulière. La véritable cohabitation ne survient que lorsque les deux camps, ou plutôt tous les camps, sont constamment engagés dans cette résistance à la temporalité de l'État. De mon point de vue, suivant ainsi les travaux récents de Butler (2012), la véritable cohabitation survient lorsqu'elle devient l'exécution d'un choix, plutôt que sa simple condition. Alors que les Juifs Mizrahi et les Palestiniens se trouvent dans une situation de cohabitation au sein de l'État d'Israël, partageant de plus une condition de précarité, le développement d'une conscience radicale pourrait constituer la possibilité de transformer leur condition en action.

Dans le cadre du dialogue critique engagé dans le Forum de la périphérie, le groupe entier a trouvé un intérêt commun à lutter ensemble. Les Palestiniens, qui sont constamment confrontés à la réalité complexe de l'oppression, ont dû relever le défi de la construction d'une solidarité avec leurs oppresseurs. Cependant, en insistant sur leur identité de Palestiniens, ils ont donné un cadre au dialogue dans lequel ils étaient prêts à participer. De l'autre côté, les participants Mizrahi, confrontés à ce nouveau cadre, ont été obligés de développer une lecture complexe de leur propre position. En développant une analyse critique sur eux-mêmes, ils ont été contraints de redéfinir et d'affiner leur propre identité. Chacun a appris que sa propre identité est en réalité une performance socio-politique, plutôt qu'une définition naturelle de soi. L'exemple montre que la compréhension de l'expérience de la précarité permet aux groupes vulnérables de créer des alliances et de transgresser la temporalité de l'État.

La cohabitation est la condition par laquelle les Mizrahi et les Palestiniens peuvent transgresser le sens commun social dominant accepté et créer des alliances politiques complexes. Pour les Palestiniens, la cohabitation permet de comprendre leurs oppresseurs Mizrahi au sein d'un contexte complexe de vulnérabilités et de précarité. Pour les Juifs Mizrahi, elle ouvre la possibilité de comprendre les processus de déshumanisation auxquels les Palestiniens sont soumis de la part du groupe dominant. De plus, les Mizrahi sont amenés à se confronter à leur propre rôle non-hégémonique de groupe dominant.

Comme cela a été évoqué, cet exemple révèle la difficulté de maintenir les alliances et montre la vulnérabilité des coalitions composées de différents groupes opprimés. La permanence et le caractère systématique de la violence et de la temporalité d'État révèlent la fragilité de la voie, semée d'embûches, qui mène à la coalition entre personnes opprimées et vulnérables. Le travail engagé dans le cadre du Forum de la périphérie constitue un premier pas vers la création d'alliances. Toutefois, ces alliances n'ont duré que le temps du processus de rencontre lui-même. Une fois ce processus terminé, les alliances se sont défaites. Cela soulève un certain nombre de questions. Comment lutter

only when both sides, or rather all sides, are constantly committed to resisting state temporality. In my view, drawing from Butler's recent work (2012), genuine cohabitation takes place when cohabitation transforms into being the performance of a choice rather than simply the condition for a choice. Whilst Mizrahi-Jews and Palestinians find themselves in the condition of cohabitation within the Israeli state, and further sharing the condition of precariousness, developing radical consciousness might be the possibility to transform their condition into action.

Within the critical dialogue in the Periphery Forum, the entire group found a common interest for a joint struggle. The Palestinians who are constantly confronted with the complex reality of oppression, had to take up the challenge of building solidarity with their oppressors. Yet, by insisting on their identity as Palestinians, they framed the dialogue in which they were ready to participate. On the other hand, the Mizrahi participants, when confronted with this new frame, were obliged to develop a complex reading of their own position. Developing self-reflecting critical analysis, they necessarily re(de)fined their own identity. They learnt that self-identity is in effect a sociopolitical performance rather than being a natural definition of the self. The example shows that the understanding of the experience of precariousness allows vulnerable groups to create alliances and transgress state temporality.

Cohabitation is the condition through which Mizrahi and Palestinians can transgress accepted social common sense and create complex political alliances. For the Palestinians, cohabitation enables the understanding of their Mizrahi oppressors within a complex framework of vulnerability and precariousness. For the Mizrahi Jews, cohabitation opens up the possibility of understanding the dehumanizing processes to which Palestinians are subjected by the dominant group. Furthermore the Mizrahi are led to confront their own non-hegemonic performance as dominators.

As mentioned, this example exposes the difficulty of maintaining alliances and demonstrates the vulnerability of coalitions between different oppressed groups. In the face of consistent and systematic state violence and temporality, the fragility of the potholed journey towards coalition between the oppressed and the vulnerable is revealed. The work done within the periphery forum is a first step towards creating alliances. However these alliances only lasted as long as the encountering process itself; once this process came to an end the alliances were undone. This raises a number of questions. How can the seeming fragility and impermanence of such alliances be reinforced?

contre la fragilité et le caractère éphémère de ces alliances ? Les animateurs du groupe, qui appartenaient à TH, n'étaient-ils pas plus enthousiastes pour ce type d'alliances que les participants eux-mêmes ? Les objectifs politiques de TH, qui se situent dans le cadre de luttes politiques et sociales, n'étaient-ils pas trop éloignés des préoccupations des autres participants au Forum ?

Ces questions ne peuvent malheureusement pas trouver de réponse dans le cadre de cet article. Notre objectif ici est plutôt de dégager un contexte clair pour soulever les questions relatives à la possibilité d'une véritable cohabitation dans un contexte de poursuite de la colonisation.

## 6  Références bibliographiques

ABU-LUGHOD Ibrahim (1988, 1998, 2001). "Territorially-based nationalism and the politics of negation", in E. W. Said (dir.). *Blaming the Victims : Spurious Scholarship and the Palestinian Question*. NY : Verso

BISHARA Azmi (1993). "On the Questions of the Palestinian Minority in Israel". *Theory and Criticism*. vol. 3, pp. 7–20.

BUTLER Judith (2012). *Parting Ways : Jewishness and the Critique of Zionism*. N.Y : Columbia University Press.

BUTLER Judith (2010). *Ce qui fait une vie. Essai sur la violence, la guerre et le deuil*. Paris : La Découverte.

BUTLER Judith (2005a). *Vie précaire. Les pouvoirs du deuil et de la violence après le 11 septembre 2001*. Paris : Editions Amsterdam.

BUTLER Judith (2005b). *Giving An Account of Oneself*. N.Y : Fordham.

COHEN Yinon & HABERFELD Yitchak (1998). "Second Generation Jewish Immigrants in Israel : Have the Ethnic Gaps in Schooling and Earnings Declined ?" *Ethnic and Racial Studies*. no. 21, pp. 507– 528.

COHEN Yinon, HABERFELD Yitchak & KRISTAL Tali (2007). "Ethnicity and Mixed Ethnicity : Educational Gaps among Israeli-born Jews". *Ethnic and Racial Studies* vol. 30, issue 5, pp. 896–917.

DAHAN Momi, MIRONICHEV Natalie, DVIR Eyal & SHYE Shmuel (2002). "Have the educational gaps narrowed ?" *Economic Quarterly* no. 49. pp. 159–188. (Heberw)

Dor Tal (2012). "Queering Zionism : a liberating educational process". *Educazione democratica* no.3, pp. 209–228.

Dor Tal & WEKSLER Marcelo (2011). "National Identity : Conflict and Partnership". *Le sujet dans la cité* no.2, pp. 242–252.

FANON Frantz (1952, 1990). *Peaux noires, masques blancs*. Paris : Seuil.

Were the leaders of the group, who belonged to TH, perhaps more eager for such alliances than the participants? Was TH's political agenda, joining the political and social struggles, perhaps too far from the agendas of the other participants in the Forum?

Unfortunately the answers to these questions remain beyond the scope of the current paper. Our aim here is rather to provide a clarifying context for the raising of questions concerning the possibility of genuine cohabitation in an ongoing colonial context of occupation.

## 6 References

ABU-LUGHOD Ibrahim (1988, 1998, 2001). "Territorially-based nationalism and the politics of negation", in E.W. Said (eds.). *Blaming the Victims: Spurious Scholarship and the Palestinian Question.* NY: Verso.

BISHARA Azmi (1993). "On the Questions of the Palestinian Minority in Israel". *Theory and Criticism* vol. 3, pp. 7–20.

BUTLER Judith (2012). *Parting Ways: Jewishness and the Critique of Zionism.* N.Y: Columbia University Press.

BUTLER Judith (2009). *Frames of War: When Is Life Grievable?* N.Y: Verso.

BUTLER Judith (2005). *Giving An Account of Oneself.* N.Y: Fordham.

BUTLER Judith (2004). Precarious Life: The Powers of Mourning and Violence. NY: Verso.

COHEN Yinon & HABERFELD Yitchak (1998). "Second Generation Jewish Immigrants in Israel: Have the Ethnic Gaps in Schooling and Earnings Declined?". *Ethnic and Racial Studies* no. 21, pp. 507– 528.

COHEN Yinon, HABERFELD Yitchak & KRISTAL Tali (2007). "Ethnicity and Mixed Ethnicity: Educational Gaps among Israeli-born Jews". *Ethnic and Racial Studies* vol. 30, issue 5, pp. 896–917.

DAHAN Momi, MIRONICHEV Natalie, DVIR Eyal & SHYE Shmuel (2002). "Have the educational gaps narrowed?" *Economic Quarterly* no. 49. pp. 159–188. (Hebrew).

Dor Tal (2012). "Queering Zionism: a liberating educational process". *Educazione democratica* no.3, pp. 209–228.

Dor Tal & WEKSLER Marcelo (2011). "National Identity: Conflict and Partnership". *Le sujet dans la cité* no.2, pp. 242–252.

FANON Frantz (1952, 1990). *Peaux noires, masques blancs.* Paris: Seuil.

FREIRE Paulo (1970, 1993, 2000). *Pedagogy of the Oppressed.* NY: Continuum.

HABERFELD Yitchak & COHEN Yinon (2007). "Gender , Ethnic, and National Earnings Gaps in Israel: the Role of Rising Inequality". *Social Science Research* no. 36, pp. 654 – 672.

FREIRE Paulo (2001). *Pédagogie des opprimés*, suivi de *Conscientisation et Révolution*. Traduit du portugais (brésilien) par Lucille et Martial Lefay. Paris: La Découverte.

HABERFELD Yitchak & COHEN Yinon (2007). "Gender, Ethnic, and National Earnings Gaps in Israel: the Role of Rising Inequality". *Social Science Research* no. 36, pp. 654–672.

HALABI Rabah (2000, 2004). "Reconstructing identity through the Encounter with the other", in R. Halabi (dir.), *Israeli and Palestinian Identities in Dialogue*. New Brunswick, NJ: Rutgers university press.

HELMS Janet E. (dir.) (1990). *Black and White Racial Identity: Theory, Research, and Practice*. Westport, Conn: Greenwood Press.

HILL COLLINS Patricia (2000). *Black Feminist Thoughts*. London: Routledge.

hooks bell (2003). *Teaching Community: A Pedagogy of Hope*. NY: Routledge.

hooks bell (1994). *Teaching to Transgress: Education as the Practice of Freedom*. NY: Routledge.

MASSAD Joseph (2000). "The post-colonial colony: Time, Space, and Bodies in Palestine/Israel", in F. Afzal-Khan et K. Seshadri-Crooks (dir.), *The Pre-Occupation of Postcolonial studies*. Duke University Press.

RABINOWITZ Dani (1993). "Oriental Nostalgia: The Transforamtion of the Palestinians into 'israeli Arabs'". *Theory and Criticism* vol. 4, pp. 141–151.

SAID W. Edward (1978, 1994). *Orientalism*. NY: Vintage Books.

SHALOM CHETRIT Sami (2000). "Mizrahi Politics in Israeli: Between Integration and Alternative". *Journal of Palestinian Studies* vol., XXIX, no. 4. pp.51–56.

SHALOM CHETRIT Sami (1999). *Hamahapecha Haashkenazit Meta* (The Ashkenazi revolution is dead). Tal Aviv: Bimat Kedem (en hébreu).

SHENHAV Yehuda (2006). *The Arab Jews: A Postcolonial Reading of Nationalism Religion, and Ethnicity*. California: Standford.

SHOHAT Ella (1999). "The Invention of the Mizrahim". *Journal of Palestine Studies* vol. 29, no.1 (automne). pp. 5–20.

SHOHAT Ella (1989). *Israeli Cinema: East/west and the Politics of representation*. NY: I.B Tauris.

SHOHAT Ella (1988). "Sepharadim in Israel: Zionism from the Standpoint of Its Jewish Vistims". *Social Text* no. 19/20 (automne). pp. 1–35.

SWIRSKI Shlomo (1981). *Not Backwards but Made Backwards*. Tel Aviv: Mahbrot (en hébreu).

HALABI Rabah (2000, 2004). "Reconstructing identity through the Encounter with the other", in R. Halabi (eds.), *Israeli and Palestinian Identities in Dialogue*. New Brunswick, NJ: Rutgers university press.

HELMS Janet E. (eds.) (1990). *Black and White Racial Identity: Theory, Research, and Practice*. Westport, Conn: Greenwood Press.

HILL COLLINS Patricia (2000). *Black Feminist Thoughts*. London: Routledge.

hooks bell (2003). *Teaching Community: A Pedagogy of Hope*. NY: Routledge.

hooks bell (1994). *Teaching to Transgress: Education as the Practice of Freedom*. NY: Routledge.

MASSAD Joseph (2000). "The post-colonial colony: Time, Space, and Bodies in Palestine/Israel", in F. Afzal-Khan and K. Seshadri-Crooks (eds.), *The Pre-Occupation of Postcolonial studies*. Duke University Press.

RABINOWITZ Dani (1993). "Oriental Nostalgia: The Transforamtion of the Palestinians into 'israeli Arabs'". *Theory and Criticism* vol. 4, pp. 141–151.

SAID W. Edward (1978, 1994). *Orientalism*. NY: Vintage Books.

SHALOM CHETRIT Sami (2000). "Mizrahi Politics in Israeli: Between Integration and Alternative". *Journal of Palestinian Studies* vol., XXIX, no. 4. pp. 51–56.

SHALOM CHETRIT Sami (1999). *Hamahapecha Haashkenazit Meta* (The Ashkenazi revolution is dead). Tal Aviv: Bimat Kedem (Hebrew).

SHENHAV Yehuda (2006). *The Arab Jews: A Postcolonial Reading of Nationalism Religion, and Ethnicity*. California: Standford.

SHOHAT Ella (1999). "The Invention of the Mizrahim". *Journal of Palestine Studies* vol. 29, no.1 (Autumm). pp. 5–20.

SHOHAT Ella (1989). *Israeli Cinema: East/west and the Politics of representation*. NY: I.B Tauris.

SHOHAT Ella (1988). "Sepharadim in Israel: Zionism from the Standpoint of Its Jewish Vistims". *Social Text* no. 19/20 (Autumm). pp. 1–35.

SWIRSKI Shlomo (1981). *Not Backwards but Made Backwards*. Tel Aviv: Mahbrot (Hebrew).

# La gouvernance gay : défis pour la construction de coalitions contre l'homophobie dans la Suisse postcoloniale[*]

*Sushila Mesquita et Patricia Purtschert*

Dans cet article, nous nous intéressons aux tentatives de construction de coalitions contre l'homophobie au travers des différences culturelles, ethniques, religieuses et nationales qui – selon nous – s'avèrent problématiques à cause de leur trajectoire postcoloniale. Dans son essai intitulé « La politique sexuelle, la torture et le temps laïque », Judith Butler montre comment les notions postcoloniale et orientaliste du progrès établissent un cadre dans lequel les politiques sexuelles contemporaines servent à établir l'Occident et « la sphère de la modernité comme le site privilégié où peut avoir lieu, et a lieu en effet, le radicalisme sexuel » (Butler, 2010 : 102). Dans cet article, nous cherchons à mieux comprendre comment les visions postcoloniales du monde et les relations empreintes d'impérialisme sont reproduites dans les communautés LGBT (lesbienne, gay, bisexuelle et transsexuelle). Pour cela, nous nous concentrons en premier lieu sur trois tentatives de construction de coalitions au sein de contextes LGBT dans la « Suisse postcoloniale »[1] avant d'introduire l'expression de *gouvernance gay* pour décrire de manière critique les pratiques d'altérisation qui sont à l'œuvre dans ces exemples. Ce concept de *gouvernance gay* entre en résonance avec la notion de « démocratie sexuelle » développée par Eric Fassin, par laquelle il décrit la construction de l'identité nationale dans différents États européens, qui utilisent l'égalité des sexes et la liberté sexuelle pour mettre en œuvre et légitimer une politique raciste et xénophobe, notamment en matière d'immigration et de naturalisation (Fassin 2010). Il fait également écho à la notion d'« homonationalisme » introduite par Jasbir Puar pour décrire les discours contemporains qui associent homophobie et islam (Puar, 2005). Là où Fassin comme Puar s'intéressent aux « collusions entre racisme et libéralisme » avec une attention marquée à la nation (Puar, 2013 : 26), notre notion de *gouvernance gay* porte sur la manière dont des relations spécifiques de gouvernance, d'éducation, de salut et de patronage entre personnes queers sont définies selon des lignes racialisées, en particulier

---

[*]  Traduit de l'anglais en français par Cyril Leroy.
[1]  Sur la Suisse postcoloniale, voir Purtschert et al., 2012.

# Gay Governance:
# Challenges to Coalition Building against Homophobia in Postcolonial Switzerland

*Sushila Mesquita and Patricia Purtschert*

In this paper, we look at attempts to build coalitions against homophobia across cultural, ethnic, religious and national differences, which – as we will argue – prove to be problematic because of their postcolonial trajectory. In her essay "Sexual Politics, Torture and Secular Time", Judith Butler works out how postcolonial and orientalist notions of progress frame current sexual politics in such a way that the West arises as the "sphere of modernity, as the privileged site where sexual radicalism can and does take place" (Butler, 2010: 103). In this article, we aim to better understand how postcolonial world-views and imperial ways of relating are reproduced within Lesbian Gay Bisexual and Transgender (LGBT) communities. For this, we first focus on three attempts of coalition building that have taken place within LGBT contexts in "postcolonial Switzerland"[1] and introduce the term *gay governance* to critically describe the practices of Othering involved in these instances. This concept is further worked out in the subsequent passage. It resonates with Eric Fassin's notion of "sexual democracy", with which he describes the construction of national identity in different European states, which make use of gender equality and sexual liberty in order to set up and legitimate a racist and xenophobic politics, especially in view of migration and naturalization (Fassin 2010). It further relates to Jasbir Puar's "homonationalism", which was coined in order to describe current discursive formations that link homophobia with Islam (Puar, 2005). Whereas both Fassin and Puar look at the "collusions between racism and liberalism" with a strong focus on the nation (Puar, 2013: 26), our notion of *gay governance* points to the way in which specific relations of governance, education, salvation and patronaging between queer actors are set up along racialized lines, especially in the con-

---

[1] On postcolonial Switzerland see Purtschert & al., 2012.

dans le contexte du travail mené par des ONG[2]. Nous concluons cet article en soulignant la nécessité de construire des coalitions contre l'homophobie. Cependant, celles-ci doivent penser les approches paternalistes que l'on retrouve dans de nombreux contextes LGBT occidentaux pour s'en détacher.

## 1    Premier exemple : points de vue bâlois sur « Musulmans et homosexualité »

La « Pink Festspiele » lesbienne et gay de Bâle qui s'est tenue en mai 2005 proposait une table ronde intitulée « Musulmans et homosexualité : droits de l'homme et intégration »[3]. L'événement était organisé par Amnesty International et Pink Molecules, un groupe qui défend les droits des gays et des lesbiennes travaillant dans l'industrie chimique (puissante localement). Parmi les intervenants invités figuraient le directeur du département en charge de la question de la diversité dans une grande entreprise pharmaceutique multinationale, un représentant d'Amnesty International, l'élu en charge de l'intégration à la ville de Bâle et un représentant de Pink Molecules. Aucun n'avait d'origines musulmanes. Sur la brochure annonçant l'événement, on pouvait lire la phrase suivante : « Nous sommes choqués par les informations sur la lapidation, la torture et la détention d'hommes homosexuels dans les pays musulmans. » Ce même document concluait que « l'immigration en provenance de ces pays est source de conflits »[4].

Comme l'a montré Jasbir Puar, l'association entre homophobie et immigré musulman[5] est une « constellation voyageuse » qui a modifié la construction des discours sur l'homophobie dans de nombreux pays d'Amé-

---

2    La gouvernance gay est ainsi étroitement liée à ce qui a été décrit comme l'« homonationalisme 2 » et le « transhomonationalisme » par Paola Bacchetta et Jin Haritaworn (2011), qui proposent une distinction analytique très intéressante des trois types d'homonationalisme : là où l'homonationalisme 1 est le fait d'acteurs liés à l'État, l'homonationalisme 2 concerne les acteurs non-étatiques au sein d'un État, notamment les « féministes et les sujets lgbtq ». L'homotransnationalisme fait référence à « la production et plus particulièrement la circulation transnationale des discours néocolonialistes, orientalistes, sexistes et queerphobes » (Bacchetta, Haritaworn, 2011 : 134).

3    http://www.pinkfestspiele.ch/Spielplan.htm, consulté le 5 mai 2014.

4    La brochure est accessible à l'adresse suivante : http://www.queeramnesty.ch/docs/muslime_und_hs_basel_2005_mai23.pdf, consultée le 5 mai 2014. Notre traduction.

5    « Le Musulman » est une figure discursive fortement connotée, qui représente aujourd'hui toutes sortes de minorités racialisées qui n'ont pas nécessairement à être de confession musulmane. Tandis que l'« Autre musulman homophobe » est imaginée au masculin, son homologue féminine est généralement présentée comme la victime de l'ordre genré répressif de sa culture « d'origine ».

text of NGO work[2]. We conclude this article by emphasizing the necessity of building coalitions against homophobia. However, they need to reflect upon and move away from the paternalist ways of relating that are inscribed into many Western LGBT contexts.

## 1  First example: Basel views on "Muslims and homosexuality"

The Basel Lesbian and Gay "Pink Festspiele" that took place in May 2005 featured a panel discussion entitled "Muslims and Homosexuality: Human Rights and Integration"[3]. The event was organised by Amnesty International and Pink Molecules, a group that advocates the rights of gays and lesbians working in the (locally powerful) chemical industry. The invited speakers included the head of the diversity department of a big multinational pharmaceutical company, a representative of Amnesty International, the city's integration officer and a representative of Pink Molecules. None of them was of Muslim background. The flyer announcing the event stated *"we are shocked by the reports on stoning, torture and the detentions of gay men in Muslim countries"* and concluded that *"migration from these countries leads to conflicts"*[4].

As Jasbir Puar has shown, the connection between homophobia and the Muslim migrant[5] is a "travelling constellation" that has changed the discursive formation of homophobia in many North American and Western

---

[2]  As such, gay governance is closely linked to what have been described as "homonationalism 2" and transhomonationalism by Paola Bacchetta and Jin Haritaworn (2011). They provide a very useful analytical distinction of three types of homonationalism: Whereas homonationalism 1 is enacted by state-related actors, homonationalism 2 accounts for non-state actors within a state, including "feminists and lgbtq subjects". And Homotransnationalism refers to "the production and specifically transnational circulation of neocolonial, orientalist, sexist and queerphobic discourses" (Bacchetta, Haritaworn, 2011: 134).

[3]  http://www.pinkfestspiele.ch/Spielplan.htm, accessed 5 May 2014.

[4]  The flyer is available on http://www.queeramnesty.ch/docs/muslime_und_hs_basel_2005_mai23.pdf, accessed 5 May 2014. Our translation.

[5]  "The Muslim" is a highly charged discursive figure, nowadays representing all kinds of racialized minorities who do not necessarily need to be of Muslim faith. While the "homophobic Muslim Other" is imagined as male, his female counterpart is mostly pictured as the victim of a repressive gender order of her "original" cultural background.

rique du Nord et d'Europe de l'Ouest après le 11 septembre 2001 (Puar, 2005 ; voir aussi Yilmaz-Günay, 2011). L'«Autre musulman homophobe» a émergé comme une figure mobilisable de manière transnationale, qui a été adaptée localement dans de nombreux contextes différents, comme par exemple dans la ville de Bâle en Suisse. Il est essentiel de comprendre le positionnement de Bâle dans le cadre de ce nouveau discours orientaliste comme un «acte performatif» plutôt que comme un fait donné. La brochure mentionnée plus tôt annonçait que l'élu municipal chargé de l'intégration devait donner un tour d'horizon de différentes villes européennes dans lesquelles avaient eu lieu des violences opposant des hommes homosexuels locaux et des personnes issues des minorités immigrées musulmanes, suivi d'une description de la situation à Bâle et d'une discussion sur la nécessité d'agir en Suisse. De cette manière est *produite* une trajectoire de l'homophobie immigrée depuis les grandes villes européennes jusqu'à la Suisse, incluant de fait Bâle dans la carte plus large de l'islamophobie qui est en train de se dessiner en Europe. Dans cette logique, on retrouve également l'in/visibilité paradoxale de l'Autre musulman·e : tandis qu'il/elle est complètement invisible en tant qu'interlocuteur dans le contexte de cette table ronde, le musulman mâle est rendu visible en tant qu'auteur d'actes homophobes. Le texte pose clairement comme base pour le débat l'idée selon laquelle la violence contre les hommes homosexuels dans les villes européennes trouverait ses racines dans l'opposition entre les gays locaux (dont on suppose qu'ils n'ont pas d'origines musulmanes) et les immigrés musulmans (dont on suppose qu'ils ne sont pas homosexuels). Sur la brochure, l'organisateur de l'événement posait la question de comment une entreprise multinationale ouverte d'esprit et une ville libérale pouvaient faciliter le dialogue avec un interlocuteur musulman qui, du fait de sa culture et de sa religion, n'ose pas parler d'orientation sexuelle en public. De plus, dans sa réponse à la lettre de protestation écrite par un groupe de militants queers et antiracistes locaux[6], l'organisateur mentionnait le besoin d'expliquer à une mère musulmane, qu'il décrivait comme «une immigrée qui vit dans des structures familiales prémodernes», qu'elle devait apprendre à son fils de ne pas agresser les gays et les lesbiennes verbalement ou physiquement et qu'elle devait pleinement accepter l'homosexualité de son fils ou de sa fille. Cela implique que l'Autre musulman mâle, en tant que principale source de l'homophobie actuelle, doit être contrôlé et maîtrisé. En tant que victime de sa propre culture et possible ambassadeur futur de la culture occidentale/suisse, le musulman qui n'ose pas parler de sa sexualité, la mère musulmane pré-moderne (et bien évidemment hétérosexuelle) et ses enfants queers apparaissent comme des sujets qui doivent être protégés, éduqués et guidés. L'événement

---

6     L'une des auteures de cet article faisait partie de ce groupe.

European countries after 9/11 (Puar, 2005; see also Yilmaz-Günay, 2011). The "homophobic Muslim Other" arose as a transnationally usable figure that was locally adapted in many different settings, for instance, in the Swiss city of Basel. It is crucial to understand that the positioning of Basel within this new Orientalist discourse constitutes a "performative act" rather than a given fact. The above mentioned flyer announces that the city's integration officer will give a *"tour d'horizon"* through different European cities, where acts of violence between local gay men and migrant Muslim minorities took place, followed by a description of the situation in Basel and a discussion of the need for action in Switzerland. In this manner, a trajectory of migrant homophobia from big European cities to Switzerland is *produced*, and Basel is actively included into the larger islamophobic map that is about to emerge in Europe. Also part of this logic is the paradoxical in/visibility of the Muslim Other: While s/he is completely invisible as an interlocutor in the setting of this roundtable, the male Muslim is made visible as the perpetrator of homophobic acts. The announcement makes clear that the discussion is based on the idea that violence against gay men in European cities originates in the opposition between local gay men (who are assumed not to have a Muslim background) and immigrant Muslims (who are assumed not be gay). On the flyer, the organizer of the event raised the question of how an open-minded, multinational company and a liberal city could help to enable a dialogue with a Muslim counterpart who – due to his culture and religion – does not dare to talk about sexual orientation in public. Furthermore, in his response to the protest letter written by a local group of queer and anti-racist activists[6], the organizer mentioned the need to explain to a Muslim mother whom he described as "migrant who lives in pre-modern family structures" that she needed to teach her son not to attack gay men and lesbian women verbally or physically and to fully accept her gay son or lesbian daughter. This implies that the male Muslim Other needs to be controlled and restrained as a main source of current homophobia. As a victim of his / her own culture and possible future ambassador for the Western/Swiss culture however, the Muslim who does not dare to speak about (his) sexuality, the pre-modern (and, of course straight) Muslim mother, and her queer children emerge as subjects who need to be protected, educated and guided. The event opens up

---

6   One of the authors has been part of the protest group.

ouvre un cadre intersectionnel complexe : si les gays suisses (les lesbiennes ne sont pas évoquées ici) comme les musulmans queers sont présentés comme la cible d'actes homophobes, seuls les premiers apparaissant comme vivant de manière progressiste. Ils se retrouvent positionnés dans un cadre de *gouvernance gay* : ils apparaissent prédestinés à faire entendre leur voix dans le débat actuel et à participer à l'éducation de l'Autre musulman « arriéré ».

## 2    Second exemple : pas ici mais maintenant

Notre second exemple consiste en une lecture conjointe de deux campagnes conduites par des ONG suisses pour répondre à l'homophobie[7], dont l'objectif était de rassembler divers acteurs sur cette question. *« Cela ne se passe pas ici, mais maintenant ! »* est l'adaptation par queeramnesty.ch d'une campagne lancée à l'origine par la section suisse d'Amnesty International sous le même nom (Amnesty 2006). L'adaptation aux droits LGBT de cette campagne très réussie a provoqué quelque chose de très intéressant. L'accroche de la campagne était la suivante : « Cela ne se passe pas ici, mais maintenant. Partout dans le monde, des personnes sont discriminées, maltraitées, emprisonnées, torturées, violées et assassinées en raison de leur orientation sexuelle ou de leur identité de genre » (queeramnesty.ch, 2011. Notre traduction).

La combinaison très agaçante de ces deux phrases met en lumière deux aspects que nous considérons comme significatifs de la perception qu'ont les Suisses du rôle et de la position de leur pays dans le monde, qui est caractérisée par son exceptionnalisme. En premier lieu, l'expression *« cela ne passe pas ici »* suggère qu'il n'existe pas de violations des droits humains sur la base de l'orientation sexuelle en Suisse. En second lieu, et nous voudrions particulièrement insister sur ce point, la Suisse n'apparaît pas comme faisant partie du monde. Le monde devient dès lors un « autre part », un lieu où les droits humains sont encore bafoués en ce moment même. Par cette séparation, non seulement la position de la Suisse au sein « du monde » ou comme partie d'un monde où existent des discriminations à l'encontre des minorités sexuelles et/ou de genre devient invisible ou, encore mieux, « neutralisée », mais la Suisse se trouve dégagée de toute implication postcoloniale dans le monde, comme si le pays se trouvait hors du temps et de l'espace. Cette campagne renvoie l'image de neutralité qui est liée, entre autres choses, à la perception officielle d'une Suisse « sans passé colonial » (Purtschert 2011). Ainsi, la Suisse est per-

---

7    Cette partie est une version remaniée du chapitre « Grenzen der Normalisierung : Homonormativität, Homonationalismus und lesbischwuler Imperialismus », par Mesquita, (2011 ; 222–231).

a complex intersectional setting: while white Swiss gay men – lesbians are not mentioned at this point – and queer Muslims are both portrayed as vulnerable to current acts of homophobia, only the former emerge as living in a state of progressiveness. They are positioned in a setting of *gay governance*: they appear to be predestined to have a voice in the current debate and to help educate the "backward" Muslim Other.

## 2   Second example: Not here but now

Our second example consists of a combined reading of two campaigns by Swiss NGOs to address homophobia[7] that sought to bring together various actors on this issue. *"It is not happening here, but now!"* is queeramnesty.ch's adaptation of a campaign originally launched by the Swiss section of Amnesty International under the same name (Amnesty 2006). In the process of adapting this highly successful campaign to apply to LGBT rights something quite interesting happened. The campaign's headline reads: "It is not happening here but now. Everywhere in the world people are discriminated, abused, imprisoned, tortured, raped and murdered for their sexual orientation or gender identity" (queeramnesty.ch, 2011; our translation).

The highly irritating combination of these two sentences sheds light on two aspects that we consider to be significant when it comes to a Swiss self-perception in terms of Switzerland's role and place in the world that is characterized by its exceptionalism. First, *"it is not happening here"*, suggests that there are no violations of human rights on the basis of one's sexual orientation taking place in Switzerland. Second–and we want to put special emphasis on this aspect–Switzerland does not appear to be a part of the world. The world therefore becomes "somewhere else", a place where human rights are still being violated at this very moment. Through this separation, not only Switzerland's position within "the world" or as a part of a world that discriminates against sexual and/or gender minorities becomes invisible, or better: "neutralised". But also Switzerland's postcolonial entanglements with the world become detached, as if the country was out of time and out of space. This campaign mirrors the image of neutrality that is – among other things – linked to Switzerland's official perception of "not having a colonial

---

7    This part is an adapted version of the chapter «Grenzen der Normalisierung: Homonormativität, Homonationalismus und lesbischwuler Imperialismus», by Mesquita, (2011; 222–231).

çue comme un médiateur particulièrement indiqué pour les problèmes qui existent partout dans le monde (extérieur).

En 2010, plusieurs associations lesbiennes et gay suisses, dont queer-amnesty.ch et Amnesty International, ont lancé une autre campagne remarquable de cartes postales (Homosexuelle Arbeitsgruppen, 2010). Encore une fois, nous nous retrouvions confrontées à une image «du monde» qui ne comprend pas la Suisse. Les cartes postales figurent une mappemonde avec une bulle de parole émergeant d'Afrique centrale[8]. Ces bulles de parole contiennent chacune l'un des quatre slogans de la campagne: «Ma fille est lesbienne. Pourquoi devrais-je l'aimer moins?»; «Mon fils est gay. Pourquoi devrais-je l'aimer moins?»; «Lesbienne? Gay? Nous te soutenons!» et «Pas de haine contre les lesbiennes et gays. Soutiens-nous!» Les cartes postales ont été imprimées en sept langues, dont l'albanais, l'arabe, le turc, l'anglais, le serbe, le tamoul *et le français* (mais pas dans les autres langues nationales de la Suisse, à savoir l'allemand, l'italien ou le romanche)[9]. De plus, ces slogans étaient *traduits* (sous la bulle de parole), mais uniquement en allemand.

En lisant cette campagne en lien avec la première, on peut noter un changement intéressant: l'homophobie a finalement atteint la Suisse! Cela se passe-t-il alors ici et maintenant? Pas vraiment cependant, car la Suisse ne semble toujours pas faire proprement partie du continuum espace-temps du monde. En effet, la campagne laisse entendre que l'homophobie est quelque chose qui a été importé en Suisse (la bulle de parole n'émerge pas de Suisse mais «du monde» ou, pour être plus précis, d'Afrique centrale). La Suisse n'est même pas visible sur la carte parce qu'elle est couverte (comme le reste de l'Europe et de l'Afrique du Nord) par la bulle de parole blanche. Elle apparaît ainsi comme un «point blanc» sur la carte de l'homophobie, où la blancheur représente également la norme propre de ceux qui peuvent guérir et diagnostiquer l'homophobie en tant que problème de l'Autre. Pour le dire différemment, la question de l'homophobie semble entrer en Suisse par le biais de «l'Autre immigré» qui doit être soit soutenu (s'il ou elle est gay ou lesbienne), soit éduqué (s'il est homophobe).

Il devient relativement facile de comprendre qui s'adresse à qui dans cette campagne: d'un côté, le «nous» représente les organisations LGBT suisses. De l'autre se trouvent ceux qui peuvent lire l'albanais, l'arabe, le turc,

---

8   http://gaybern.ch/magazin/artikel/2010/04/27/schwule_und_lesben_mit_migrationshintergrund consulté le 10 mai 2014. Le site web d'origine (http://www.ha-bern.ch/gaymigs) a été supprimé.

9   Comme le français est la seule langue nationale suisse parlée dans les anciennes colonies, nous supposons qu'il a été inclus dans la campagne principalement pour s'adresser aux migrants en provenance de ces colonies, plutôt qu'à l'ensemble de la population suisse francophone.

past" (Purtschert 2011). As such, Switzerland is perceived as a specifically reliable mediator for problems that occur everywhere in the (outside) world.

In 2010, several Swiss lesbian and gay organisations, including queer-amnesty.ch and Amnesty International, initiated another remarkable postcard campaign (Homosexuelle Arbeitsgruppen, 2010). Yet again, we were confronted with an image of "the world" that does not include Switzerland. The postcards picture a world map with a speech bubble emerging from Central Africa.[8] One of four different slogans can be found in each bubble: "My son/daughter is gay. Why should I therefore love him/her less?", "Lesbian? Gay? We support you!" and "No hate against gays and lesbians. Support us!" were printed in seven languages, including Albanian, Arabic, Turkish, English, Serbian, Tamil *and French* – but *not* Switzerland's other national languages, i.e. German, Italian or Rhaeto-Romanic[9]. Furthermore, these slogans were *translated* (beneath the speech bubble), but only in German.

When read in combination with the first campaign, an interesting shift can be noticed: Homophobia has finally arrived in Switzerland! Is it really happening here and now? Not quite, as Switzerland still does not seem to be a proper part of the space-time-continuum of the world. For the campaign suggests that homophobia is something that has been imported to Switzerland–the speech bubble does not emerge from Switzerland but from "the world", to be more precise: from Central Africa. Switzerland is not even visible on the map because it is covered – like the rest of Europe and North Africa – by the white speech bubble. It therefore appears as a "white spot" on the map of homophobia, where whiteness also stands for the unmarked norm of those who can cure and diagnose homophobia as being the Other's problem. Or to put it differently, the need of having to deal with homophobia seems to enter Switzerland through the 'migrant Other' who has to be either supported (if gay or lesbian) or educated (if homophobic).

It becomes quite clear who is being addressed by whom here: On the one side, "we" represents the Swiss LGBT organisations. On the other side, we find those who can read Albanian, Arabic, Turkish, English, Serbian,

---

[8] http://gaybern.ch/magazin/artikel/2010/04/27/schwule_und_lesben_mit_migrationshintergrund Accessed 10 May 2014. The original website (http://www.ha-bern.ch/gaymigs) has been removed.

[9] As French is Switzerland's only national language spoken in former colonies, we believe that it has been included to primarily address migrants from these colonies rather than the entire French speaking population of Switzerland.

l'anglais, le serbe, le tamoul ou le français (ceux qui sont perçus soit comme les auteurs d'actes homophobes, soit comme les victimes de l'homophobie). Cela crée une constellation de *gouvernance gay*, les personnes étant en capacité d'éduquer les autres étant celles qui appartiennent à l'État-nation suisse, qui apparaît ici encore comme un espace d'égalité et de liberté (sexuelle). L'homophobie existe ici et maintenant, mais il est supposé qu'elle ne peut être le fait que de gens qui n'appartiennent pas à ce pays[10].

## 3  Troisième exemple: voyage dans le temps en Afrique de l'Ouest

Notre troisième exemple est un récit écrit par une ancienne membre du bureau de l'Organisation suisse des lesbiennes (LOS), qui a voyagé en Afrique de l'Ouest avec sa partenaire en 2005. Le récit de voyage fut publié un an plus tard, en juillet 2006, dans la section sur les questions internationales du site web de LOS, et était disponible en ligne jusqu'à la refonte du site en novembre 2011. Dans l'un des premiers passages du texte, on pouvait lire:

> *Le 5 juin 2005, nous célébrions la victoire du Oui au référendum pour la loi sur le partenariat en Suisse. Nous marchions main dans la main dans la rue, euphoriques – et maintenant? Nous avons pris de la distance [en nous rendant au Ghana]. Et nous avons fait un voyage dans le temps pour ce qui est du mouvement gay et lesbien. Désormais, notre relation intime [Liebesbeziehung] s'exprimera uniquement dans notre chambre d'hôtel.* (Oppliger, 2006. Notre traduction)

Jusqu'en juin 2005, la Suisse n'avait pas de loi sur le partenariat ouvert aux personnes de même sexe, et celle-ci a été promulguée seulement en janvier 2007, c'est-à-dire après le voyage de l'auteure, Cordelia Oppliger. Pourtant,

---

10   En octobre 2013, la campagne a été reprise par le maire de Zurich sous une forme légèrement modifiée. L'affichage a duré trois semaines sur les tramways et les bus du réseau de transports publics de la ville (Zurich, 2013). De manière intéressante, alors que le fond affichant l'image «du monde» avec la bulle de parole émergeant d'Afrique centrale restait inchangé, seul deux des slogans, à savoir «Mon fils/ma fille est homosexuel·le. Cela doit-il me faire l'aimer moins?», a été retenu. De plus, les langues utilisées dans la bulle de parole ont en partie changé, la campagne zurichoise incluant l'allemand, l'albanais, l'anglais, le français, le portugais, le serbe/croate/bosniaque et le turc. Là aussi, la traduction était proposée uniquement en allemand. Il faut également remarquer que l'ajout d'un slogan en allemand en particulier et le rétrécissement du groupe cible (aux parents) permettait d'éviter certains aspects problématiques de la campagne d'origine, la nouvelle campagne évitant la juxtaposition de la victime et du coupable et s'adressant également à la population germanophone. Dans le même temps toutefois, elle conservait la volonté pédagogique et l'idée selon laquelle l'homophobie trouverait son origine à l'étranger, en conservant les images de la carte du monde et l'emplacement de la bulle de parole.

Tamil and French–those who are perceived as either perpetrators or victims of homophobia. This leads to a constellation of *gay governance*: those who can educate are those who belong to the Swiss nation state, which appears once again as a place of (sexual) equality and liberty. Homophobia is happening here and now–but it is presumed that it can only be enacted by people who do not belong here[10].

## 3     Third example: A time travel to West Africa

Our third example is a report written by a former board member of the Swiss organisations of lesbians (LOS), who travelled to West Africa with her partner in 2005. The report was posted one year later, in July 2006, on the international section of the LOS website and was available online until the relaunch of the website in November 2011. One of the first passages of the report reads:

> *On June 5th 2005, we have celebrated the Yes to the Partnership Law in Switzerland. We walked hand in hand, jubilant, in the streets – and now? We take a distance [upon the journey to Ghana]. And undertake a time travel in the matter of lesbian and gay movement. From now on, our intimate relationship [Liebesbeziehung] will take place in the hotel room only.* (Oppliger, 2006. Our translation)

Switzerland did not have a Partnership Law until June 2005, and it was only inaugurated in January 2007, that is after the journey of the author, Cordelia Oppliger. Still, she talks about a *time travel*. In what way does the

---

10     In October 2013, the campaign was taken up by the Department of the Mayor of Zurich in a slightly modified version. It was displayed over a period of three weeks on trams and buses of Zurich's public transportation system (Zurich, 2013). Interestingly, whereas the background displaying the image of "the world" with the speech bubble emerging from Central Africa remained the same, only two of the slogans, namely "My daughter/son is gay. Why should I therefore love her/him less" were chosen. Additionally, the languages within the speech bubble were partly changed–the Zurich campaign included German, Albanian, English, French, Portuguese, Serbian/Croatian/Bosnian and Turkish. Yet again, only a German translation was provided. Especially the addition of a German slogan and the narrowing of the target group – parents – seem particularly noteworthy and helped to avoid some of the problematic aspects of the original campaign as the new version escapes the juxtaposition of victim and perpetrator and addresses the German speaking population as well. At the same time, however, the new campaign kept the educational impetus and the idea that homophobia was originating from abroad by sticking to the images of the world map and the location of the speech bubble.

cette dernière parle de *voyage dans le temps*. En quoi son voyage dans l'espace vers le Ghana équivaut-il à un voyage temporel vers le passé et, de plus, vers quel passé ? La citation suivante établit clairement que le temps est défini en lien avec l'intimité (homo)sexuelle : « Désormais, notre relation intime s'exprimera uniquement dans notre chambre d'hôtel. » Le mot « désormais » fait référence à un temps pendant lequel l'intimité de ces deux corps lesbiens devait se retrouver reléguée à la chambre d'hôtel, un temps différent de celui de leur départ, lorsqu'elles marchaient « main dans la main dans la rue, euphoriques ». Le voyage dans le temps est ainsi présenté comme un déplacement entre l'espace public et l'intimité secrète. Oppliger remonte le temps pour trouver une société africaine en retard en matière de droits LGBT, par rapport à ceux obtenus en Suisse, aussi récents que ces derniers puissent être.

L'image des deux mains qui se tiennent, représentative de la nouvelle égalité juridique pour les couples de même sexe en Suisse, revient encore à la toute fin du récit. Décrivant leur retour à Zurich, Oppliger écrit : « Nous repensons avec nostalgie à l'Afrique de l'Ouest, mais nous sommes heureuses de pouvoir marcher main dans la main au moment de passer à la douane. » Ici encore, la Suisse est présentée comme l'endroit où leur relation peut s'exprimer de manière ouverte, par opposition à l'Afrique de l'Ouest, où les personnes homosexuelles sont menacées et où l'intimité entre personnes de même sexe ne peut être vécue qu'en secret. Dans son récit, l'auteure élude le fait que de nombreuses femmes marchent main dans la main dans les rues du Ghana : il est très improbable que se tenir par la main aurait mis le couple en danger, la plupart des Ghanéens n'auraient simplement probablement pas interprété cela comme une marque d'homosexualité[11]. De plus, présenter l'image de deux femmes suisses marchant heureuses main dans la main à la douane comme un signe de liberté est particulièrement ironique considérant la sévérité des contrôles aux frontières du pays et la généralisation des contrôles au faciès pratiqués à l'encontre des personnes de couleur sur l'ensemble du territoire suisse.

Les préoccupations d'Oppliger pour les lesbiennes et les gays d'Afrique de l'Ouest lui permettent d'imaginer la Suisse comme une espace de liberté. Le processus de création d'une image moderne et progressiste de soi par le biais d'un Autre racialisé a une longue histoire en Suisse. Patrick Harries décrit le rôle crucial joué par les missions suisses en Afrique pour la formation de l'identité suisse aux alentours de 1900. La Suisse, un pays qui

---

11   Il se peut que cette perception ait évolué, en particulier pour les couples d'hommes, au cours des dernières années suite aux débats plus nombreux sur l'homosexualité dans l'opinion ghanéenne, notamment après l'interdiction d'une conférence sur les droits des gays et des lesbiennes par le gouvernement à l'automne 2006. Nous remercions ici Serena Dankwa pour ses éclairages à ce sujet.

spatial journey to Ghana equal a temporal journey to the past and moreover, to what past? The following quote makes clear that time is defined in relation to (homo)sexual intimacy: "From now on, our intimate relationship will take place in the hotel room only." The "now" refers to a time, when the intimacy of these two lesbian bodies had to be relegated to the hotel room – different from their time of departure, when they walked *"hand in hand, jubilant, in the streets."* The time travel is thus framed as a travel from public space to secret intimacy. Oppliger's journey goes backwards to find an African society, which lags behind the LGBT rights obtained in Switzerland, however recent they are.

The two intertwined hands that represent Switzerland's new legal equality for same-sex couples, come up once again at the very end of the report. As they arrived in Zurich, Oppliger recalls that *"we think nostalgically back to West Africa – but we are happy to be able to walk hand in hand through customs."* Once more, Switzerland is displayed as the place where their relationship can be openly celebrated, as opposed to West Africa, where queer lives are threatened and same-sex-intimacy can only be lived secretly. In her account, the author elides the very familiar sight of women walking hand in hand in the Ghanaian streets: it is very unlikely that walking hand in hand would have put the couple in danger, most Ghanaians might simply not have read this as a marker of queerness.[11] Furthermore, to coin the image of two white Swiss women walking happily hand in hand through customs as a sign of freedom is especially ironic in view of the harsh Swiss border controls and the widespread practices of racial profiling that are used against people of colour throughout Switzerland.

Oppliger's concerns for lesbians and gays in West Africa enable her to imagine Switzerland as a space of freedom. The process of creating a modern and progressive self-image via a racialized Other has a long trajectory in Switzerland. Patrick Harries describes the crucial role the Swiss missions in Africa had for Swiss identity formation around 1900. Switzerland, a country that

---

11   This perception, especially of male couples, might have changed in the past years due to increased discussions of homosexuality in the Ghanaian public, especially after the banning of a conference on gay and lesbian rights by the government in Fall 2006. We are thankful to Serena Dankwa for these elucidations.

était profondément divisé par des différences de langue, de religion, de région et de classe ne pouvait s'imaginer que comme civilisée et unie en comparaison avec un Sud de toute apparence sous-développé (Harries, 2007: 35). Dans le récit d'Oppliger, la référence à un endroit étranger, où les lesbiennes et les homosexuels n'osent pas se montrer au grand jour et vivre publiquement leur homosexualité, masque en réalité les désaccords et les tensions que le vote de 2005 a relégué à l'arrière-plan en Suisse, non seulement entre militants des droits des lesbiennes et des gays et représentants d'une conception hétéronormative de la citoyenneté, mais également parmi les homosexuels, entre ceux qui étaient contre l'octroi de droits de seconde zone et ceux qui étaient prêts à les saisir. Par exemple, le récit ne fait aucune mention du fait que le contrat de partenariat suisse équivaut à une législation spéciale pour les gays et les lesbiennes, soit une tactique qui permet de maintenir le mariage comme une institution distincte et de réserver par là certains droits uniquement aux couples hétérosexuels. Cela inclut notamment l'interdiction pour les personnes homosexuelles d'adopter des enfants ou de bénéficier d'une assistance médicale pour la procréation[12].

Les deux militantes suisses déclaraient explicitement vouloir créer des coalitions avec des lesbiennes et des gays en Afrique de l'Ouest pendant leur voyage[13]. Cependant, le récit qu'elles proposent renforce en réalité la coalition avec la Suisse hétérosexuelle et blanche à la fois par leur recours à un discours colonial et postcolonial sur les homosexuels africains, mais aussi en masquant complètement les inégalités, les différences de pouvoir et l'histoire des violations de droits des homosexuels qui caractérisent la population LGBT en Suisse et, plus largement, dans les sociétés occidentales.

---

12   Pour une analyse plus détaillée des différences entre le mariage et les partenariats enregistrés, ainsi que des modes discriminatoires d'inclusion en jeu dans la reconnaissance des couples de même sexe en Suisse, voir Mesquita (2011) et Mesquita et Nay (2013).

13   Le problème de cette approche commence avec le cadrage de la sexualité effectué par l'auteure pour le contexte ghanéen: comme l'ont montré les études queer postcoloniales, les concepts occidentaux comme «lesbienne» ou «gay» sont le résultat de luttes historiques particulières et sont spécifiquement liées aux idées libérales de liberté, de visibilité, d'articulation et de «coming out» comme un moment clé de la libération ou à l'idée de la sexualité comme élément essentiel de l'identité des personnes. Voir par exemple Cruz-Malave, Manalansan, 2002. Dans sa recherche sur le Ghana, Serena Dankwa étudie ce qu'elle appelle les «intimités entre personnes de même sexe» en place du terme historiquement et culturellement chargé d'«homosexualité», voir Dankwa (2009; 2011).

was deeply divided by differences of language, religion, region and class, could only imagine itself as civilized and united in contrast to the seemingly undeveloped continent in the South (Harries, 2007: 35). In Oppliger's account, the reference to a foreign place, where lesbian women and gay men do not dare to speak up and come out, effectively covers up the frictions that the public vote in 2005 has left behind in Switzerland, not only between lesbian and gay rights activists and the representatives of a heteronormative conception of citizenship but also between queers who were against the offering of second-class-rights and those who were ready to embrace them. The report contains, for example, not a single word on the fact that the Swiss partnership contract amounts to a special law for gays and lesbians – a move, which makes sure to keep marriage as a separate institution and reserves certain rights to straight couples only. This includes the prohibition of the adoption of children or the right to access to fertility medicine for queer people[12].

The two Swiss activists explicitly claimed to intend to build coalitions with lesbian women and gay men in West Africa during their journey.[13] However, the narrative offered in their report strengthens the coalition with straight and white Switzerland at the price of not only framing their queer African counterparts in colonial and postcolonial terms but also of effectively concealing the inequalities, power differences and the history of violation against queer people that mark the positions of LGBT people in Switzerland and, more broadly, in Western societies.

---

12   For a more detailed analysis of the differences between marriages and registered partnerships and the discriminating modes of inclusion at play in the recognition of same-sex couples in Switzerland, see Mesquita (2011) and Mesquita and Nay (2013).

13   The problem with this approach starts with the author's framing of sexuality in the Ghanaian context: as underscored in postcolonial queer scholarship, Western notions like "lesbian" or "gay" result from particular historical struggles and are specifically tied to liberal ideas of freedom, visibility, articulation and "coming out" as a key moments of liberation or to the idea of sexuality as being crucial to one's identity. See e.g. Cruz-Malave, Manalansan, 2002. In her research on Ghana, Serena Dankwa inquires into what she calls "same-sex-intimacies" instead of the historically and culturally charged "homosexuality", see Dankwa, (2009; 2011).

## 4 Gouvernance gay

L'examen précis de nos trois exemples permet de percevoir plusieurs aspects de la *gouvernance gay*. En premier lieu, la *gouvernance gay* opère au sein d'un continuum espace-temps colonial tel que celui introduit par Anne McClintock avec sa notion d'«espace anachronique» pour décrire comment la «différence géographique dans l'*espace* s'inscrit comme une différence historique dans le *temps*» (McClintock, 1995: 40). Cet aspect apparaît de manière particulièrement visible dans le troisième exemple, où le voyage des militantes suisses pour les droits des gays et des lesbiennes est présenté comme un voyage dans le temps depuis un espace libéral, la Suisse, vers un espace homophobe, le Ghana. La différence entre mondes prémoderne et moderne structure également le cadre donné à la table ronde dans le premier exemple. L'annonce du débat suppose implicitement que les immigrés musulmans doivent être éduqués avec les normes libérales de l'époque moderne, parce qu'ils semblent en être encore à un état prémoderne qui fait depuis longtemps partie du passé pour le reste de la population suisse. Le second exemple, *«pas ici mais maintenant»*, constitue une variante spéciale d'espace anachronique, où la Suisse est présentée comme ne faisant pas partie du continuum espace-temps du monde, ce qui la place dans une position d'exception hors de la carte postcoloniale et par conséquent en avance sur (son) temps.

Dans cette configuration particulière d'espace anachronique, la figure du «migrant queer» est intégrée dans la logique de *gouvernance gay* en tant qu'intermédiaire et médiateur entre une culture occidentale qui est construite comme étant progressiste et sa culture d'origine qui est considérée comme étrangère, déficiente en matière de droits LGBT et ayant besoin d'être instruite. Comme l'écrit Fatima El-Tayeb, cela signifie pour le migrant homosexuel qu'il se trouve positionné entre «deux cultures» comme un «éternel nouvel arrivant, toujours suspendu dans le temps, condamné à toujours être 'tout juste arrivé', défini par une altérité permanente qui prend le pas sur l'expérience individuelle et les faits historiques» (Tayeb, 2011: XXV).

Un second élément clé de la gouvernance gay est la production de positions de sujet particulières. Par rapport à l'image du «migrant homophobe» qui ne veut pas ou ne peut pas s'adapter à ce qui paraît comme un consensus national de tolérance vis-à-vis des minorités (sexuelles!), l'homosexuel·le suisse blanc·he est perçue comme un exemple de «bonne pratique», comme un exemple réussi d'intégration dans l'État-nation (voir Tayeb, 2003). Comme le souligne Sara Ahmed, il importe de lire l'intégration de l'homosexuel·le

## 4 Gay Governance

By looking closely at our three examples, several aspects of *gay governance* can be detected: First, *gay governance* operates within a colonial continuum of space and time as it has been captured by Anne McClintock's notion of an "anachronistic space" to describe how "geographical difference across *space* is figured as a historical difference across *time*" (McClintock, 1995: 40). This aspect becomes especially visible in our third example, where the journey of the Swiss activists for lesbian and gay rights to West Africa is framed as a time travel from a liberal space like Switzerland to a homophobic space like Ghana. The difference between a pre-modern and a modern sphere further structures the setting of the round-table in our first example. The announcement of the discussion tacitly assumes that Muslim migrants need to be taught the liberal norms of modern times, because they seem to live in a pre-modern state long overcome by the rest of the Swiss population. The second example *"not here but now"* presents a special variant of anachronistic space since Switzerland is portrayed as not being part of the space-time-continuum of the world, marking its exceptional position outside the post-colonial map and hence ahead of (its) time.

In this specific set up of anachronistic space, the figure of the "queer migrant" is being assimilated into the logic of *gay governance* as a go-between and mediator between a Western culture that is constructed as progressive and their culture of origin that is seen as foreign, deficient with regard to LGBT rights and in need of guidance. For the queer migrant, this means that, as Fatima El-Tayeb writes, s/he is positioned between "two cultures" as an "eternal newcomer, forever suspended in time, forever 'just arriving', defined by a static foreignness overriding both individual experience and historical facts" (Tayeb, 2011: XXV).

A second key feature of *gay governance* is the production of specific subject positions. Against the backdrop of the "homophobe migrant" not willing or able to adapt to what seems to be a national consensus of tolerance towards (sexual!) minorities, the white Swiss queer is perceived as an example of "good practice", an example of a successful integration into the nation-state (see Tayeb, 2003). It is important to read the inclusion of the white Queer, as Sara Ahmed notes, as the effect of a "technology of governance"[14]. The increas-

---

[14] In her brilliant analysis of the price of being included, Sara Ahmed describes the subject-producing effects of inclusion as follows: "Inclusion could be read as a technology of governance: not only as a way of bringing those who have been recognized as strangers into the nation, but also of making strangers into subjects, those who in being included are also willing to consent to the terms of inclusion" (Ahmed, 2012: 163). This is true even if the mode of

blanc·he comme l'effet d'une « technologie de gouvernance »[14]. La plus grande reconnaissance des homosexuel·le·s suisses blanc·he·s comme appartenant à une « minorité modèle » renforce leur perception d'eux/elles en tant qu'éléments valorisés de la communauté nationale, ainsi qu'en tant qu'ambassadeurs de la tolérance suisse. Ce compromis des gays et des lesbiennes blancs qui bénéficient de nouveaux droits et de la reconnaissance en échange de la « légitimation idéologique de l'impérialisme » (Haritaworn & al., 2008 : 88) pour la communauté blanche hégémonique a été désigné avec à-propos comme un « impérialisme gay » par Jin Haritaworn, Tamsila Tauqir et Esra Erdem. Par contraste, l'Autre racialisé apparaît dans la position de « celui qui commet les actes d'homophobie », perçu comme une menace pour la nation et devant être éduqué et/ou réprimé. Enfin, en se référant à la notion de « gouvernementalité » développée par Foucault (Foucault, 2007), la gouvernance gay constitue non seulement une évolution des technologies de soi, mais également des technologies de gouvernement. Même si l'éducation semble en apparence avoir remplacé la répression d'État, les deux technologies coexistent, séparant par là l'Autre postcolonial qui est disposé à adopter les valeurs libérales de ceux qui ne veulent pas s'adapter à des objectifs et des valeurs que l'on suppose partagés. Ces derniers se voient passibles de sanctions sévères. Cela fait également écho avec l'idée néolibérale de « bonne gouvernance », qui a été introduite à la fin des années 1980 par la Banque mondiale et qui est vite devenue un outil pour évaluer, contrôler et réguler les États, les entreprises et les organisations[15].

---

14    Dans son excellente analyse du prix de l'intégration, Sara Ahmed décrit les effets de production de sujet de l'intégration de la manière suivante : « L'intégration pourrait être considérée comme une technologie de gouvernance : non seulement comme un moyen d'amener ceux qui ont été reconnus comme étrangers à intégrer la nation, mais également de faire des étrangers des sujets, ceux qui en étant intégrés consentent également aux conditions de cette intégration » (Ahmed, 2012 : 163). Cela se vérifie même si le mode d'intégration continue de produire le sujet homosexuel blanc comme Autre, auquel ne sont pas accordés des droits identiques à ceux du couple hétérosexuel.

15    Il est frappant que dans notre premier exemple de la table ronde sur l'homophobie supposée des migrants musulmans, c'est le responsable (hétérosexuel) de la diversité au sein de l'entreprise multinationale qui était invité à parler de l'égalité et de la justice pour les personnes homosexuelles. A l'inverse, le représentant de la ville n'a parlé ni de démocratie, ni d'égalité des droits pour les personnes homosexuelles. Il a défendu un État paternaliste qui se concentre sur la répression et l'éducation. Il serait utile d'étudier comment les pratiques individuelles de gouvernement au sein des contextes d'ONG et entre organisations homosexuelles sont associées à une « division du travail » néolibérale et aux basculements actuels du pouvoir depuis les institutions démocratiques vers les acteurs économiques et depuis des critères politiques vers des valeurs économiques. Voir par exemple Ho, 2008.

ing recognition of white Swiss queers as members of a "model minority" supports their self-perception as being a valuable part of the national community as well as ambassadors for Swiss tolerance. This trade-off between white gays and lesbians who receive more rights and recognition "and in return deliver the ideological legitimisation for imperialism" (Haritaworn & al., 2008: 88) to the hegemonic white community has aptly been coined "gay imperialism" by Jin Haritaworn, Tamsila Tauqir and Esra Erdem. In contrast, the racialized Other appears in the position of "the perpetrator", who is perceived as a threat to the nation and in need of education and/or repression.

Finally, by hinting at Foucault's notion of "governmentality" (Foucault, 2007), *gay governance* not only points to a shift in technologies of the self, but also in technologies of government. Even though it might seem as if education has taken the place of state repression, both technologies co-exist, thereby separating the postcolonial Other who is willing to learn how to incorporate liberal values from those who are not willing to adapt to presumably shared goals and values; the latter facing severe sanctions. This further resonates with the neoliberal idea of "good governance", which was introduced in the late 1980s by the World Bank and rapidly turned into a tool with which States, enterprises and organisations are evaluated, controlled and regulated[15].

---

inclusion still produces the white queer subject as Other, who is not granted the same rights as a heterosexual couple.

15    It is striking that in our first example, a roundtable focussing on the supposed homophobia of Muslim migrants, it is the (straight) diversity manager of the multinational company who is invited to talk about equality and justice for queer people. Contrariwise, the representative of the city did not speak about democracy, or equal rights for queers. He stood in for a paternal state that focuses on repression and education. It would be worthwhile to explore how individual practices of governing within NGO contexts and between queer organisations are tied up with such a neoliberal "division of labor" and with current shifts of power from democratic institutions to economic actors and from political criteria to economic values. See e.g. Ho, 2008.

## 5 Conclusion

Après l'analyse de « ce qui a mal tourné » dans nos exemples de construction de coalitions contre l'homophobie, nous allons maintenant nous intéresser aux mesures qui pourraient être prises pour éviter ces écueils. Même si nos exemples sont relativement spécifiques de par leur contexte local dans les parties germanophones de Suisse, ils peuvent être reliés au cadre discursif plus large de la « décennie des droits sexuels » et à la « transnationalisation des politiques concernant les personnes homosexuelles »[16]. Ils soulèvent ainsi des questions générales importantes sur les différentes manières de créer des coalitions, non seulement à l'échelle nationale, mais aussi à l'échelle transnationale. Comment répondre à l'homophobie sans reproduire les discours et les logiques néocoloniales et impérialistes afin d'atteindre ce que Nikita Dhawan a récemment qualifié de « critique politique plus complexe et multidirectionnelle ciblant les pratiques coercitives autour de la séparation entre laïcité et religion » (Dhawan, 2013 : 195)[17] ?

Nous reprenons la suggestion de Judith Butler d'une « prise en compte de la précarité comme terrain existant et prometteur d'échanges coalitionnels » (Butler, 2010 : 32) et la combinons avec les réflexions d'Audre Lorde sur les utilisations de la colère (Lorde, 2007). La notion de précarité développée par Butler comme « la condition politiquement induite qui fait que certaines populations souffrent des défaillances des réseaux sociaux et économiques de soutien et sont exposées de façon différentielle à la blessure, à la violence et à la mort » (Butler, 2010 : 30) fournit des idées importantes pour penser la construction d'alliances au-delà des politiques identitaires et monothématiques. Pour Butler, cette « répartition différentielle de la précarité » qui produit des minorités distinctes exposées entre autres à la violence d'État et à la discrimination présente le potentiel politique de créer des « solidarités entre minorités » (ibid. : 139–140). Selon nous, comme point de départ des initiatives de construction de coalitions, il est nécessaire de s'intéresser à la répartition différentielle de la précarité *au sein* des groupes marginalisés. Cela s'avère particulièrement important lorsque les minorités sont perçues comme

---

16   Voir Sircar, Jain, 2012–2013. Voir également Sabsay, 2013 et Gross, 2013. Pour une critique de l'universalisation des droits et de la culture gay et du caractère missionnaire et assimilationniste de l'« Internationale gay », voir aussi Massad, 2007.

17   Dans sa critique saisissante des silences sur la question de l'homophobie produits par le tournant « post-laïque » dans la théorie queer, Dhawan souligne la nécessité de répondre à la fois au racisme et à l'impérialisme queer en Occident/au Nord et à l'hétérosexisme et à l'homophobie dans les contextes diasporiques et postcoloniaux et de voir comment des « idéologies prétendument incompatibles de nationalismes hétéronormatifs situés des deux côtés de la ligne de démarcation postcoloniale se retrouvent à collaborer de fait les uns avec les autres » (Dhawan, 2013 : 195).

## 5 Conclusion

After having provided an analysis of "what has gone wrong" in our examples of building coalitions against homophobia, we want to take a look at what measures could be taken to prevent those pitfalls. Even if our examples are quite specific regarding their local setting within the German-speaking parts of Switzerland, they can be connected to the broader discursive frame of the "decade of sex rights" and the "transnationalisation of gay politics"[16]. Therefore, they raise important general questions of how coalitions can be built differently—not only on a national but also on a transnational scale. How can homophobia be addressed without reproducing neo-colonial and imperialist discourses and logics in order to reach what Nikita Dhawan has recently called a "more complex, multidirectional politics of critique that is directed at coercive practices across the secularism-religion divide"? (Dhawan, 2013: 195)[17].

We take up Judith Butler's suggestion of a "consideration of precarity as an existing and promising site for coalitional exchange"(Butler, 2010: 28) and combine it with Audre Lorde's reflections on the uses of anger (Lorde, 2007). Butler's notion of precarity as "politically induced condition in which certain populations suffer from failing social and economic networks of support and become differentially exposed to injury, violence, and death" (Butler, 2010: 25) provides important insights for thinking about alliance-building beyond identity or single-issue politics. For Butler, this "differential distribution of precarity" that produces distinct minorities that are exposed to state violence, discrimination etc. has the political potential to create a powerful "solidarity among minorities" (ibid.: 135). We argue, that as a starting point for coalition building efforts, it is necessary to focus on the differential distribution of precarity *within* marginalized groups. This becomes specifically

---

16    See Sircar, Jain, 2012–2013. See also Sabsay, 2013 and Gross, 2013. For a critique of the universalization of gay rights and culture and the missionary and assimilationist tasks of the "Gay International" see also Massad, 2007.

17    In her striking critique of the silences on the issue of homophobia produced by the "postsecular" turn in queer theory, Dhawan points out the necessity to address both queer racism and imperialism within the West/North and heterosexism and homophobia in diasporic as well as in postcolonial contexts and look at how "supposedly conflicting ideologies of heteronormative nationalisms on both sides of the postcolonial divide in fact collaborate with each other" (Dhawan, 2013: 195).

étant homogènes, partageant une position de précarité identique ou similaire au sein ou entre les sociétés.

Pour ne pas tomber dans le piège de la logique du « diviser pour mieux régner » (troquer une reconnaissance juridique limitée contre une critique approfondie de la violence de l'État à l'encontre de toutes les minorités et la légitimation des interventions impérialistes et néocoloniales à l'Est et au Sud), Audre Lorde propose une approche très intéressante qui utilise la répartition différentielle de la précarité au sein des minorités et la colère que cela suscite comme un outil pour comprendre comment les mécanismes tels que la *gouvernance gay* fonctionnent ; ainsi que comme un moteur de lutte collective pour des changements radicaux dans la société (Lorde : 131). Cette manière de penser la capacité d'agir collective nécessite une profonde réflexion sur soi à propos de notre propre position au sein de la société et de la manière dont nous contribuons à la précarisation d'autres personnes (au niveau national et au-delà). Cela implique ce que Spivak (1990) a appelé la nécessité de « désapprendre notre propre privilège », ce qui requiert la capacité d'écouter l'Autre et de se retrouver face à sa colère, sa connaissance, ses revendications, ses désirs, ses besoins et ses idées. Nous suggérons par conséquent d'utiliser l'élan pédagogique des initiatives récentes de création de coalitions et de le débarrasser de son attitude condescendante pour déstabiliser les oppositions apparemment solides et sortir des sentiers battus. Ashley Tellis a eu cette belle formule : « Se confronter à la marginalisation de l'autre, la voir en relation avec sa propre marginalisation, en fait comme la sienne propre, constitue une expérience éducative. La véritable éducation n'est jamais facile. Si l'éducation ne vous désoriente pas et ne fait pas évoluer votre pensée, alors il ne s'agit en rien d'éducation » (Tellis, 2012 : 156).

## 6 Références bibliographiques

ADAM Barry D., DUYVENDAK Jan Willem, KROUWEL André (dir.) (1999). *The Global Emergence of Gay and Lesbian Politics: National Imprints of a Worldwide Movement.* Philadelphia : Temple University Press.

AHMED Sara (2012). *On being Included. Racism and Diversity in Institutional Life.* Durham : Duke University Press.

AMNESTY Switzerland (2006). AI-Plakatkampagne « Es geschieht nicht hier. Aber jetzt » [en ligne]. Disponible à l'adresse : http://www.amnesty.ch/de/about/dok/2006/ai-plakatkampagne-es-geschieht-nicht-hier-aber-jetzt/colorbox_view [consulté le 4 janvier 2014].

BACCHETTA Paola, HARITAWORN Jin (2011). "There are many Transatlantics. Homonationalism, Homotransnationalism and Feminist-Queer-Trans of Co-

important when minorities are perceived as homogenous, as sharing the same or a similar precarious position within or across societies.

Against the danger of buying into a logic of "divide and conquer" – of trading limited legal recognition for an in-depth critique of the state's violence towards all minorities and for the legitimization of imperialist and neo-colonial interventions in the East/South – Audre Lorde offers a powerful approach which uses the differential distribution of precarity within minorities and the anger it evokes as a tool to gain knowledge about how mechanisms like *gay governance* work and as a motor to collectively fight for radical societal change (Lorde: 131). This way of thinking about collective agency requires deep self-reflection about one's own position within society and about how one contributes to the precarisation of others—on a national level and beyond. It involves what Spivak (1990) named the necessity to "unlearn one's privileges", which requires the ability to listen to the Other and to let oneself be confronted with their anger, knowledge, claims, desires, needs and insights. We therefore suggest that we use the educational impetus of recent coalition-building efforts and move it away from its patronising attitude to destabilise seemingly stable oppositions and enable us to think outside the box. As Ashley Tellis nicely put it: "Engaging with another's marginalisation, seeing it in relation to one's own, indeed as one's own, is an educative experience. True education is never easy. If education does not disorient you and move you in your thinking, it is not education at all" (Tellis, 2012: 156).

## 6   References

ADAM Barry D., DUYVENDAK Jan Willem, KROUWEL André (eds.) (1999). *The Global Emergence of Gay and Lesbian Politics: National Imprints of a Worldwide Movement*. Philadelphia: Temple University Press.

AHMED Sara (2012). *On being Included. Racism and Diversity in Institutional Life*. Durham: Duke University Press.

AMNESTY Switzerland (2006). AI-Plakatkampagne «Es geschieht nicht hier. Aber jetzt." [online]. Available from: http://www.amnesty.ch/de/about/dok/2006/ai-plakatkampagne-es-geschieht-nicht-hier-aber-jetzt/colorbox_view [Accessed 4 January 2014].

BACCHETTA Paola, HARITAWORN Jin (2011). "There are many Transatlantics. Homonationalism, Homotransnationalism and Feminist-Queer-Trans of Colour Theories and Practices", in Davis K. & Evans M. (eds.), *Transatlantic Conversations. Feminism as a Travelling Theory*. London: Ashgate, pp. 127–143.

BUTLER Judith (2010). *Frames of War. When is life grievable?* London: Verso.

lour Theories and Practices", in Davis K. & Evans M. (dir.), *Transatlantic Conversations. Feminism as a Travelling Theory*. Londres: Ashgate, pp. 127–143.

BUTLER Judith (2010). *Ce qui fait une vie. Essai sur la violence, la guerre et le deuil*. Paris: Zones.

CRUZ-MALAVE Arnaldo, MANALANSAN Martin F., IV (dir.) (2002). *Queer Globalizations. Citizenship and the Afterlife of Colonialism*. New York University Press.

DANKWA Serena O. (2011). "'The One who first says I love you': Same-Sex Love and Female Masculinity in Postcolonial Ghana". *Ghana Studies* vol. 14, pp. 223–264.

DANKWA Serena O. (2009). "'It's a Silent Trade': Female Same-Sex Intimacies in Post-Colonial Ghana". *Nordic Journal of Feminist and Gender Research*, 17(3), 192–205.

DHAWAN Nikita (2013). "The Empire Prays Back: Religion, Secularity and Queer Critique". *Boundary 2*, 40 (1), pp. 191–222.

EL-TAYEB Fatima, (2011). *European Others*. Queering Ethnicity in Postnational Europe. Minneapolis: University of Minnesota Press.

EL-TAYEB Fatima, (2003). « Begrenzte Horizonte. Queer Identity in der Festung Europa », in Gutiérrez Rodríguez E. & Steyerl H. (dir.), *Spricht die Subalterne deutsch? Migration und postkoloniale Kritik*. Münster: Unrast Verlag, pp. 129–145.

FASSIN Eric, (2010). "National Identities and Transnational Intimacies: Sexual Democracy and the Politics of Immigration in Europe". *Public Culture*, 22 (3), pp. 507–529.

FOUCAULT Michel (1977–1978). *Security, Territory, Population. Lectures at the Collège de France*, New York: Picador, 2007.

GROSS Aeyal (2013). "Post/Colonial Queer Globalisation and International Human Rights: Images of LGBT Rights", in *Jindal Global Law Review*, 4 (2), pp. 98–130.

HARITAWORN Jin, TAUQIR Tamsila, ERDEM Esra (2008): "Gay Imperialism: Gender and Sexuality Discourse in the 'War on Terror'", in Kuntsman A. & Miyake E. (dir.), *Out of Place: Interrogating Silences in Queerness/Raciality*. York: Raw Nerve Books, pp. 71–95.

HARRIES Patrick (2007). *Butterflies & barbarians. Swiss missionaries in South-East Africa*, Oxford: James Currey.

HO Josephine (2008). "Is Global Governance Bad for East Asian Queers?" *GLQ: A Journal of Lesbian and Gay Studies*, 14 (4), pp. 457–480.

HOMOSEXUELLE ARBEITSGRUPPEN Bern (2010). *Gaymigs* [en ligne]. Disponible à l'adresse: http://ha-bern.ch/angebot/gaymigs [consulté le 4 janvier 2014].

LORDE Audre (2007). "The Uses of Anger: Women Responding to Racism". *Sister Outsider. Essays & Speeches by Audre Lorde*, Berkeley: Crossing Press.

CRUZ-MALAVE Arnaldo, MANALANSAN Martin F., IV (eds.) (2002). *Queer Globalizations. Citizenship and the Afterlife of Colonialism*. New York University Press.

DANKWA Serena O. (2011). "'The One who first says I love you': Same-Sex Love and Female Masculinity in Postcolonial Ghana". *Ghana Studies* vol. 14, pp. 223–264.

DANKWA Serena O. (2009). "'It's a Silent Trade': Female Same-Sex Intimacies in Post-Colonial Ghana". *Nordic Journal of Feminist and Gender Research*, 17(3), 192–205.

DHAWAN Nikita (2013). "The Empire Prays Back: Religion, Secularity and Queer Critique". *Boundary 2*, 40 (1), pp. 191–222.

EL-TAYEB Fatima, (2011). *European Others. Queering Ethnicity in Postnational Europe*. Minneapolis: University of Minnesota Press.

EL-TAYEB Fatima, (2003). "Begrenzte Horizonte. Queer Identity in der Festung Europa», in Gutiérrez Rodríguez E. & Steyerl H. (eds.), *Spricht die Subalterne deutsch? Migration und postkoloniale Kritik*. Münster: Unrast Verlag, pp. 129–145.

FASSIN Eric, (2010). "National Identities and Transnational Intimacies: Sexual Democracy and the Politics of Immigration in Europe". *Public Culture*, 22 (3), pp. 507–529.

FOUCAULT Michel (1977–1978). *Security, Territory, Population. Lectures at the Collège de France*. New York: Picador, 2007.

GROSS Aeyal (2013). "Post/Colonial Queer Globalisation and International Human Rights: Images of LGBT Rights". *Jindal Global Law Review*, 4 (2), pp. 98–130.

HARITAWORN Jin, TAUQIR Tamsila, ERDEM Esra (2008): "Gay Imperialism: Gender and Sexuality Discourse in the 'War on Terror'", in Kuntsman A. & Miyake E. (eds.), *Out of Place: Interrogating Silences in Queerness/Raciality*. York: Raw Nerve Books, pp. 71–95.

HARRIES Patrick (2007). *Butterflies & barbarians. Swiss missionaries in South-East Africa*, Oxford: James Currey.

HO Josephine (2008). "Is Global Governance Bad for East Asian Queers?" *GLQ: A Journal of Lesbian and Gay Studies*, 14 (4), pp. 457–480.

HOMOSEXUELLE ARBEITSGRUPPEN Bern (2010). *Gaymigs* [online]. Available from: http://ha-bern.ch/angebot/gaymigs [Accessed 4 January 2014].

LORDE Audre (2007). "The Uses of Anger: Women Responding to Racism". *Sister Outsider. Essays & Speeches by Audre Lorde*. Berkeley: Crossing Press.

MASSAD Joseph (2007). *Desiring Arabs*. Chicago: University of Chicago Press.

McCLINTOCK Anne (1995). *Imperial Leather. Race, Gender and Sexuality in the Colonial Contest*. New York: Routledge.

MASSAD Joseph (2007). *Desiring Arabs*. Chicago : University of Chicago Press.

McCLINTOCK Anne (1995). *Imperial Leather. Race, Gender and Sexuality in the Colonial Contest*. New York : Routledge.

MESQUITA Sushila (2011). *Ban Marriage! Ambivalenzen der Normalisierung aus queer-feministischer Perspektive*. Wien : Zaglossus.

MESQUITA Sushila, NAY, Eveline Y. (2013). « We are Family ? ! Eine queerfeministische Analyse affektiver und diskursiver Praxen in der Familienpolitik », in Bannwart B., Cottier, M., Durrer C., Kühler A., Küng Z. (dir.), *Keine Zeit für Utopien ? Perspektiven der Lebensformenpolitik im Recht*. Zürich : Dike, pp. 193-218.

OPPLIGER Cordelia (2006). *Lesbischschwules Leben in Ghana. Ein Besuch beim Center for Popular Education and Human Rights in Ghana, 14.7.2006* [en ligne]. www.los.ch [consulté le 17 février 2009].

PUAR Jasbir (2013). "Homonationalism as Assemblage. Viral Travels, Affective Sexualities". *Jindal Global Law Review* 4 (2), pp. 23-43.

PUAR Jasbir (2007). *Terrorist Assemblages. Homonationalism in Queer Times*. Durham : Duke University Press.

PURTSCHERT Patricia (2011). "Chewing on Post_colonial Switzerland. Redigesting what has not yet been swallowed", in Thal, A. (dir.) *Chewing the Scenery*. Zürich : edition fink, pp. 41-44 ; 67-70.

PURTSCHERT Patricia, LÜTHI Barbara, FALK Francesca (2012). « Eine Bestandesaufnahme der postkolonialen Schweiz », in ibid. (dir.), *Postkoloniale Schweiz. Formen und Folgen eines Kolonialismus ohne Kolonien*. Bielefeld : transcript, pp. 13-63.

SABSAY Letitia (2013). "Queering the Politics of Global Sexual Rights ?" *Studies in Ethnicity and Nationalism* 13 (1), pp. 80-90.

SIRCAR Oishik, JAIN Dipika (2013). "Editor's Introduction. Neoliberal Modernity and the Ambiguity of its Discontents : Post/ Anti-Colonial Disruptions of Queer Imperialism". *Jindal Global Law Review* 4 (2), pp. 1-22.

SPIVAK, Gayatri Ch. (1990). *The Post-Colonial Critic. Interviews, Strategies, Dialogues*. New York & London : Routledge.

TELLIS Ashley (2012). "Disrupting the Dinner Table : Re-thinking the 'Queer Movement' in Contemporary India". *Jindal Global Law Review*, Volume 4, n°1, août 2012, pp. 142-156.

YILMAZ-GÜNAY Koray (2011). *Karriere eines konstruierten Gegensatzes : zehn Jahre « Muslime versus Schwule ». Sexualpolitiken seit dem 11. September 2001*. Berlin : Eigenverlag.

ZURICH Präsidialdepartement (2013). *Plakatkampagne « Warum sollte ich mein Kind deshalb weniger lieben ? »* [en ligne]. Disponible à l'adresse : https://www.stadt-zuerich.ch/prd/de/index/gleichstellung/themen/sexuelle_orientierung_geschlechtsidentitaet/jugendliche/plakatkampagne-lgbti.html.

MESQUITA Sushila (2011). *Ban Marriage! Ambivalenzen der Normalisierung aus queer-feministischer Perspektive.* Wien: Zaglossus.

MESQUITA Sushila, NAY, Eveline Y. (2013). "*We are Family?! Eine queerfeministische Analyse affektiver und diskursiver Praxen in der Familienpolitik*», in Bannwart B., Cottier, M., Durrer C., Kühler A., Küng Z. (eds.), *Keine Zeit für Utopien? Perspektiven der Lebensformenpolitik im Recht.* Zürich: Dike, pp.193–218.

OPPLIGER Cordelia (2006). *Lesbischschwules Leben in Ghana. Ein Besuch beim Center for Popular Education and Human Rights in Ghana, 14.7.2006* [online]. www.los.ch [Accessed 17 February 2009].

PUAR Jasbir (2013). "Homonationalism as Assemblage. Viral Travels, Affective Sexualities". *Jindal Global Law Review* 4 (2), pp. 23–43.

PUAR Jasbir (2007). *Terrorist Assemblages. Homonationalism in Queer Times.* Durham: Duke University Press.

PURTSCHERT Patricia (2011). "Chewing on Post_colonial Switzerland. Redigesting what has not yet been swallowed", in Thal, A. (ed.) *Chewing the Scenery.* Zürich: edition fink, pp. 41–44; 67–70.

PURTSCHERT Patricia, LÜTHI Barbara, FALK Francesca (2012). «Eine Bestandesaufnahme der postkolonialen Schweiz», in ibid. (eds.), *Postkoloniale Schweiz. Formen und Folgen eines Kolonialismus ohne Kolonien.* Bielefeld: transcript, pp. 13–63.

SABSAY Letitia (2013). "Queering the Politics of Global Sexual Rights?" *Studies in Ethnicity and Nationalism* 13 (1), pp. 80–90.

SIRCAR Oishik, JAIN Dipika (2013). "Editor's Introduction. Neoliberal Modernity and the Ambiguity of its Discontents: Post/ Anti-Colonial Disruptions of Queer Imperialism". *Jindal Global Law Review* 4 (2), pp. 1–22.

SPIVAK, Gayatri Ch. (1990). *The Post-Colonial Critic. Interviews, Strategies, Dialogues.* New York & London: Routledge.

TELLIS Ashley (2012). "Disrupting the Dinner Table: Re-thinking the 'Queer Movement' in Contemporary India". *Jindal Global Law Review*, Volume 4, Issue 1, August 2012, pp. 142–156.

YILMAZ-GÜNAY Koray (2011). *Karriere eines konstruierten Gegensatzes: zehn Jahre «Muslime versus Schwule». Sexualpolitiken seit dem 11. September 2001.* Berlin: Eigenverlag.

ZURICH Präsidialdepartement (2013). *Plakatkampagne «Warum sollte ich mein Kind deshalb weniger lieben?»* [online]. Available from: https://www.stadt-zuerich.ch/prd/de/index/gleichstellung/themen/sexuelle_orientierung_geschlechtsidentitaet/jugendliche/plakatkampagne-lgbti.html.

# 3
# PERSPECTIVES

# 3
# PERSPECTIVES

# Qui nous sommes et comment nous agissons. Politiques de l'identité et possibilités d'action collective[*]

*Sabine Hark*

## 1   L'identité : un projet critique ?

Le projet « identitaire » continue de poursuivre son essor, même s'il s'est souvent retrouvé sous le feu des critiques au cours des vingt dernières années. Nous pourrions même considérer qu'il nous régit. Le besoin d'effectuer des distinctions exclusives n'a en effet peut-être jamais été aussi fort. Aujourd'hui, des identités sont construites à partir de tout et n'importe quoi, qu'il s'agisse de choisir le style de sa cuisine ou une méthode de yoga particulière, de prendre position par rapport à la théorie de l'évolution de Darwin ou de soutenir une équipe de football. A l'image de l'Europe, des continents entiers pensent ne pouvoir exister sans identité partagée. L'identité est le grand enzyme de la collectivité.

En particulier, les formes de politiques identitaires « par en haut » ont énormément gagné en influence sur le plan politique, au niveau à la fois local et mondial, depuis le tournant du 11/9. Actuellement, il est peu de questions politiques qui ne soient en partie ou principalement posées dans le langage de l'identité, la plus emblématique étant certainement celle de savoir si l'« Occident » peut tolérer l'islam (et, si c'est le cas, jusqu'à quel point). Notre monde est caractérisé par un « retour des tribus » (Walzer, 1992), un néo-tribalisme (Maffesoli, 1988), obsédé d'un côté par la constitution de communautés basées sur l'identité comme garanties contre les incertitudes d'une existence contingente, et de l'autre par l'attribution d'identités naturalisées comme base de droits et de revendications. L'identité est ainsi à la fois un projet « venant de la base » et « imposé depuis le sommet ». Les identités servent à définir des frontières sociales, culturelles, économiques et nationales, qui sont utilisées pour la revendication ou le refus de droits, pour articuler des normes et des pratiques sociales. Les identités nationales, culturelles, ethniques, religieuses, de genre ou de sexe sont souvent présentées comme allant de soi, comme si l'objet ou les personnes auxquelles elles font référence avaient toujours

---

[*]   Traduit de l'anglais en français par Cyril Leroy.

# Who We Are and How We Act.
# Identity Politics and the Possibilities of Collective Action

*Sabine Hark*

## 1 Identity: A Critical Project?

Although the project of "identity" has come under fire in the past two decades, it is still experiencing a kind of boom – one might even say we are governed by it. The need for an exclusive distinguishability has perhaps never been as great as it is today. Anything and everything seems suited to the forging of identity, whether a particular style of kitchen or of yoga, a particular stance on Darwin's evolutionary theory or loyalty to a particular football team. Whole continents believe they cannot exist without a shared identity, Europe being a case in point. Identity is the great enzyme of collectivity.

Especially those forms of identity politics coming "from above" have gained enormously in political significance, both locally and globally, since the watershed of 9/11. There are few political issues that are not currently negotiated partly or even primarily in the language of identity, probably most of all the question of whether "the" West can cope with Islam – and if so, how much Islam. Our world is marked by a "return of the tribes" (Walzer, 1992); it is a world of neotribalism (Maffesoli, 1988), obsessed on the one hand with the search for identity-based communities as safeguards against the uncertainties of a contingent existence, on the other with the ascription of naturalized identities as a basis for allocating rights and claims. Identity is thus both a "bottom-up" and "top-down" project. Identities serve to define social and cultural, economic and national boundaries, to demand and deny rights, to articulate social norms and practices. National, cultural, ethnic, religious, gender or sexual identities are often talked of with as much self-evidence as if it had always been obvious what or whom such talk referred to – as if identi-

été évidents – comme si les identités étaient simplement des « faits sociaux » (Durkheim, 1895), l'expression de phénomènes et d'entités immuables et pré-sociales.

Cependant, dès leurs premiers succès dans les mouvements sociaux des années 1970, les politiques de l'identité ont fait l'objet d'interrogations et de critiques. Partout où la politique a été formulée sous forme identitaire, cela a suscité des questionnements sur l'identité en tant que cause de mobilisation et moteur de l'action politique. Par exemple, les effets homogénéisants des groupes identitaristes ont été mis en question par des concepts tels que l'hybridité (Bhabha, 1994) ou la conscience métisse (Anzaldúa, 1999 ; Sandoval, 1998) ; les éventuels effets disciplinaires des assertions généralisantes qui s'exercent au sein d'une communauté basée sur l'identité ont également été critiqués, Anthony Appiah se demandant même si cela ne revenait pas en réalité à remplacer « une sorte de tyrannie » par une autre (Appiah, Gutmann, 1996 : 99). Toutes ces critiques traitent du paradoxe qui se trouve au cœur des politiques de l'identité, à savoir que les revendications identitaires sont représentées comme étant fondamentales, essentielles, non-négociables et clairement distinctes des revendications des autres, alors que ce n'est que dans le processus de leur articulation qu'elles sont construites comme étant originales, uniques et irréductibles. Les politiques identitaires sont constamment obligées de rejeter la contingence historique propre à la genèse de leurs revendications. Ainsi, les essentialisations peuvent apparaître comme des fictions nécessaires dans la lutte contre l'oppression. Pourtant, sans conscience de leur contingence, même les formes de politiques identitaires « venant de la base » risquent de devenir fondamentalistes et autoritaires. D'ailleurs, dans de nombreux cas, les politiques identitaires sont, en partie, un instrument des politiques hégémoniques, d'un projet « imposé depuis le sommet ». Elles participent de pratiques de pouvoir racistes, néo-impérialistes, hétérosexistes et basées sur la classe sociale qui, selon Judith Butler, agissent globalement sur la « formation différentielle de la subjectivité » (Butler, 2010 : 36), et ainsi sur la répartition asymétrique de la précarité.

## 2     Qui nous sommes et comment nous agissons

Pour Peter Wagner (2002), l'omniprésence du débat autour de l'identité pourrait être un indicateur d'une question sous-jacente sur la capacité d'agir individuelle ou collective de l'être humain. Si nous suivons son diagnostic, alors ce qui est en jeu dépasse la simple question de qui nous sommes ; il s'agit plutôt de ce que nous faisons. Autrement dit, ce qui est en jeu est la capacité d'agir *(agency)*.

ties were simply "social facts" (Durkheim, 1895), the expressions of pre-social, unchanging phenomena and entities.

Yet ever since its first surge of popularity, in the social movements of the 1970s, identity politics has been subject to interrogation and critique. Wherever politics has been formulated as identity politics, identity as a moving cause and motivation of political action has also been queried. The homogenizing effects within identitarian collectives, for example, have been challenged by concepts such as hybridity (Bhabha, 1994) or mestiza consciousness (Anzaldúa, 1999; Sandoval, 1998); the disciplinary effects that generalizing assertions can exert inside an identity-based community have also been criticized, with Anthony Appiah even suggesting that "one kind of tyranny" may have replaced another (Appiah, Gutmann, 1996: 99). All these critiques negotiate the core paradox of identity politics: namely that identity claims are represented as fundamental, essential, non-negotiable and unambiguously distinct from the claims of others, but it is only in the process of their articulation that they are fashioned as original, unique and irreducible. This contingent historical genesis of its claims is something that identity politics must constantly repudiate. Thus, essentializations may appear to be necessary fictions in the struggle against oppression, yet without an awareness of their contingency, even "bottom-up" forms of identity politics risk becoming fundamentalist and authoritarian. Indeed, in many cases identity politics is partly an instrument of hegemonic politics, a "top-down" project. It partakes in racist, neo-imperial, heterosexist and class-based power practices that, as Judith Butler argues, work globally on "differential subject formation" (Butler, 2009: 32) and thus on the asymmetrical distribution of precarity.

## 2   Who We Are and How We Act

Peter Wagner (2002) finds that the ubiquitous talk of identity may signal an underlying issue of the human being's individual or collective capacity to act. If we accept his diagnosis, then what is at stake is more than who we are; it is, rather, what we do. At stake, in other words, is agency.

Elargir le débat de cette manière revient à se demander si, à l'ère de l'individualisme, la cause du phénomène identitaire et des luttes autour de l'identité dans le monde entier ne serait pas l'érosion radicale des conditions de la possibilité de formation de l'identité, et ainsi la disparition des opportunités d'agir politiquement et d'être entendu : de se gouverner soi-même. La cause serait-elle à rechercher dans le fait que depuis le 16$^{ème}$ siècle, comme l'a montré Michel Foucault, les arts et les institutions de gouvernement ont proliféré dans toujours plus de domaines de la vie? Que les cadres de reconnaissabilité se sont constamment rétrécis? Les débats toujours plus nombreux autour de et sur l'identité sont-ils ainsi le symptôme indiquant que l'action elle-même – la véritable activité politique au sens d'Hannah Arendt – est en train de disparaître, ou a déjà disparu, du monde?

La formation de l'identité sociale et la possibilité de la politique – au sens de la communication et de la prise de décision coopérative sur des sujets d'intérêts partagés des êtres humains – c'est-à-dire la revendication du droit de se gouverner soi-même – semblent actuellement hautement compromises. Dès le début des années 1980, Foucault décrivait les luttes contre le gouvernement par l'« individualisation » (Foucault, 1982 : 781). Ces luttes s'attaquaient « à tout ce qui peut isoler l'individu, le couper des autres, scinder la vie communautaire, contraindre l'individu à se replier sur lui-même et l'attacher à son identité propre » (ibid. : 212). A la fin des années 1990, Zygmunt Bauman (1999) constatait la réduction considérable des possibilités de gouvernement de soi, l'effondrement des « ponts » reliant les domaines privé et public et, en conséquence, la disparition des opportunités de traduire dans la sphère publique les questions et les besoins identifiés comme « privés », et ainsi exclus du domaine du politique. Au même moment, Cornelius Castoriadis (1998) critiquait les multiples façons dont les institutions contemporaines empêchent les gens de participer aux affaires publiques. Plus récemment, Colin Crouch (2004) a montré comment les rigidités post-démocratiques participent à la création d'un gouffre entre sphère politique et société civile.

De nombreux autres discours et pratiques de politiques identitaires peuvent aussi être considérés comme étant symptomatiques et parfois idiosyncrasiques, plutôt que comme des réponses critiques au double questionnement sur qui nous sommes et comment nous agissons. Le caractère symptomatique de ces pratiques et phénomènes vient du fait qu'il s'agit de performatifs – d'institutionnalisations spécifiques de l'identité soumises aux contingences historiques. Cela n'est probablement jamais apparu aussi clairement qu'aujourd'hui sur l'ensemble de l'époque moderne. Pourtant, ce fait est en permanence masqué par le discours généralement naturalisant sur l'identité. Ces discours et pratiques sont considérés comme des constatifs.

To expand the debate in this way is to ask whether, in the era of individualism, the reason for the global phenomenon of identity and struggles over identity might be a drastic erosion of the conditions of possibility for identity formation, and thus an erosion of opportunities to take political action and be heard: to govern oneself. Might the reason be that since the sixteenth century, as Michel Foucault has shown, the arts and institutions of government have proliferated, laying claim to more and more domains of life? That the frames of recognizability have been constantly narrowed? Is the increasing discussion of and about identity, then, a symptom indicating that action itself – genuinely political activity in Hannah Arendt's sense – is disappearing from the world, or has already disappeared?

Certainly, the formation of social identity and the possibility of politics – in the sense of communication and cooperative decision-making on matters of shared interest to human beings; that is, the reclamation of the right to govern oneself – currently seem highly jeopardized. Even in the early 1980s, Foucault described struggles against government by "individualization" (Foucault, 1982: 781). These were struggles attacking "everything which separates the individual, breaks his links with others, splits up community life, forces the individual back on himself, and ties him to his own identity in a constraining way" (ibid.: 212). In the late 1990s, Zygmunt Bauman (1999) observed a dramatic reduction of options for self-government, the loss of "bridges" between the private and public realms and consequently of opportunities to translate into the public sphere concerns and needs that are marked as "private", thus excluded from the domain of the political. At the same time, Cornelius Castoriadis (1998) criticized the multiple ways that present-day institutions prevent people from participating in public affairs. More recently, Colin Crouch (2004) has shown how post-democratic rigidities help open a chasm between the political sphere and civil society.

Many other identity-political discourses and practices, too, may be understood as symptomatic and sometimes idiosyncratic rather than critical responses to the twofold question of who we are and how we act. What is symptomatic in these practices and phenomena is the following. The fact that they are specific, historically contingent institutionalizations of identity – performatives – is probably more evident today than it has ever been in the modern era, yet that fact is continually blotted out by the usually naturalizing discourse of identity; they are treated as constatives.

Que l'identité n'existe pas en soi, mais seulement comme les individus s'en déclarent et le fait qu'elle soit, pour reprendre les termes d'Homi Bhabha, produite selon une « stratégie répétitive et récursive du performatif » (Bhabha, 1994 : 145), apparaît encore (peut-être inévitablement) comme l'horizon refoulé de la formation de l'identité. Le fait que les identités soient instituées politiquement, et en cela nécessairement toujours précaires parce que la possibilité de leur réarticulation existe toujours, reste obstinément ignoré. Au lieu de cela, des remparts imaginaires sont érigés pour satisfaire à l'exigence paradoxale de la dénomination de la « nature », arbitraire et pourtant toujours signifiante, afin de rendre possible une division entre des appartenances « vraies » et « fausses », « véritables » et « factices », « pures » et « impures » qui restent toujours dépourvues d'ambiguïté dans la pratique, même si elles sont en principe ouvertes et extrêmement souples. Par exemple, dans le contexte allemand, les enfants nés en Allemagne d'immigrés turcs peuvent se voir accorder la nationalité allemande, mais cela n'en fait pas pour autant des « Allemands ».

A la lumière de tout ceci, il semble donc plus urgent que jamais de se demander, comme Foucault, comment nous pouvons « ne pas être gouverné comme ça et à ce prix » par l'identité (Foucault, 1997 : 29). Car il ne fait aucun doute, comme le soutient Judith Butler dans *Ce qui fait une vie*, qu'une « ontologie de l'identité individuelle ne peut fournir le lexique analytique qu'il nous faut pour penser l'interdépendance globale et les réseaux entrelacés de pouvoir et de position sociale dans la vie contemporaine » (Butler, 2010 : 35). A propos des implications de l'identité dans la définition d'une vie qui peut « être sujette au deuil », elle fait la remarque suivante :

> *Si l'on estime que certaines vies méritent d'être vécues, protégées et pleurées, tandis que d'autres ne le méritent pas, cette manière de distinguer entre les vies ne peut être comprise comme un problème d'identité ou même de sujet. C'est bien plutôt une question portant sur la manière dont le pouvoir forme le champ dans lequel les sujets deviennent possibles ou, plutôt, comment ils deviennent impossibles. Et cela implique une pratique critique de pensée qui refuse de prendre pour acquis le cadre de la lutte identitaire selon lequel les sujets existent déjà, occupent un espace public commun, avec l'idée que leurs divergences pourraient être conciliées si seulement on avait les bons outils pour les rapprocher. D'après moi, l'affaire est infiniment plus grave et appelle un type d'analyse capable de remettre en question un cadre qui étouffe la question de savoir qui compte comme « quelqu'un » – en d'autres termes, l'impact de la norme sur la délimitation d'une vie sujette au deuil.* (Ibid. : 157)

Au lieu de partir de l'expérience de la présence inéradicable d'« autrui » – parce que, comme l'écrit Hannah Arendt, « il est impossible d'ima-

That identity does not exist in itself, but always only to the degree that particular individuals avow it and to the degree, in Homi Bhabha's words, that it is produced in a "repetitious, recursive strategy of the performative" (Bhabha, 1994: 145) still seems to be the (perhaps necessarily) repressed horizon of identity formation. That identities are politically instituted and therefore always precarious, because never sealed off from rearticulation, is stubbornly ignored. Instead, imaginary bulwarks are erected to fulfil the paradoxical requirement of naming the arbitrary and yet always signifying "nature", so as to enable a division into "true" and "false", "genuine" and "sham", "pure" and "impure" belonging that, while in principle open and extremely flexible, in practice is always unambiguous. In the German context, for example, the German-born children of Turkish immigrants may be given German nationality, but this is far from making them "Germans".

In the light of all this, it seems more urgent than ever to ask, with Foucault, how we can avoid "being governed like that and at that cost" by identity (Foucault, 1997: 29). For there is no doubt that, as Judith Butler argues in *Frames of War*, an "ontology of discrete identity cannot yield the kinds of analytic vocabularies we need for thinking about global interdependency and the interlocking networks of power and position in contemporary life" (Butler, 2009: 31). Discussing the implications of identity in the definition of the "grievable" life, she points out:

> *If certain lives are deemed worth living, protecting, and grieving and others not, then this way of differentiating lives cannot be understood as a problem of identity or even of the subject. It is rather a question of how power forms the field in which subjects become possible at all or, rather, how they become impossible. And this involves a critical practice of thinking that refuses to take for granted that framework of identitarian struggle which assumes that subjects already exist, that they occupy a common public space, and that their differences might be reconciled if only we had the right tools for bringing them together. The matter is, in my view, more dire and requires a kind of analysis capable of calling into question the framework that silences the question of who counts as a "who" – in other words, the forcible action of the norm on circumscribing a grievable life.* (Ibid.: 163)

Instead of starting from the experience of the ineradicable presence of the "other" – ineradicable because, as Arendt writes, "it is impossible to

giner » des êtres humains existant au singulier ; ils dépendent « de la présence d'autres êtres humains » (Arendt, 1961 : 205) – la réponse à la question fondamentale de la politique, comment organiser la « communauté et [la] réciprocité d'êtres *différents* » (Arendt, 1995 : 31), est abordée avec l'idée de communautés identitaires exclusives qui ont oblitéré leur propre contingence. Dans ce cas, l'action menée dans le cadre de la politique identitaire se centre non pas sur la réalisation des conditions pour que la relation entre individu et collectif devienne une revendication parmi d'autres revendications particulières, fondamentalement aussi légitimes les unes que les autres, et encore moins sur la question posée par Butler de « qui compte comme ‹quelqu'un› », capable d'exprimer des revendications justifiées. A la place, elle cherche plutôt à établir des frontières stables qui séparent les gens les uns des autres, et le cas échéant à affirmer de manière violente les revendications de certaines personnes contre celles des autres.

## 3 Politique identitaire, perte d'attention et cadres de reconnaissabilité

L'érosion des possibilités de gouvernement de soi soulignée par Michel Foucault, Judith Butler, Zygmunt Bauman, Cornelius Castoriadis et Colin Crouch avait été identifiée par Hannah Arendt dès les années 1950. Elle avait établi son constat sceptique à partir de l'observation selon laquelle les pratiques politiques, et en particulier les processus de prises de décision sur les préoccupations communes des êtres humains, tendaient à se baser de moins en moins sur les arrangements collectifs et la consultation mutuelle, et de plus en plus sur des procédures autoritaires et bureaucratiques. Arendt base son analyse sur cette dévalorisation de l'action politique en comparaison des autres activités humaines et sur l'érosion du domaine public que cela entraîne. Ces dernières impliquent non seulement la fin du monde commun, qui ne peut exister qu'en se présentant sous une pluralité de perspectives (Arendt, 1958 : 58), mais aussi la disparition de possibilités telles que la capacité de participer à la vie publique, et en particulier la perte de l'attention publique à l'individu.

Dans ce contexte, la progression des stratégies politiques fondées sur l'identité peut être interprétée comme une lutte pour l'attention en tant que ressource rare dans les conditions d'une « délimitation d'une sphère d'institutions, de relations, d'activités qui apparaît comme politique » (Lefort, 1986 : 19). Dans la lutte pour l'attention, les mouvements qui utilisent les politiques identitaires opèrent d'abord, comme nous l'avons vu, avec la notion d'une identité collective préexistante qui est théoriquement la même pour tou·te·s celles et ceux qui sont considéré·e·s comme faisant partie du collectif ; puis ils

imagine" human beings existing in the singular; they depend upon "there always being others" (Arendt, 1961: 205) – the crucial question of politics, how to organize the "coexistence and association of *different* men" (Arendt, 2005: 93), is answered with a notion of exclusive identitarian communities that have obliterated their own contingency. In this case, action in identity politics focuses not on achieving the conditions for the relationship between individual and collective to become one between particular, but fundamentally equally legitimate claims, and even less so on Butler's question of "who counts as a 'who'" and as capable of staking justified claims. Rather, it strives for secure boundaries dividing certain people from the others, and if necessary for the violent assertion of certain people's claims against those of the others.

## 3   Identity Politics, the Loss of Attention, and the Frames of Recognizability

The erosion of opportunities for self-government noted by Foucault, Butler, Bauman, Castoriadis and Crouch was identified by Hannah Arendt as early as the 1950s. Her sceptical verdict grew from the observation that political practices, and especially the processes of making decisions on the shared concerns of human beings, were coming to rely less and less on collective accommodation and mutual consultation, more and more on authoritative and bureaucratic procedures. Arendt's analysis rests on this devaluation of political action in comparison to other human activities and the associated corrosion of the public realm. These imply not only the loss of the common world, a world that exists only in the plurality of its perspectives (Arendt, 1958: 58), but also the loss of possibilities such as the capacity to participate in public life, and especially the loss of public attention to the individual.

Against this background, the rise of political strategies based on identity can be read as a battle for the scarce resource of attention under conditions of an increasingly hermetic "delimitation of a sphere of institutions, relations and activities which appears to be political" (Lefort, 1988: 11). In the struggle for attention, movements deploying identity politics firstly, as we have seen, operate with the notion of a pre-existing collective identity that theoretically is the same for all those counted as part of the collective;

affirment que cette identité est intrinsèquement liée à des intérêts et des revendications politiques particuliers. Ici aussi, la sphère du politique est comprise comme une sphère distincte de la société, comme le lieu où les droits et les intérêts d'un sujet politique constitué hors du champ politique sont simplement représentés et défendus. Les sujets politiques ainsi définis sont considérés comme appartenant à des types d'identités très particulières qui semblent leur préexister ; ces identités sont à leur tour déclinées par des catégories particulières telles que l'ethnicité, la classe, la «race», la religion, la sexualité ou le genre. En conséquence, l'identité elle-même est conçue indépendamment de toute négociation politique – et c'est précisément la caractérisation essentialiste et non-négociable de l'identité qui lui permet d'agir en tant que puissante manifestation de légitimité pour la reconnaissance demandée en son nom.

Toutefois, Butler soutient qu'«on ne peut ni poser ni répondre à la question normative la plus communément admise sur la meilleure manière de représenter ou de reconnaître des sujets de ce genre, si l'on ne parvient pas à saisir le différentiel de pouvoir qui intervient pour distinguer les sujets éligibles pour la reconnaissance de ceux qui ne le sont pas» (Butler, 2010 : 134). Pour Butler, une partie du problème de la vie politique contemporaine est que tout le monde n'est pas considéré comme un sujet, de sorte que «ce qui est en jeu, ce sont des communautés qui ne sont pas tout à fait reconnues comme telles, des sujets qui vivent mais ne sont pas encore considérés comme des 'vies'» (ibid. : 35–36). Et «si j'identifie une communauté d'appartenance à partir de la nation, du territoire, de la langue ou de la culture, et si je fonde mon sens de la responsabilité sur cette communauté», cela implique au moins implicitement «que je ne suis responsable que de ceux qui sont reconnaissables comme moi d'une manière ou d'une autre» (ibid. : 40). Mais quels sont les «cadres de reconnaissance implicitement en jeu» quand je reconnais que quelqu'un est «comme moi»? «Quel ordre politique implicite produit et régule la 'ressemblance' dans ces cas-là» et «quelle est notre responsabilité envers ceux que nous ne connaissons pas, qui semblent mettre à l'épreuve notre sentiment d'appartenance ou défier les normes disponibles de la ressemblance?» Peut-être, conclut Judith Butler, «une telle responsabilité ne peut-elle commencer à se réaliser qu'à partir d'une réflexion critique sur les normes d'exclusion par lesquelles se constituent des champs de reconnaissabilité, ces champs qui sont implicitement invoqués quand, par réflexe culturel, nous pleurons certaines vies tout en répondant par l'indifférence à la perte d'autres vies» (ibid.).

L'entreprise de définition et de dénomination de soi dans ses propres termes et de conduite d'une action politique au nom de cette identité est par conséquent extrêmement ambivalente. Il ne s'agit pas d'être «pour» ou «contre» les identités, mais les limites des politiques identitaires sont évi-

secondly, they assert that this identity is intrinsically tied to particular political interests and demands. Here, too, the sphere of politics is understood as a sphere separated off from society, the place where the rights and interests of a political subject constituted outside the political field are merely represented and defended. The political subjects thus posited are considered to belong to very particular, apparently antecedent kinds of identities; these identities, in turn, are delineated by particular categories such as ethnicity, class, "race", religion, sexuality, or gender. As a consequence, identity itself is conceived of as untouched by political negotiation – and its very characterization as essential and non-negotiable is what allows it to act as a powerful sign of legitimacy for the recognition demanded in its name.

However, as Butler argues, "we cannot ask and answer the more commonly understood normative question, regarding how best to represent or to recognize such subjects, if we fail to understand the differential of power at work that distinguishes between those subjects who will be eligible for recognition and those who will not" (Butler, 2009: 138). Part of the problem of present-day political life, says Butler, is that not everyone is counted as a subject, so that "what is at stake are communities not quite recognized as such, subjects who are living, but not yet regarded as 'lives'" (ibid.: 32). And "if I identify a community of belonging on the basis of nation, territory, language, or culture, and if I then base my sense of responsibility on that community", this implies at least implicitly "that I am responsible only for those who are recognizably like me in some way" (ibid.: 36). But what "implicit frames of recognizability" are at play in this process of recognizing as "like me"? "What implicit political order produces and regulates 'likeness' in such instances", and "what is our responsibility toward those we do not know, toward those who seem to test our sense of belonging or to defy available norms of likeness?" Perhaps, Butler concludes, "such a responsibility can only begin to be realized through a critical reflection on those exclusionary norms by which fields of recognizability are constituted, fields that are implicitly invoked when, by a cultural reflex, we mourn for some lives but respond with coldness to the loss of others" (ibid.).

The endeavour to define and denominate oneself on one's own terms and to take political action in the name of that identity is therefore highly ambivalent. It is not a matter of being "for" or "against" identities, but the

dentes : elles résultent à la fois de la notion d'identité comme phénomène unique et du fait que l'identité n'est pas encore devenue un projet véritablement critique. Les contours d'une « stratégie politique post-identitaire », que Cindy Patton (1993 : 164) appelle de ses vœux, restent à tracer. La tâche est d'autant plus urgente pour les mouvements d'émancipation que les politiques identitaires sont de plus en plus exploitées par des forces fondamentalistes et antidémocratiques, « imposées depuis le sommet ».

Notre tâche historique ne consiste évidemment pas à réifier les différences en identités. L'idée est plutôt de comprendre la production sociale des identités comme un impitoyable processus continu de distinctions hiérarchisantes ou, pour reprendre une nouvelle fois les mots de Butler, de répartition différentielle de la précarité. La poursuite de ce processus ne saurait être inévitable par nature ; nous pouvons intervenir dessus et les cadres de reconnaissabilité peuvent être rompus. Selon moi, la question fondamentale du point de vue à la fois théorique et politique est de savoir comment nous pouvons nous exprimer pour légitimer une différence socialement imposée (l'identité) *sans* renforcer les mécanismes spécifiquement historiques de la différentiation disciplinaire – c'est-à-dire sans reproduire encore les cadres restrictifs de la reconnaissabilité. Cela passe tout d'abord par l'analyse des différences en tant que constructions disciplinaires, ainsi que par l'examen minutieux des processus de différenciation disciplinaires, y compris dans les pratiques qui revendiquent la différence à des fins émancipatrices. En d'autres termes, en forçant peut-être un peu le trait, cela signifiera abandonner la question de « qui nous sommes » pour privilégier celle de « comment nous agissons », à laquelle je vais maintenant m'intéresser.

## 4   Coalitions de survie

Judith Butler nous a récemment invité·e·s à délaisser l'identité comme théâtre et fondement de la politique pour nous intéresser à la précarité comme l'arène contemporaine offrant la promesse de nouvelles coalitions. Comme elle l'écrit dans *Ce qui fait une vie* 

> *La précarité traverse les catégories identitaires aussi bien que les cartes multiculturelles, formant ainsi la base d'une alliance focalisée sur l'opposition à la violence d'État, contre sa capacité à produire, exploiter et distribuer la précarité au nom du profit et de la défense du territoire. Une telle alliance n'exigerait pas de s'accorder sur toutes les questions de désir, de croyance ou d'auto-identification. Elle serait un mouvement autorisant certains antagonismes parmi ses participants – des divergences de vues persistantes et stimulantes qui seraient valorisées comme le signe et la substance d'une politique démocratique radicale.* (Butler, 2010 : 36)

limits of identity politics are all too obvious – limits that derive both from the notion of identity as a unique phenomenon and from the fact that identity still has not become a truly critical project. The contours of a "postidentitarian political strategy", as called for by Cindy Patton (1993: 164), remain to be drawn. That task is all the more urgent for emancipatory movements in that identity politics is increasingly being pursued by fundamentalist, antidemocratic forces, in other words is increasingly taking place "top-down".

Clearly, it is not our historical task to reify differences into identities. The point, instead, is to grasp the social production of identities as a continuing and ruthless process of hierarchy-building distinction, or, to cite Butler again, a differential distribution of precarity. This process does not unfurl with a somehow natural inevitability; it is one in which we can intervene, in which the frames of recognizability can be broken. In my view, the crucial question both theoretically and politically remains how we can speak to legitimize a socially imposed difference (identity) *without* reinforcing the historically specific mechanisms of disciplinary differentiation – without, that is, reproducing yet again the restrictive frames of recognizability. First and foremost, this will mean analysing distinctions as disciplinary constructions, and scrutinizing the processes of disciplinary differentiation even within practices that proclaim difference to emancipatory ends. In other words, and perhaps overstating the case a little, it will mean abandoning the question "who we are" in favour of the question "how we act", to which I now turn.

## 4    Coalitions of Survival

As we know, Judith Butler has recently been calling for a move away from identity as the theatre and fundament of politics and towards precarity as a current and promising future arena for new coalitions. As she writes in *Frames of War*,

> *Precarity cuts across identity categories as well as multicultural maps, thus forming the basis for an alliance focused on opposition to state violence and its capacity to produce, exploit, and distribute precarity for the purposes of profit and territorial defense. Such an alliance would not require agreement on all questions of desire or belief or self-identification. It would be a movement sheltering certain kinds of ongoing antagonisms among its participants, valuing such persistent and animating differences as the sign and substance of a radical democratic politics.* (Butler, 2009: 32)

Ici, Butler se situe au moins implicitement dans la tradition des penseuses féministes afro-américaines comme bell hooks, Audre Lorde, Pat Barker et Bernice Johnson Reagon, qui ont très tôt questionné les notions d'identité (féminine) partagée comme base de l'action politique, et ont à la place tourné leur attention féministe vers la répartition inégale des vulnérabilités et l'absence de réflexion sur cette question. Pour illustrer ce point, on peut citer un passage d'un texte de 1981, "Coalition Politics : Turning the Century", de Bernice Johnson Reagon :

> *On ressent souvent que l'on peut défaillir à tout moment, et mourir, lorsqu'on fait un véritable travail de coalition. La plupart du temps, on se sent menacée en notre cœur et si ce n'est pas le cas, c'est qu'on ne fait pas vraiment ce travail de coalition (…) Je pense que nous sommes dans une position où nous avons l'opportunité d'avoir une influence sur ce que sera le siècle prochain. Et les principes de coalition ont directement à voir avec ça. On ne constitue pas une coalition simplement parce que c'est plaisant. La seule raison pour laquelle on envisage de s'allier avec quelqu'un qui pourrait nous tuer est que c'est la seule façon de s'imaginer que l'on peut rester en vie (…) Nous sommes à peu près arrivés au bout de la période où il était possible d'avoir son espace « seulement à soi », avec uniquement les gens que vous souhaitez y voir (…) Cela est en grande partie dû au fait que nous venons d'en finir avec ce genre d'isolement. Il n'y a plus d'endroit où se cacher. Vous n'avez nulle part où aller pour être uniquement avec des gens comme vous. Tout cela est fini. Abandonnez cet espoir (…) Il n'y a aucune chance que vous puissiez survivre en restant à l'intérieur de la pièce fermée. Cela ne sera pas toléré. La porte de la pièce sera juste peinte en rouge et lorsque ceux qui tirent les ficelles décideront de nettoyer la maison, ils vous trouveront facilement (…) Le travail de coalition ne s'effectue pas dans sa propre maison. Il doit être fait dans la rue. Et c'est un travail parmi les plus dangereux qui soient. Vous ne devez pas espérer un quelconque confort. Certaines personnes vont rejoindre une coalition dont ils estimeront le succès en fonction de s'ils se sentent bien ou pas lorsqu'ils s'y trouvent. Ces gens là ne sont pas à la recherche d'une coalition, mais d'une maison. (…) Dans une coalition, vous devez donner, et ce n'est pas comme si vous étiez chez vous (…) Cela doit devenir une nécessité pour chacune d'entre nous de ressentir que ceci est notre monde. Et que nous sommes ici pour y rester et que tout ce qui est ici est à nous, que nous pouvons nous l'approprier et l'utiliser comme nous l'entendons. Et ce « nous » – imaginez-le aussi grand que vous pouvez – n'a rien à voir avec cette pièces à barreaux. Ce « nous » doit inclure tous ceux qui doivent l'être pour que vous puissiez survivre. Vous devez bien comprendre que vous n'allez pas pouvoir avoir un « nous » qui n'inclut pas Bernice Johnson Reagon, parce que je n'ai pas l'intention d'aller où que ce soit! C'est pour cela que nous devons faire des coalitions. Parce que*

Here, Butler is at least implicitly inserting herself into a genealogy of African American feminist thinkers that includes bell hooks and Audre Lorde, Pat Barker and Bernice Johnson Reagon – thinkers who at a very early stage queried notions of shared (female) identity as the basis of political action, and instead turned their feminist attention to unequally distributed vulnerability and the failure to apprehend it. A passage from Reagon's 1981 statement "Coalition Politics: Turning the Century" may illustrate this point:

> *I feel as if I'm gonna keel over any minute and die. That is often what it feels like if you're really doing coalition work. Most of the time you feel threatened to the core and if you don't, you're not really doing no coalescing. [...] I believe that we are positioned to have the opportunity to have something to do with what makes it into the next century. And the principles of coalition are directly related to that. You don't go into coalition because you just like it. The only reason you would consider trying to team up with somebody who could possibly kill you, is because that's the only way you can figure you can stay alive. [...] We've pretty much come to the end of a time when you can have a space that is "yours only" – just for the people you want to be there. [...] To a large extent it's because we have just finished with that kind of isolating. There is no hiding place. There is nowhere you can go and only be with the people who are like you. It's over. Give it up. [...] There is no chance that you can survive by staying inside the barred room. That will not be tolerated. The door of the room will just be painted red and then when those who call the shots get ready to clean house, they have easy access to you. [...] Coalition work is not done in your home. Coalition work has to be done in the streets. And it is some of the most dangerous work you can do. And you shouldn't look for comfort. Some people will come to a coalition and they rate the success of the coalition on whether or not they feel good when they get there. They're not looking for coalition; they're looking for a home. [...] In a coalition you have to give, and it is different from your home. [...] It must become necessary for all of us to feel that this is our world. And that we are here to stay and that anything that is here is ours to take and to use in our image. And watch that "our" – make it as big as you can – it ain't got nothing to do with that barred room. The "our" must include everybody you have to include in order to survive. You must be sure you understand that you ain't gonna be able to have an "our" that don't include Bernice Johnson Reagon, cause I don't plan to go nowhere! That's why we have*

> *je ne vais pas te laisser vivre, sauf si tu me laisses vivre. Bien sûr, il y a là un risque, mais il y a également la possibilité que nous puissions tous les deux vivre, si tu arrives à supporter cela.* (Reagon, 2000 : 343-52)

Plus de trente ans plus tard, le texte de Reagon reste une contribution précieuse sur la possibilité de l'action collective, en particulier son insistance tenace sur le fait que malgré l'incertitude de l'issue, les coalitions sont la seule solution pour survivre. Bernice Johnson Reagon n'idéalise pas le travail dans et pour les coalitions ; bien au contraire. Comme Audre Lorde, qui a souvent rappelé que les alliances ne sont pas là pour nous protéger des préjudices ou de la connaissance de ceux-ci, elle soutient que l'objectif des coalitions n'est pas de mettre de côté la répartition inégale des préjudices et de la précarité, mais de la soumettre à l'analyse et à l'action politique. Nous devons réapprendre ce que nous avons appris à ne pas remarquer, pour produire un savoir critique sur la manière dont la violence – en tant que relation de contrainte et de préjudice – est dirigée contre certains corps et non contre d'autres.

Pour Reagon, construire des alliances ne revient pas à s'aimer les uns les autres, et devenir «comme» tous les autres n'est pas la condition préalable à une coalition. Si l'on devait caractériser les coalitions, ce serait même le contraire : les alliances sont dangereuses, elles ne sont pas faites de confort, d'affirmation de soi, de sentiment d'appartenance ou de stabilisation de l'identité, mais de dur labeur, de mise en doute par d'autres dont il faut néanmoins prendre soin, étant donné que leur survie est essentielle pour notre propre survie. La fonction des alliances est ainsi d'analyser et répondre à la production politique de la répartition inégale de la précarité, tout en concentrant toutes les énergies vers une redistribution équitable de la vulnérabilité.

Reagon part du simple constat que nous sommes tous «là pour rester», et que le fait d'être chez soi dans le monde ne peut être revendiqué avec plus de force par un individu que par un autre, par une communauté plus que par une autre. Elle insiste très fortement sur ce que Butler décrit trente ans plus tard comme l'élément fondamental de son éthique politique : le fait que nous nous trouvons toujours déjà aux mains d'autrui, que notre survie dépend d'autrui. Mais le texte de Reagon fait également écho à la conviction d'Hannah Arendt selon laquelle l'infinie pluralité est la *conditio per quam* de toute vie politique. Si, pour Arendt, l'action signifie commencer quelque chose de nouveau, faire naître de l'inattendu, agir est également impossible dans les conditions d'un isolement à autrui car «le monde commun prend fin lorsqu'on ne le voit que sous un seul aspect, lorsqu'il n'a le droit de se présenter que dans une seule perspective» (Arendt, 1958 : 58).

Cela a une incidence déterminante sur l'identité et sa fonction dans une politique d'alliances. Dans *Condition de l'homme moderne*, Hannah Arendt

*to have coalitions. Cause I ain't gonna let you live unless you let me live. Now there's a danger in that, but there's also the possibility that we can both live – if you can stand it.* (Reagon, 2000: 343–52)

After more than thirty years, Reagon's text remains a valuable comment on the possibility of collective action – especially because of her tenacious insistence that despite their uncertain outcome, coalitions are the only option for survival. Reagon does not romanticize work in and for coalitions; quite the contrary. Like Audre Lorde, who often reiterated that alliances are not there to protect us from injury or from knowledge of that injury, she argues that the point of coalitions is not to set aside the unequal distribution of injury and precarity, but to subject it to analysis and political action. We have to relearn what we learned not to notice, to produce a critical knowledge of how violence – as a relation of coercion and injury – is directed against some bodies and not against others.

Alliances, says Reagon, are not about liking each other, and becoming "like" all the others is not the precondition for a coalition. If anything, coalition is just the opposite: alliances are dangerous, consisting not of comfort, self-affirmation, a sense of home or the stabilization of identity, but of hard work, of being cast into doubt by others and nevertheless taking care of those others, since their survival is vital to one's own. The task of alliances, thus, is to analyse and address unequally distributed precarity as a politically induced condition, while directing every energy towards a fair redistribution of vulnerability.

Reagon begins from the simple fact that we are all here to stay, and that no individual, no community has a stronger claim to be at home in the world than any other. She insists with great intensity on what Butler, writing three decades later, makes the linchpin of her political ethics: that we are always already in the hands of other people, that our survival is dependent on others. But Reagon's text also resonates with Hannah Arendt's conviction that infinite plurality is the *conditio per quam* of all political life. If for Arendt action means starting something new, bringing the unexpected into the world, it is also impossible in isolation from other people, for "the end of the common world has come when it is seen under only one aspect and is permitted to present itself in only one perspective" (Arendt, 1958: 58).

This has a crucial bearing on identity and its place in a politics of alliance. In *The Human Condition*, Arendt reminds us that the politically relevant

nous rappelle que la question pertinente d'un point de vue politique n'est pas « Qu'est-ce que l'homme ? » mais « Qui es-tu ? » A ses yeux, l'action politique porte assurément sur l'identité, au sens d'une réalisation de soi épisodique, mais l'identité est toujours relationnelle, contingente et assignée à autrui dans chaque cas. Les individus n'incarnent pas dans l'action leur « véritable moi », identique dans le temps et dans l'espace, lorsqu'ils agissent. Au lieu de cela, lorsque les gens font voir qui ils sont, quelque chose se produit qui n'existait pas auparavant et qui leur est « toujours dissimulé » (ibid. : 179). L'identité ne préexiste donc pas à la politique, mais elle en est le *résultat* précaire, car toujours contestable. Cependant, l'identité est également la raison pour laquelle nous apparaissons dans le domaine public : comme le souligne Arendt, nous sommes ce que nous faisons voir, et non l'inverse.[1]

Agir dans des alliances ne signifie donc pas maintenir des différences pré-existantes, mais donner vie à des différences dont nous n'avons pas encore conscience. Comme toute action est performative et que nous sommes toujours aux mains d'autrui lorsque les autres nous touchent ou nous font évoluer dans les coalitions, nous ne pouvons savoir à l'avance quelles seront les différences. Audre Lorde souligne ainsi : « J'ai toujours su que j'en apprenais plus sur la différence en m'intéressant de près à la manière dont les différences se retrouvaient à l'intérieur de moi » (Lorde, 1988 : 117–18). Ses mots pointent l'impossibilité de la réalisation de l'identité, de l'existence de cet espace où se trouverait une unité stable. Au lieu de cela, ce sont des différences qui coexistent « à l'intérieur ». Ainsi, dès le moment même où l'identité se fixe, elle se volatilise et se voit sapée de l'intérieur par les différences au sein du « je » : ces différences qui font le « moi » et empêchent toujours l'identité de se former complètement.

L'impossibilité d'achever la formation d'une identité vaut également pour l'émergence des identités collectives. Les conflits sociaux et les antagonismes, ainsi que les relations d'assujettissement mutuellement constitutives, empêchent la formation d'une identité sociale qui serait la même pour tous ceux qui partagent un positionnement social particulier : les effets antagonistes des forces sociétales empêchent l'identité au sens strict. Dans la mesure où le moi se situe au sein d'une structure complexe de relations de pouvoir contradictoires, qui n'existent pas indépendamment les unes des autres, mais sont imbriquées de manières multiples et indéterminables, il n'est finalement pas de description de l'identité sociale qui soit autre chose qu'une construction (qui devient inévitablement rétrospective dès le moment où elle est nommée).

---

1   Arendt, n.d., citée dans Breier (1992 : 89).

question is not "What is Man?" but "Who are you?" For her, political action certainly is about identity, in the sense of an episodic self-realization – but that identity is always relational, contingent, and assigned to the other in each case. Individuals do not embody some "true" self, identical in time and space, when they act; rather, when people show who they are, something is produced that did not exist before and that always "remains hidden" from them (ibid.: 179). Identity is therefore not antecedent to politics, but is the precarious, because always contestable, *result* of politics. Yet identity is also why we venture to appear in the public realm at all: as Arendt points out, we are what we show, not vice versa.[1]

Acting in alliances does not, then, mean keeping alive pre-existing differences, but bringing to life differences of which we are not yet aware. Because action is performative and we are always already in others' hands when we are touched or moved by them in coalitions, we cannot know in advance what the differences will be. Audre Lorde notes: "I have always known that I learn my most lasting lessons about difference by closely attending to the ways in which differences inside me lie down together" (Lorde, 1988: 117–18). Her words touch on the impossibility of ever achieving identity, of this site of secure oneness ever existing – instead, differences coexist "inside". Thus, at the very moment when identity is fixed it has already taken flight, has already been undercut by the differences within the "I": differences that make up the "I" and that prevent identity ever from fully taking shape.

The impossibility of rounding out identity also applies to the emergence of collective identities. Social conflicts and antagonisms, along with mutually constitutive relations of subjugation, prevent the formation of a social identity that is the same for all those who share a particular social positioning: the antagonistic effects of societal forces preclude identity in the strict sense. To the extent that the self is situated within a complex structure of contradictory power relationships, which do not exist independently of each other but are imbricated in multiple and ultimately indeterminable ways, in the end no description of social identity can be more than a construction – one that has always already become retrospective at the moment of its naming.

---

1    Arendt, n.d., cited in Breier (1992: 89).

## 4 Le droit d'être chez soi dans le monde

Si toute identité appartient déjà au passé dès son apparition, cela participe paradoxalement de la démocratisation des politiques de l'identité. Cela signifie que la catégorie identitaire peut (et doit) être interrogée en rapport avec les exclusions sur lesquelles elle repose, avec ce qui l'a rendue pensable en premier lieu. Cela soulève diverses questions. Qui est représenté par quelles identités et de quelle manière ? Pour qui l'appartenance à une identité peut-elle entrer en conflit avec d'autres affinités, loyautés ou affiliations ? Jusqu'où les demandes formulées au nom de l'identité reflètent-elles les limites des revendications particulières ? Surtout, quelles sont les normes par lesquelles les sujets sont en mesure de se constituer ?

En réalité, l'idée d'une identité cohérente et unifiée dégagée de toute trace d'altérité contribue fondamentalement à la destruction du domaine public et politique. Elle est également profondément antidémocratique : elle refuse aux « autres », qu'elle a créés, le droit d'« être chez soi dans le monde » (Arendt, 1953 : 377).

## 5 Références bibliographiques

ANZALDÚA Gloria (1999). *Borderlands/La Frontera: The New Mestiza*. San Francisco : Aunt Lute Books.

APPIAH Kwame Anthony, GUTMANN Amy (1996). *Color Conscious: The Political Morality of Race*. Princeton : Princeton University Press.

ARENDT Hannah (1995). « Qu'est-ce que la politique ? Fragment 1 », in *Qu'est-ce que la politique ?* Paris : Seuil, pp. 31–34.

ARENDT Hannah (1961). "Freedom and Politics", in Hunold A. (dir.), *Freedom and Serfdom*. Dordrecht : Reidel, pp. 191–217.

ARENDT Hannah (1958). *The Human Condition*. Chicago : University of Chicago Press.

ARENDT Hannah (1953). "Understanding and Politics", *Partisan Review* 20 : 377–392.

BAUMAN Zygmunt (1999). *In Search of Politics*. Stanford : Stanford University Press.

BHABHA Homi (1994). *The Location of Culture*. London & New York : Routledge.

BREIER Karl-Heinz (1992). *Hannah Arendt zur Einführung*. Hamburg : Junius.

BUTLER Judith (2010). *Ce qui fait une vie. Essai sur la violence, la guerre et le deuil*. Paris : Zones.

CASTORIADIS Cornelius (1998). « Stopper la montée de l'insignifiance ». *Le Monde Diplomatique*, August : 22–23.

CROUCH Colin (2004). *Post-Democracy*. Oxford : Polity.

## 4 The Right to Be at Home in the World

If every identity is already past as soon as it appears, paradoxically that forms part of the democratization of identity politics. It means that every identitarian category can (and must) be interrogated with respect to the exclusions on which it rests, to what has made it thinkable in the first place. This highlights questions such as who is represented by which identities and how; for whom belonging to one identity may collide with other affinities, loyalties or affiliations; how far demands made in the name of identity reflect the limitations of particular claims; and, especially, what are the norms through which subjects are able to constitute themselves at all.

The notion of a coherent and unified identity with all traces of alterity erased, in contrast, is one that ultimately contributes to the destruction of the public and political realm. It is also a profoundly anti-democratic notion: it denies the "others" that it has made the right "to be at home in the world" (Arendt, 1953: 377).

## 5 References

ANZALDÚA Gloria (1999). *Borderlands/La Frontera: The New Mestiza*. San Francisco: Aunt Lute Books.

APPIAH Kwame Anthony, GUTMANN Amy (1996). *Color Conscious: The Political Morality of Race*. Princeton: Princeton University Press.

ARENDT Hannah (2005). "Introduction *into* Politics", in Jerome Kohn (ed.), *The Promise of Politics*. New York: Schocken, pp. 93–201.

ARENDT Hannah (1961). "Freedom and Politics", in Hunold A. (ed.), *Freedom and Serfdom*. Dordrecht: Reidel, pp. 191–217.

ARENDT Hannah (1958). *The Human Condition*. Chicago: University of Chicago Press.

ARENDT Hannah (1953). "Understanding and Politics". *Partisan Review* 20: 377–392.

BAUMAN Zygmunt (1999). *In Search of Politics*. Stanford: Stanford University Press.

BHABHA Homi (1994). *The Location of Culture*. London & New York: Routledge.

BREIER Karl-Heinz (1992). *Hannah Arendt zur Einführung*. Hamburg: Junius.

BUTLER Judith (2009). *Frames of War: When Is Life Grievable?* London: Verso.

CASTORIADIS Cornelius (1998). "Stopper la montée de l'insignifiance". *Le Monde Diplomatique*, August: 22–23.

CROUCH Colin (2004). *Post-Democracy*. Oxford: Polity.

DURKHEIM Emile (1895). *The Rules of Sociological Method*. Trans. W.D. Halls. New York: Free Press, 1982.

DURKHEIM Emile (1895). *Les règles de la méthode sociologique*. Paris: Champs/Flammarion, 1999.

FOUCAULT Michel (1997). "What is Critique?", in *The Politics of Truth*. Trans. Lysa Hochroth. New York: Semiotext(e), pp. 23–82.

FOUCAULT Michel (1982). "The Subject and Power", *Critical Inquiry* 8, no. 4: 777–795.

LEFORT Claude (1986). "La question de la démocratie", in *Essais sur le politique*. Paris: Seuil, pp. 17–32.

LORDE Audre (1988). *A Burst of Light: Essays*. Ithaca, NY: Firebrand Books.

MAFFESOLI Michel (1988). "Jeux de masques: Postmodern Tribalism". *Design Issues* 4, no. 1/2: 141–151.

PATTON Cindy (1993). "Tremble, Hetero Swine!", in Warner M. (dir.), *Fear of a Queer Planet. Queer Politics and Social Theory*. Minneapolis & London: University of Minnesota Press, pp. 143–177.

REAGON Bernice Johnson (2000). "Coalition Politics: Turning the Century", in Smith B. (dir.), *Home Girls. A Black Feminist Anthology*. New Brunswick: Rutgers University Press, pp. 356–368.

SANDOVAL Chela (1998). "Mestizaje as Method: Feminists-of-Color Challenge the Canon", in Trujillo C. (dir.), *Living Chicana Theory*. Berkeley, CA: Third Women Press, pp. 352–370.

WAGNER Peter (2002). "Identity and Selfhood As a *Problematique*", in Friese H. (dir.) *Identities: Time, Difference, and Boundaries*. New York & Oxford: Berghahn, pp. 32–55.

WALZER Michael (1992). "The New Tribalism: Notes on a Difficult Problem", in Beiner R. (dir.), *Theorizing Nationalism*. New York: SUNY Press, pp. 205–217.

FOUCAULT Michel (1997). "What is Critique?", in *The Politics of Truth*. Trans. Lysa Hochroth. New York: Semiotext(e), pp. 23–82.

FOUCAULT Michel (1982). "The Subject and Power". *Critical Inquiry* 8, no. 4: 777–795.

LEFORT Claude (1988). "The Question of Democracy", in *Democracy and Political Theory*. Minneapolis: University of Minnesota Press, pp. 9–20.

LORDE Audre (1988). *A Burst of Light: Essays*. Ithaca, NY: Firebrand Books.

MAFFESOLI Michel (1988). «Jeux de masques: Postmodern Tribalism». *Design Issues* 4, no. 1/2: 141–151.

PATTON Cindy (1993). "Tremble, Hetero Swine!", in Warner M. (ed.), *Fear of a Queer Planet. Queer Politics and Social Theory*. Minneapolis & London: University of Minnesota Press, pp. 143–177.

REAGON Bernice Johnson (2000). "Coalition Politics: Turning the Century", in Smith B. (ed.), *Home Girls. A Black Feminist Anthology*. New Brunswick: Rutgers University Press, pp. 356–368.

SANDOVAL Chela (1998). "Mestizaje as Method: Feminists-of-Color Challenge the Canon", in Trujillo C. (ed.), *Living Chicana Theory*. Berkeley, CA: Third Women Press, pp. 352–370.

WAGNER Peter (2002). "Identity and Selfhood As a *Problematique*", in Friese H. (ed.) *Identities: Time, Difference, and Boundaries*. New York & Oxford: Berghahn, pp. 32–55.

WALZER Michael (1992). "The New Tribalism: Notes on a Difficult Problem", in Beiner R. (ed.), *Theorizing Nationalism*. New York: SUNY Press, pp. 205–217.

# Repères libertaires et pragmatiques pour des coalitions altermondialistes

*Philippe Corcuff*

## Introduction : réinterroger les « logiciels » de la critique sociale et de l'émancipation

Dans *Gender Trouble*, Judith Butler parle des « ambiguïtés » qui « ont fait leur entrée sur la scène critique » (2006 : 51). Réfléchir à certaines de ces ambiguïtés et s'efforcer d'en éclaircir certaines d'entre elles pourrait être utile à l'élaboration coopérative d'une politique d'émancipation renouvelée. Je partirai de l'hypothèse que nous avons connu trois grandes politiques modernes d'émancipation, chacune ayant inclus des courants divers et opposés et ayant produit des effets institutionnels profonds qui ont toutefois laissé ouverte la question de l'émancipation :

- premièrement, la politique libérale-républicaine-démocratique d'émancipation amorcée au XVIII$^e$ siècle, avec les notions de droits et de libertés, d'égalité politique, de souveraineté populaire et de citoyenneté ;
- deuxièmement, dans son sillage critique, la politique socialiste d'émancipation à partir du XIX$^e$ siècle, posant la question sociale avec notamment les notions de classes, de lutte des classes et d'égalité sociale ;
- troisièmement, la politique d'émancipation anticoloniale au XX$^e$ siècle mettant en cause le rapport social colonisateur/colonisé, et se proposant de tisser (et « métisser ») des fils issus des deux précédentes et le fil antiraciste.

Les limites respectives de ces trois politiques d'émancipation comme les exigences issues des mouvements sociaux (on pensera notamment à la question féministe – tenue souvent en périphérie des politiques républicaines, socialistes et anticoloniales dominantes ; à la question raciale et postcoloniale – prolongeant la politique anticoloniale ; ou à la question écologiste – plus récente) permettent d'envisager une nouvelle politique d'émancipation. Dans cette perspective, je ferai une seconde hypothèse selon laquelle le mouvement

# Anarchist and Pragmatist Markers for Anti-Globalization Coalitions*

*Philippe Corcuff*

### Introduction: Challenging the "software" of social critique and emancipation

In *Gender Trouble*, Judith Butler speaks of the "ambiguities" that have "arrived on the critical scene" (Butler, 1999: xxvii). Thinking about some of these ambiguities and seeking to clarify them could prove helpful for the co-operative elaboration of a renewed emancipatory politics. I will start from the assumption that there have been thee major politics of emancipation in the modern era, each of them consisting of diverse and opposing currents, with deep institutional effects, that have however left open the issue of emancipation:

- firstly, the liberal/republican/democratic politics of emancipation initiated in the 18th century, around the ideas of rights and freedoms, political equality, sovereignty of the people and civic rights;
- secondly, the socialist politics of emancipation that emerged in the 19th century as a critique of the former, raising the question about society, in particular through the concepts of class, class struggle, and social equality;
- thirdly, the 20th-century anticolonial politics of emancipation that challenged the social relationships between colonizer and colonized, striving to breed (and "cross-breed") the seeds of the former two with anti-racism.

The respective limitations of these three politics of emancipation, along with the claims emerging from social movements (notably the feminist question, which is often maintained at the periphery by mainstream republican, socialist and anticolonial politics; the racial and postcolonial question, as an extension of anticolonial politics; and the ecological question, which emerged more recently), leave some ground to think up a new politics of

---

\*   Translated from French into English by Cyril Leroy.

altermondialiste (« anti-globalization movement » dans le monde anglo-américain) pourrait constituer un des lieux principaux d'émergence d'une telle politique renouvelée[1].

Quelques dates symboliques ont jalonné les débuts de l'altermondialisme, que je préfère appeler *galaxie* à cause des potentialités qui s'y font jour de traiter de manière décalée les relations entre *le commun* (les espaces où se retrouvent les multiples groupes qui y participent ainsi que les repères partagés générés dans leur coopération) et *le pluriel* (la diversité des expériences de dominations, de luttes et de constructions alternatives portée par ces différents groupes) : campagne internationale contre l'Accord multilatéral sur les investissements (AMI) en avril-octobre 1998, création d'Attac France en juin 1998, manifestations de Seattle contre la conférence de l'Organisation mondiale du commerce en décembre 1999, premier Forum social mondial à Porto Alegre en janvier 2001 ... Plus récemment, cette galaxie a pu rebondir en s'alliant plus fermement aux perspectives écologistes lors des manifestations du Sommet de Copenhague sur le climat en décembre 2009, avec l'amorce d'un mouvement global pour la justice climatique. Et de nouvelles possibilités d'élargissement de la galaxie altermondialiste ont émergé avec les divers mouvements d'*Indignados* et autres *Occupy* dans le monde à partir de 2011.

Parce que la galaxie altermondialiste travaille tout particulièrement, d'un point de vue pragmatique, les rapports entre la pluralité et les espaces communs dans des directions renouvelées, c'est un site heuristique pour repenser la formation de convergences entre des mouvements sociaux aujourd'hui. On a là des analogies avec la façon dont Judith Butler a abordé la politique du mouvement *Occupy* dans le contexte étasunien :

> *se montrer ensemble dans la rue ou sur internet, produire des alliances qui démontrent l'écho, le chevauchement et les liens plus larges entre tous ces points inscrits sur la liste de l'injustice contemporaine.* (Butler, 2012 : 11)

Cet horizon interroge une partie des « logiciels » de la critique sociale et de l'émancipation. Je recours à cette métaphore informatique afin de pointer des façons de formuler les problèmes qui se sont routinisées dans les secteurs dominants des mouvements sociaux et des gauches. Je fais alors le pari que nous avons à voyager avec, contre et au-delà des traditions libérale, républicaine, socialiste, marxiste, anarchiste ou anticoloniale, afin de réinventer de nouveaux cadres intellectuels et politiques de formulation de nos questions pour les mouvements sociaux radicaux et les gauches anticapitalistes dans lesquels je me reconnais.

---

1    Sur la galaxie altermondialiste, les conditions de son émergence et ses débats, voir notamment C. Aguiton (2001) et G. Massiah (2011).

emancipation. In view of this, I will make a second assumption: that the antiglobalization movement could be one of the main grounds for the emergence of such renewed politics[1].

A few landmark dates marked the early years of the antiglobalization movement, that I prefer to refer to as a *galaxy*, because of the potential it reveals to perform focus shifts while addressing the relationships between *commonality* (spaces where the multiple groups who make up the movement meet, along with the shared markers generated through their cooperation) and *plurality* (the diversity of experiences of domination, struggles, and alternatives borne by these different groups): for example, the international campaign against the Multilateral Agreement on Investment (MAI) in April-October 1998, the foundation of Attac in France in June 1998, the demonstrations against the World Trade Organization conference in Seattle in December 1999, and the first World Social Forum in Porto Alegre in January 2001. More recently, this galaxy was able to find new energy by giving increased attention to environmental issues during the demonstrations at the Copenhagen climate conference in December 2009, with the initiation of a global climate justice movement. Since 2011, new opportunities have also emerged for the expansion of the antiglobalization galaxy with the blossoming throughout the world of movements such as the *Indignados* and *Occupy*.

Because it particularly focuses pragmatically on the relationships between plurality and commonality in renewed directions, the antiglobalization galaxy is a place of heuristics for rethinking the convergence of social movements today. There are analogies with the way Judith Butler considers the *Occupy* movement within the US context:

> *Showing up together on the street or on the internet, producing alliances that demonstrate the resonance, the overlap, and the broader links among all those items on the list of contemporary injustice.* (Butler, 2012: 11)

Such a horizon calls into question some of the "software" of social critique and emancipation. I draw this metaphor from the field of computer science to stress how routinized the formulation of problems in the mainstream currents of social movements and the Left can be. My bet is therefore that we need to engage on a journey with, against, and beyond the liberal, republican, socialist, Marxist, anarchist and anticolonial traditions, in order to reinvent new intellectual and political frameworks to formulate our questions for the radical social movements and the anti-capitalist Left where I feel at home.

---

1    On the anti-globalization galaxy, the conditions of its emergence and its debates, see for example C. Aguiton (2001) and G. Massiah (2011).

Cela suppose de retrouver des points d'articulation entre le registre de la critique sociale et celui de l'émancipation ; les liens entre ces deux registres s'étant distendus dans la dernière période, comme le met assez bien en évidence le cas de l'opposition entre la sociologie critique de Pierre Bourdieu et la philosophie de l'émancipation de Jacques Rancière[2]. Le concept d'émancipation retenu ici s'est par ailleurs déplacé par rapport à la perspective kantienne d'un processus principalement individuel de sortie « hors de l'état de tutelle » (Kant, 1784/1991 : 43). Le mouvement socialiste comme les sciences sociales modernes sont passées par là. Les liens sociaux n'apparaissent plus seulement comme des poids dont on se peut se détacher, mais se présentent également comme des ressources qui nous lestent de leur dynamisme dans l'action. On ne part ni d'individus comme monades isolées (individualisme méthodologique), ni d'une société surplombant des individus indépendamment de leurs rapports *(holisme)*, mais d'un *relationnalisme*, pour lequel les relations sociales sont logiquement premières[3]. Ce que Judith Butler appelle « une ontologie sociale relationnelle », dans *Frames of War*, converge, sur le plan proprement ontologique, avec cette posture méthodologique (Butler, 2010 : 177).

Les pistes que je vais avancer prennent appui sur deux grands types de ressources, sises dans une expérience principalement française et donc plutôt étriquée :

– des outils académiques dans les domaines de la sociologie critique et d'une philosophie politique émancipatrice[4] ;
– des points d'appui dans des engagements successifs au sein de la galaxie altermondialiste (Attac France), des mouvements sociaux et des organisations politiques de gauche[5].

Les réflexions qui suivent souhaiteraient participer à éclairer quelques conditions intellectuelles de nouvelles coalitions critiques pour l'émancipation. Ce qui se révèlera secondaire par rapport au principal, c'est-à-dire la *praxis*, mais ajusté aux compétences limitées d'un chercheur. Je suggère, pour cela, de suivre quatre sentiers à l'intérieur de possibilités plus vastes. Ces quatre

---

2   Pour un traitement de l'opposition Bourdieu/Rancière, voir P. Corcuff (2012), en particulier les chapitres 1 (« Les aventures tumultueuses du couple domination-émancipation, de Rancière à Jonasz ») et 2 (« De la productivité intellectuelle d'interférences et de tensions entre Bourdieu et Rancière »).

3   Sur le relationnalisme dans les sciences sociales, voir P. Corcuff (2011, 2012).

4   Voir notamment P. Corcuff (2005, 2011, 2012).

5   Pour un essai d'évaluation raisonnée de mes engagements dans des organisations politiques, du Parti socialiste à la fin des années 1970 à la Fédération anarchiste aujourd'hui, voir P. Corcuff (2013).

This implies rediscovering points of articulation between the domains of social critique and that of emancipation, since the links between the two domains have tended to weaken in the recent period, as illustrated relatively well by the example of the opposition between Pierre Bourdieu's critical sociology and Jacques Rancière's philosophy of emancipation[2]. The concept of emancipation that is considered here has for that matter shifted from the Kantian perspective of the mainly individual process of "man's emergence from his self-incurred immaturity" (Kant, 1784/1991: 54), under the influence of both the socialist movement and modern social sciences. Social relations do not only appear as inescapable burdens, but also as resources that provide momentum in action.

Our starting point is neither methodological individualism, where individuals are considered as isolated monads, nor holism, in which society overhangs individuals independently from their relationships, but rather from *relationalism*, which puts an emphasis on the logical primacy of social relations[3]. This methodological approach ontologically converges with what Judith Butler refers to as a "relational social ontology" in *Frames of War* (Butler, 2009: 184).

The paths suggested hereafter mobilize two main types of resources – anchored in a mainly French, and thus inevitably narrow context – which are:

– academic tools from the fields of critical sociology and emancipatory political philosophy[4];
– references to successive engagements within the anti-globalization galaxy (Attac France), social movements, and left-wing political organizations[5].

The reflections that follow aim at contributing to shedding light on a few intellectual conditions for new critical coalitions of emancipation, something that will appear as secondary, compared to the primary, i.e. the *praxis*, adjusted however to the limited expertise of a researcher. For this, I will suggest following four selected paths within the larger range of possibilities. These four paths will be explored in a focused manner and will reveal anarchist

---

2   For an analysis of the Bourdieu/Rancière opposition, see P. Corcuff (2012), in particular chapter 1 («Les aventures tumultueuses du couple domination-émancipation, de Rancière à Jonasz») and chapter 2 («De la productivité intellectuelle d'interférences et de tensions entre Bourdieu et Rancière»).

3   On relationism in social science, see P. Corcuff (2011, 2012).

4   See for example P. Corcuff (2005, 2011, 2012).

5   For an attempt at a reasoned assessment of my political engagements, from the Socialist Party at the end of the 1970s to the Anarchist Federation today, see P. Corcuff (2013).

explorations seront menées de manière concentrée et révèleront des tonalités à la fois libertaires, dans la critique des rails les plus usités des politiques radicales à gauche, et pragmatiques, dans l'attention à l'action et à ses effets.

### Sentier 1 : « Dépassement des contradictions » (Hegel) ou « équilibration des contraires » (Proudhon) ?

Dans des inspirations religieuses et/ou hégéliennes, les gauches ont souvent appréhendé les mouvements sociaux et l'émancipation sous l'angle de « l'harmonie », du « dépassement des contradictions » ou de « la synthèse ». Et si certaines antinomies de la condition socio-historique de l'humanité ne pouvaient pas être dépassées ? Et si nous avions à inventer un nouveau cadre politique capable d'assumer des contradictions infinies, même si elles se déplacent et prennent des formes renouvelées dans le cours historique du réel ? Ou plus exactement : et si des mouvements sociaux étaient en train d'inventer, dans un chaos expérimentateur, une nouvelle politique s'efforçant d'assumer des contradictions infinies ?

Le socialiste anarchiste Pierre-Joseph Proudhon avait déjà mis en cause au XIXe siècle un certain catéchisme hegelianiste en un sens analogue :

> *J'ai reconnu alors que si l'antinomie est une loi de la nature et de l'intelligence, un phénomène de l'entendement, comme toutes les notions qu'elle affecte, elle ne se résout pas ; elle reste éternellement ce qu'elle est, cause première de tout mouvement, principe de toute vie et évolution, par la contradiction de ses termes ; seulement elle peut être balancée, soit par l'équilibration des contraires, soit par son opposition à d'autres antinomies.* (Proudhon, 1866/1997 : 206)

Dans une telle perspective proudhonienne, les antinomies pourraient prendre des visages socio-historiquement variables, mais le moteur demeurerait la logique de l'antinomie, dans un équilibre instable. L'approche proudhonienne de Hegel, de seconde main, ne rend certes pas justice aux fils divers qui tissent l'œuvre du philosophe allemand. On a plutôt affaire à ce que Maurice Merleau-Ponty a appelé « le Hegel des manuels », celui de « l'annonce et [de] la garantie d'une synthèse finale » (1945/1996 : 100). D'autres lectures, comme celle de Jean-Luc Nancy (1997) plus proche des usages de Hegel que l'on trouve chez Judith Butler[6], ont par contre mis l'accent sur le pouvoir dissolvant du négatif chez Hegel plutôt que sur l'hypothèse de l'avènement final d'une positivité pleine et bouclée sur elle-même. Or, c'est le Hegel simplifié

---

6   On trouve une référence positive au livre de J.-L. Nancy dans J. Butler (2007 : 26).

tones, in the critique of the most common trails followed by left-wing radical politics, and at the same time pragmatist ones, in the attention paid to action and its effects.

### Path 1: "Surpassing contradictions" (Hegel) or "balancing opposites" (Proudhon)?

Inspired by religion and/or Hegel, the Left, in its various forms, has often apprehended social movements and emancipation from the angle of "harmony", the "surpassing of contradictions", or "synthesis". What if some antinomies of humanity's socio-historical condition could not be surpassed? What if we had to invent a new political framework which could take on infinite contradictions, even if they shift ground and take on new forms in the historical course of reality? Or, more precisely, what if the social movements were inventing, in experimental chaos, a new politics, which endeavors to contend with infinite contradictions?

In the 19th century, French anarchist socialist Pierre-Joseph Proudhon had already similarly criticized certain features of the Hegelian dialectic:

> *I have then recognized that if antinomy is a law of nature and of thought, a phenomenon of reason, like all the notions it affects, it cannot be resolved; it remains eternally what it is, the primary cause of all movement, the principle of all life and evolution, through its contradictory terms; only it can be balanced, either by the balancing of opposites, or in opposition to other antinomies.* (Proudhon, 1997 [1866]: 206)

From this Proudhonian perspective, the faces of antinomy could vary depending on socio-historical context, however the logic of antinomy would remain the driving force in an unstable equilibrium. Proudhon's approach to Hegel, second-hand, certainly does not do justice to the various angles of the German philosopher's work. It is more like what Maurice Merleau-Ponty called "textbook Hegel", with "the final synthesis heralded and guaranteed" (1945/1964: 81). Other interpretations, such as that of Jean-Luc Nancy (2002), who uses Hegel more like Judith Butler does[6], have however emphasized the solvent power of the negative in Hegel, rather than the assumption of the eventual advent of full, closed-loop positivity. However, progressive

---

6    A positive reference to J.-L. Nancy's book can be found in J. Butler (2005: 26).

qui semble avoir marqué le plus les pensées progressistes, notamment mais non exclusivement à travers nombre de « marxismes » hegelianisés.

Aujourd'hui, les « logiciels » dominants de la critique sociale et de l'émancipation étant encore plutôt portés automatiquement à un « dépassement des contradictions », les mouvements sociaux radicaux ont davantage besoin d'« équilibration des contraires » dans leurs outillages méthodologiques, comme une des modalités de rupture avec les tendances essentialistes. Il apparaît particulièrement utile dans la période de purger notre imaginaire émancipateur d'un excès de rêves d'« harmonie » et de « synthèse ». On a là une intersection potentiellement féconde avec la façon dont Judith Butler s'efforce de repenser les alliances dans les conditions contemporaines : « L'antagonisme laisse l'alliance ouverte et suspend l'idée de la réconciliation prise comme un but » (Butler, 2010 : 144).

### Sentier 2 : Unité, pluralité et espaces communs

Les gauches républicaines et socialistes ont souvent arbitré en faveur de l'Un contre le Multiple. C'est le traditionnel vocabulaire de « l'unité », de « l'unification » et de « la centralisation ». C'est un vocabulaire qui a été bien ajusté à la construction des États-nations modernes, mais qui génère des problèmes quand on veut s'ouvrir à une cosmopolitique. Il y aurait notamment un certain impensé étatiste dans ce vocabulaire tendant à aplatir la pluralité humaine comme la diversité des mouvements sociaux, si courant dans les milieux militants critiques. Le rassemblement de ces mouvements sonne alors comme un coup de baguette magique, qui dépouille lesdits mouvements de leurs spécificités dans le cadre uniformisateur de « l'unité ». En même temps, on ne peut pas se contenter d'un éloge de la Multiplicité, comme dans certaines approches postmodernistes, sous peine d'oublier la question des repères partagés au sein d'un espace politique conflictuel. Nous aurions alors plutôt à reformuler différemment les relations entre la pluralité et les espaces communs.

Dans son ouvrage inachevé *Qu'est-ce que la politique ?*, Hannah Arendt livre une piste suggestive de ce point de vue. Elle avance d'abord :

*La politique repose sur un fait : la pluralité humaine.* (Arendt, 1995 : 31)

Et elle précise :

*La politique traite de la communauté et de la réciprocité d'êtres différents.* (ibid.)

La politique consisterait à créer des espaces communs en partant de la pluralité humaine, sans écraser cette pluralité au nom de l'Un ; cet écrase-

thought seems to have been most influenced by a simplified vision of Hegel, in particular, but not exclusively, through "Hegelianized Marxisms".

Today, while the dominant "software" of social critique and emancipation is still automatically rather inclined towards the "surpassing of contradictions", radical social movements are more in need of a "balancing of opposites" in their methodological toolbox, as one means to break with essentialist tendencies. It would currently be particularly helpful to purge our emancipatory imagination of superfluous dreams of "harmony" and "synthesis". This represents a potentially fruitful junction with the way Judith Butler endeavors to rethink alliances in the contemporary context: "Antagonism keeps the alliance open and suspends the idea of reconciliation as a goal" (Butler, 2009: 148).

## Path 2: Unity, plurality, and commonality

The republican and socialist Left has often arbitrated in favor of the One against the Multiple, as illustrated by the frequent use of the words "unity", "unification", or "centralization". This lexicon was well adapted to the construction of modern nation states, but it is a source of problems when trying to open up to cosmopolitics. In particular, it reveals an implicit statist inclination – widespread in critical activist groups – that tends to deny human plurality as well as the diversity of social movements. Waving a magic wand to unite these movements dispossesses those very movements of their specificities under the uniformizing banner of "unity". At the same time, praising multiplicity, as is done in some postmodernist approaches, is not sufficient if we are not to forget the question of shared landmarks within a conflicted political space. Rather, our task should be to reformulate differently the relations between plurality and commonality.

In her unfinished work *What is politics?* Hannah Arendt makes a suggestion in that line of thinking. She first claims that "politics is based on the fact of human plurality" (Arendt, 2005: 93), before explaining that "politics deals with the coexistence and association of *different* men" (ibid. – emphasis in the original).

The role of politics should be to create commonalities with human plurality as a starting point, without eradicating this plurality in the name of

ment étant une des caractéristiques principales du risque « totalitaire » pour Arendt. La galaxie altermondialiste a déjà amorcé des repères en ce sens avec le vocabulaire des « convergences » et des « coordinations ». Ce sont des mots qui disent le commun *à partir de* la pluralité, et non pas *contre* la pluralité. Nous pourrions aussi puiser dans le vocabulaire ouvrier et socialiste du XIXe siècle en France : celui de « l'association », de « la mutualisation », de « la coopération » comme de « la fédération » proudhonienne. Cette perspective réorientée nous incite à ne pas faire du commun un espace unifié préalablement, qui s'imposerait par avance aux mouvements sociaux, en laissant ouvertes les modalités de reconnaissance d'un commun déjà là, en tout cas au moins en germe, comme de fabrication de nouveaux espaces communs à travers des pratiques résistantes, en n'esquivant pas les conflits et les tensions entre des mouvements mais aussi entre des temporalités plus ou moins disparates.

Cela rejoint des analyses critiques de Judith Butler quant à la vision d'« un cadre culturel unifié comme condition préalable à la politique », nous invitant à l'inverse à « résister aux cadres unifiés qui dilueraient ces antagonismes » (Butler, 2010 : 130–131). Ce qui pour elle a des conséquences sur le vocabulaire même destiné à dire les injustices :

> *Je ne suis pas du tout convaincue qu'il y ait un terme « unificateur » capable de couvrir toutes les formes de dépossession qui relient la politique des minorités, pas plus que je ne crois qu'un tel terme soit nécessaire aux fins stratégiques de l'alliance politique.* (Butler, 2010 : 142)

De ce point de vue, on peut se demander si une des dimensions de la « critique de la violence d'État » prônée par Butler (2010 : 132) ne consisterait pas aussi en une critique de la prégnance du vocabulaire de « l'unité » et de « l'unification » dans nombre de politiques progressistes.

### Sentier 3 : Justice sociale et singularité individuelle : la piste Levinas

En France, depuis la seconde guerre mondiale, un « logiciel collectiviste » domine les secteurs les plus institutionnels de la gauche et du mouvement ouvrier[7]. Ce « logiciel collectiviste » serait plus largement prégnant à gauche et dans le syndicalisme en Europe et en Amérique latine, mais pas en Amérique du Nord. Dans le cas de ce « logiciel », le collectif appartiendrait à la gauche et l'individuel à la droite, le collectif serait socialiste et l'individuel capitaliste. Dans ce cadre, nous devrions choisir, en tant que progressistes, la justice sociale contre l'individu, ce dernier élément étant toujours susceptible de

---

7   Pour une approche historique, voir P. Corcuff (2009 : 199–208).

the One, such an eradication being, according to Arendt, one of the main characteristics of the "totalitarian" risk. The anti-globalization galaxy has already set out initiatives in that direction through the vocabulary of "convergence" and "coordination". These words say what is common coming *from* plurality, not going *against* plurality. We could also draw on the vocabulary of the workers' and socialist movements of the 19$^{th}$ century in France: "associations", "mutualization", "cooperation", and the Proudhonian "federation". This reorientation of perspective encourages us to avoid prior unification of the common ground, that would impose itself on social movements from the outset, but to leave open the ways to recognize the common ground whose seeds have already been sown, and to build new commonalities through the arts of resistance, without eluding conflicts and tensions between movements, as well as between more or less disparate temporalities.

This perspective squares with Judith Butler's critical analysis of the idea of a "unified cultural framework as a precondition to politics", inviting us, conversely, to "resist unified frameworks that would distill the antagonisms in question" (2009: 133). For Butler, this has consequences on the very vocabulary used to talk about injustice:

> *I am not at all convinced that there is one 'unifying' term to cover all the forms of dispossession that link minority politics, nor do I think there need be one for the strategic purposes of political alliance.* (ibid.: 147)

From that perspective, one can wonder if one of the dimensions of the "critique of state violence" that Butler advocates (2009: 135) would not also consist in a critique of the widespread vocabulary of "unity" or "unification" in progressive politics.

## Path 3: Social justice and individual singularity, following in the footsteps of Levinas

In France, since World War II, the most mainstream components of the Left and the workers' movement[7] operate within a "collectivist software", which also seems to be the dominant model of the Left and of trade unionism across Europe and Latin America, but not in North America. According to the routines of this "software", the Left stands for the collective and the right for the individual. The collective is socialist in nature while the individual is capitalist. Within this framework, as progressives, we would have to choose

---

7 For a historical approach, see P. Corcuff (2009: 199–208).

menacer « la société » par des divisions dites « individualistes ». Pourtant, chez Proudhon comme chez Marx, la justice sociale et l'individualité constituent deux points d'appui non exclusifs de la critique du capitalisme et de l'État. Mais tant chez Proudhon que chez Marx, l'individualité n'est pas appréhendée comme une monade isolée, mais de manière *relationnaliste*, c'est-à-dire insérée dans des rapports sociaux.

Emmanuel Levinas nous fournit des ressources pour penser ce problème autrement. Levinas constitue d'ailleurs un point d'appui dans la pensée politique de Judith Butler depuis *Precarious Life* (2005). Ce qui suppose quelques clarifications préalables. Butler a écrit ainsi récemment au cours d'une polémique tournant autour de son usage de Levinas :

> *Si je continue à devoir beaucoup à la philosophie éthique de Levinas pour une grande part de ma propre pensée sur les obligations de la proximité, je ne suis pas d'accord avec ses conclusions politiques. En fait, je tends à étendre sa notion de « visage » plus avant dans le domaine de la politique et ainsi à ne pas tracer de ligne entre l'éthique et le politique de la manière dont il le fait parfois. Dans mes lectures, je cherche à renforcer l'injonction éthique signifiée par « le visage » – celle qui relève de l'interdiction de la violence – jusque dans la sphère politique afin de mieux comprendre le potentiel d'une politique de la non-violence – même ou spécialement au cœur de l'inimitié.* (Butler, 2013)

Ce passage met en cause ce qui serait une rupture entre éthique et politique chez Levinas. On peut tout à fait récuser avec Butler une telle séparation, laquelle n'est d'ailleurs pas aussi nette chez Levinas, qui pose des discontinuités mais également des continuités entre les deux domaines, celui d'une éthique de l'incomparabilité (celle du « visage » d'autrui) et celui d'une politique de la comparabilité (celle du « tiers »). C'est, par exemple, le cas dans un dialogue avec Philippe Nemo :

> *Si je suis seul avec l'autre, je lui dois tout ; mais il y a le tiers ? Est-ce que je sais ce que mon prochain est par rapport au tiers ? (…) Qui est mon prochain ? Il faut par conséquent peser, penser, juger, en comparant l'incomparable. La relation interpersonnelle que j'établis avec autrui, je dois l'établir aussi avec les autres hommes ; il y a donc nécessité de modérer ce privilège d'autrui ; d'où la justice. Celle-ci, exercée par les institutions, qui sont inévitables, doit toujours être contrôlée par la relation interpersonnelle initiale.* (Levinas, 1990 : 84)

Il y a certes une séparation et une tension entre éthique de la singularité et politique de la commensurabilité, toutefois les écoutilles demeurent en même temps ouvertes entre les deux. Mais l'important n'est pas là pour moi : c'est la tension entre singularité et justice sociale, comparabilité et incompa-

social justice against the individual, who is a permanent threat to "society", because of so-called "individualist" divisions. Like Marx, Proudhon considers, however, that social justice and individuality are non-exclusive reference points for the critique of capitalism and the state. Still, for Proudhon, as well as for Marx, individuality is not understood as an isolated monad, but rather in a *relationist* way, within the framework of social relations.

Emmanuel Levinas provides us with tools to think differently about the problem. Levinas has indeed been a reference in Judith Butler's political thought since *Precarious Life* (2004), though such a statement requires a few prior clarifications. Butler recently wrote during a controversy about her use of Levinas:

> *Although I remain indebted to Levinas' ethical philosophy for much of my own thinking on the obligations of proximity, I do not agree with all of his political conclusions. In fact, I tend to extend his notion of the "face" further into the domain of politics, and so do not draw the line between the ethical and the political in the same way that he sometimes does. In my readings, I seek to strengthen the ethical injunction signified by "the face" – the one that belongs to the interdiction against violence – into the political sphere in order to understand better the potential of a politics of non-violence – even in, or especially in, the midst of enmity.* (Butler, 2013)

This quote points to a break between ethics and politics in Levinas. Along with Butler, we can fully reject such a divide – which is, in reality, not so clearly found in Levinas – that produces discontinuities, and also continuities, between an ethics of incomparability (that of the "face" of the Other) and a politics of comparability (that of a "third party"). This is, for example, the case in a dialogue with Philippe Nemo:

> *If I am with the Other, I owe him everything; but there is someone else. Do I know what my neighbor is in relation to someone else? (…) Who is my neighbor? It is consequently necessary to weigh, to think, to judge, in comparing the incomparable. The interpersonal relation I establish with the Other, I must also establish with other men; it is thus a necessity to moderate this privilege of the Other; from whence comes justice. Justice, exercised through institutions, which are inevitable, must always be in held in check by the initial interpersonal relation.* (Levinas, 1982: 89)

Though there certainly exists a divide and a tension between the ethics of singularity and the politics of commensurability, gateways nonetheless remain open between the two. What I consider most relevant in Levinasian formulations lies elsewhere, in the tension between singularity and social

rabilité, qui m'intéresse dans les formulations levinassiennes, afin de déplacer notre lecture de Levinas d'une philosophie éthique, au sein de laquelle elle est souvent cantonnée, à une philosophie politique justement[8], comme le fait Butler.

Avec sa formule « comparer l'incomparable », Levinas pointe l'espace d'une nouvelle problématisation politique, déplaçant les oppositions routinisées de l'individuel et du collectif, de la solidarité et des aspirations personnelles, autour d'une antinomie infinie, n'excluant pas des passages et des aménagements, mais récusant une « harmonie » ou une « synthèse » finales. D'un côté, on a la nécessité d'un espace de comparaison à partir de critères partagés, celui de la justice sociale, un espace du *commensurable*. De l'autre côté, on a l'incommensurabilité de chaque singularité individuelle vue de manière relationnelle à travers « le visage » d'autrui. Entre les deux pôles, on a quelque chose d'une « équilibration des contraires » d'inspiration proudhonienne, dans un processus infini et ouvert, avec des passages et des points d'articulations partiels et provisoires. On pourrait parler, pour ce cadre de problématisation renouvelée d'une politique émancipatrice, de *social-démocratie anarchiste*[9], si l'on prend la mesure des déplacements importants de la social-démocratie que cela implique tant au niveau de la prise en compte des individualités que de la rupture avec les évidences étatistes.

### Sentier 4 : Politique viriliste ou métissage expérimentateur ?

Après la faillite de la mythologie du « Grand Soir », révolutionnaire ou électoral, entendu comme la résolution magique des principaux problèmes à travers un événement affectant le pouvoir d'État, la galaxie altermondialiste est conduite à réévaluer, comme une de ses composantes, l'expérimentation, ici et maintenant, d'autres façons de vivre, de travailler, de décider ou d'apprendre, sans pour autant abandonner nécessairement l'horizon d'une révolution sociale, davantage conçue alors comme un processus. Nombre d'expériences alternatives participent aujourd'hui de cette galaxie : dispositifs de démocratie directe et participative, squats autogérés, agriculture durable, universités populaires, médias alternatifs, économie sociale et solidaire, etc.

Sur ce plan, des ressources peuvent être puisées dans la tradition du pragmatisme philosophique américain, en particulier dans certains travaux de John Dewey. Par exemple, dans son ouvrage *Le public et ses problèmes* (1927/2010), Dewey traite la démocratie comme une dynamique expérimen-

---

8   Voir P. Corcuff (2001, 626–629).
9   Sur ce que j'ai aussi appelé « social-démocratie libertaire », voir P. Corcuff (2002, 231–242).

justice, between comparability and incomparability, which allows us to shift our understanding of Levinas from philosophical ethics, to which he is often reduced, precisely to a political philosophy,[8] as Butler does.

Through the expression "comparing the incomparable", Levinas points to a new space of political problematization, sliding the routinized oppositions – between the individual and the collective, between solidarity and personal aspirations – towards an infinite antinomy, without excluding transitions and arrangements, but rejecting final "harmony" or "synthesis". On the one hand, there is the necessity of a space for comparison using shared criteria, which is that of social justice, and of *commensurability*. On the other hand, each individual singularity is incommensurable when considered in a relational manner through the "face" of the Other. In between is what could be called the "balancing of oppositions", inspired by Proudhon, through an infinite, open-ended process, with partial and temporary transitions and points of articulation. Within this framework of renewed problematization of an emancipatory politics, we could talk of an *anarchist social democracy*[9], if we measure the important shifts it implies for social democracy, whether it be to take into account individualities or to break with self-evident statism.

## Path 4: Virilist politics or experimental cross-breeding?

The failure of the myth of revolution, or electoral revolution, to magically solve the main problems with a sudden impact on state power has led the anti-globalization galaxy to rethink experimentation, here and now, as one of its components: experimenting new ways of living, of working, of making decisions or of learning, without necessarily giving up the horizon of social revolution, which is therefore seen more as a process. Today, the anti-globalization galaxy is host to much alternative experimentation, such as direct and participative democracy initiatives, self-managed squats, sustainable agriculture, people's universities, alternative media, social and solidarity economy, etc.

In that domain, resources can be drawn from the pragmatist tradition of American philosophy, and in particular certain works of John Dewey. For example, in *The Public and its Problems* (1927/2012), Dewey considers democracy to be a continuous experimental process confronted with an in-

---

8    See P. Corcuff (2001, 626–629).

9    On what I have also called "libertarian social democracy", see P. Corcuff (2002, 231–242).

tale continue confrontée à une part inéliminable d'incertitude et opposée aux diverses formes d'essentialisme. La quête illusoire du définitif est abandonnée au profit de la recherche d'un mieux, temporaire et inabouti. Une telle inspiration pragmatiste romprait avec l'hégémonie néolibérale de l'utilité marchande, et même avec celle d'une utilité pauvrement instrumentale, afin de prendre en compte une variété d'effets émancipateurs, individuels et collectifs, de l'action.

Par ailleurs, cette réévaluation non exclusive de la logique expérimentale nous inciterait à mettre en cause l'hégémonie d'un vocabulaire à tonalité viriliste et guerrière fort prégnant dans les gauches : le vocabulaire réduisant la politique à des « rapports de force » et à un « combat ». Il s'agit d'une tendance, largement partagée des gauches modérées aux gauches radicales, malgré les avancées des critiques féministes, à considérer schématiquement que faire de « la politique sérieuse », c'est « montrer qu'on a des couilles » ! Bref cela a à voir avec les définitions socio-historiquement encore dominantes dans nos sociétés, malgré certains déplacements, du « masculin ». Or inventer d'« autres modes possibles », des formes nouvelles de relations sociales, cela demande certes l'établissement de « rapports de force » dans des « combats », mais pas seulement. Ainsi le combat ne suffit justement pas à *inventer* quelque chose qui n'existe pas encore tout à fait de manière stabilisée et élargie, mais au mieux à l'état d'expériences fragiles ou de germes. Cela peut suffire à une politique traditionnelle de la force, mais pas à une politique émancipatrice. Nous avons aussi à imaginer, explorer, expérimenter …

Pourquoi alors ne pas essayer de métisser le vocabulaire de « la force » et du « combat » avec celui de « la fragilité » (de « la précarité » et de « la vulnérabilité », dirait Judith Butler) et de « l'exploration » ? Semer ainsi du « trouble dans le genre », dans le sillage de Butler, conduirait, par ricochet, à semer du trouble dans les définitions dominantes de la politique. Parce que, à travers de ces deux pôles « force »/« combat » et « fragilité »/« exploration », les codes socio-historiques du « masculin » et du « féminin » seraient aussi en discussion.

## Vers des « Lumières tamisées », mélancoliques et globales ?

Les pistes que je viens d'esquisser pourraient alimenter une nouvelle vision de l'universalisme. Dans son introduction de 1999 à *Gender Trouble*, Judith Butler défend de manière similaire, à la différence de la première édition du livre, une catégorie « non substantive » et « ouverte » d'« universalité » (Butler, 2006 : 40). Mais le pari non essentialiste de l'universalisable doit inclure une inquiétude quant aux usages oppressifs de l'universel, et notamment

eradicable element of uncertainty and in opposition to various forms of essentialism. The illusory quest for the definitive is abandoned in exchange for a search for something better, temporary and unfinished. Such pragmatist inspiration would represent a break from the neoliberal affirmation of the supremacy of market-driven utility, and even from poorly instrumental utility, in order to take into account the variety of the individual and collective emancipatory effects of action.

Moreover, this non-exclusive reassessment of experimentation would be an opportunity for left-wing movements to challenge the dominance of a virilist and bellicose vocabulary that reduces politics to "power relations" and "fighting". Despite the advances made by feminist critique, there is a widespread understanding – shared by left-wing groups, from the moderate to the radical – that doing "serious politics" is about "showing that we've got balls!" In short, this has to do with the "masculine" definitions that are still sociohistorically dominant in our societies, despite certain shifts. Inventing "other possible ways" and new forms of social relations certainly requires the establishment of "power relations" in the "fights", but this is not enough. Fighting cannot thus of itself *invent* something else that is not yet completely stable and expanded, but exists at best in a state of uncertain experiment or brand-new growth. This may be sufficient for a traditional politics of force, but not for one of emancipation. We also need to imagine, explore, and experiment.

So why shouldn't we try to crossbreed the vocabulary of "force" and "fighting" with that of "fragility" (Judith Butler would use the words "precarity" and "vulnerability"), and "exploration"? "Troubling gender", following on from Butler, would in turn lead to the troubling of the dominant definitions of politics, because the sociohistorical codes of the "masculine" and the "feminine" would also come into question through this opposition between "force"/"fighting" and "fragility"/"exploration".

## Towards melancholic global "subdued Enlightenment"?

The paths outlined above could feed into a new vision of universalism. In her 1999 introduction to *Gender Trouble*, unlike in the first edition of the book, Judith Butler similarly advocates a "non-substantial and open-ended category" of "universality" (Butler, 1999: xvii). However, the non-essentialist challenge of the universalizable must include a concern about the potential

« le risque d'imposer l'esprit de clocher en le faisant passer pour un universalisme » (Butler, 2010 : 156). Cette vigilance a particulièrement été éveillée par l'islamophobie qui a travaillé les violences étatiques en Occident après le 11 septembre 2001.

Sur de telles bases renouvelées, il est possible de reformuler ce que j'ai appelé des « Lumières tamisées », associant éthique de la fragilité et éthique de l'inquiétude comme aliments d'une politique de la fragilité[10], ou de la vulnérabilité pour parler comme Butler. Des Lumières qui mettraient en tension raison et passions. Des Lumières qui se confronteraient à la pluralité et à l'historicité. Un universalisme qui se laisserait traverser par une inquiétude relativiste, sans pour autant tomber dans le nihilisme. Des repères temporaires qui seraient ouverts à des reformulations en cours de route. Ce qui prolongerait une voie amorcée par Theodor Adorno et Max Horkheimer dans *La dialectique de la raison* (1944/1983) : celle de l'auto-réflexivité des Lumières explorant ses propres fragilités. Ce que le poète Henri Michaux a appelé des « colonnes absentes »[11].

On peut s'arrêter, par exemple, sur des valeurs des Lumières comme « humanité », « raison » ou « progrès ». L'*humanité* peut être traversée par la vulnérabilité, dans le sillage des analyses d'Emmanuel Levinas prolongées par Judith Butler, ou manière différente par les *gender*, *colonial* et *postcolonial studies*, auxquelles Butler a contribué. Songeons aux paroles de Bob Dylan :

*How many roads must a man walk down/Before you call him a man?*[12]

Le fait que Dylan emploie le mot « man » plutôt que « human » participe d'ailleurs du problème. La *raison* peut renvoyer à une pluralité de rationalités en situation (comme dans le cas de la sociologie pragmatique française initiée par Luc Boltanski et Laurent Thévenot) ou être marquée par l'importance du corps (de Maurice Merleau-Ponty à Pierre Bourdieu). Le *progrès* peut être caractérisé par des discordances temporelles entre passé, présent et avenir –par exemple, dans la philosophie de l'histoire de Walter Benjamin, prolongée dans des directions différentes par mon regretté ami Daniel Bensaïd[13] ou Judith Butler (2010 : 103, 131–132). Ces inflexions tendent à donner des couleurs mélancoliques aux Lumières, dans le sens où les Lumières ne seraient plus aveuglantes et aveuglées, mais seraient traversées par la conscience de leurs

---

10    Sur la perspective de « Lumières tamisées » et ses rapports avec le triptyque éthique de la fragilité/éthique de l'inquiétude/politique de la fragilité, voir P. Corcuff (2002).

11    Dans le poème « Je suis né troué », in Ecuador (1ᵉ éd. : 1929), Paris : Gallimard, coll. « L'imaginaire », 1968, p. 95.

12    B. Dylan, « Blowin' In The Wind », 1962.

13    Voir, entre autres, D. Bensaïd (2010).

oppressive power of the universal, and in particular "the risk of mandating parochialism as universality" (Butler, 2009: 161). This concern was awakened in particular by the Islamophobic state violence perpetrated by Western nations after September 11, 2001.

Thus renewed, these foundations provide the opportunity to reformulate what I have called a "subdued Enlightenment", associating the ethics of fragility and the ethics of concern as the nutriments of a politics of fragility[10] – or vulnerability, if we are to use Butler's words. An Enlightenment that would work on the tension between reason and passion. An Enlightenment that would confront plurality and historicity. A universality that would allow relativist anxiety to cross through it, without falling into nihilism. Temporary markers that would be open to reformulations during the process. This would further extend the path opened up by Theodor Adorno and Max Horkheimer in *The Dialectic of Enlightenment* (1944/2002), namely Enlightenment's principle of self-reflection in exploring its own vulnerabilities. What poet Henri Michaux has called "absent columns" *(colonnes absentes)*[11].

We could for example focus on Enlightenment values such as "humanity", "reason", or "progress". *Humanity* can for example carry vulnerability, following Emmanuel Levinas' analysis as developed by Judith Butler, or developed differently by gender, colonial, and post-colonial studies, to which Butler has contributed. Let us recall the words of Bob Dylan:

*How many roads must a man walk down/Before you call him a man?*[12]

The fact that Dylan uses the word "man" instead of "human" is indeed part of the problem. *Reason* may refer to a plurality of rationalities in situation (as is the case with French pragmatist sociology, initiated by Luc Boltanski and Laurent Thévenot), or be marked by the importance of the body (from Maurice Merleau-Ponty to Pierre Bourdieu). *Progress* may be characterized by temporal discordance between past, present and future – for example, in Walter Benjamin's philosophy of history, developed in different directions by my late friend Daniel Bensaïd[13], or by Judith Butler (2009: 102, 133–134). Such inflections tend to tint Enlightenment with the colors of melancholia, suggesting that Enlightenment is neither dazzling nor dazzled, filled with awareness of its fragility. The article on "melancholia" in the *Ency-*

---

10   On the perspective of "subdued Enlightenment" and the relations with the ethical triptych of ethics of fragility/ethics of concern/politics of fragility, see P. Corcuff (2002).

11   In the poem «Je suis né troué», in Ecuador (first published 1929). Paris: Gallimard, coll. «L'imaginaire», 1968, p. 95.

12   B. Dylan, "Blowin' In The Wind", 1962.

13   See for example D. Bensaïd (2010).

fragilités. Songeons qu'un des grands livres des Lumières, l'*Encyclopédie* coordonnée par Diderot et D'Alembert, débutait ainsi son article « mélancolie » :

> *C'est le sentiment habituel de notre imperfection.*[14]

Le féminisme, en mettant en cause une des principales figures de la domination recouvertes par l'universalisme des Lumières, a joué un rôle historiquement crucial dans cette fragilisation. Fragilisation qui pourrait constituer un nouveau départ pour des Lumières tamisées moins arrogantes et plus inquiètes de leurs éventuels effets oppresseurs.

Ces réflexions nous mettent sur les traces d'une catégorie renouvelée de *global*, qui se distingue de la catégorie traditionnelle de « totalité » et de la catégorie postmoderniste de « dissémination ». Dans un entretien avec Jacques Rancière de 1977, Michel Foucault a contribué, dans le sillage de la critique féministe de la totalisation marxiste, à dessiner ce global alternatif dans une localisation de « la lutte des classes » :

> *La lutte des classes peut donc n'être pas la « ratio de l'exercice du pouvoir » et être pourtant « garantie d'intelligibilité » de certaines grandes stratégies.* (Foucault, 2001 [1977] : 425)

L'éclairage globalisant de « la lutte des classes » pointerait à la fois des dimensions importantes des pouvoirs-dominations et des résistances, mais ne pourrait pas prétendre en constituer l'axe principal, comme dans les analyses marxistes. Marx et les marxistes apporteraient une contribution importante à une pensée critique et émancipatrice globale, mais le marxisme aurait tort de vouloir totaliser autour d'un axe hégémonique. Comme l'avait déjà pressenti le mouvement féministe, les coalitions de demain seront nécessairement pluralistes, ce qui ne veut pas dire sans repères, ni intersections globales.

## Références bibliographiques

ADORNO Theodor, HORKHEIMER Max (1983). *La dialectique de la raison* (1ᵉ éd. : 1944), trad. franç. d'É. Kaufholz. Paris : Gallimard, collection « TEL ».

AGUITON Christophe (2001). *Le Monde nous appartient*. Paris : Plon.

ARENDT Hannah (1995). *Qu'est-ce que la politique ?* (manuscrits de 1950–1959), trad. franç. de S. Courtine-Denamy. Paris : Seuil, coll. « L'ordre philosophique ».

BENSAÏD Daniel (2010). *Une radicalité joyeusement mélancolique. Textes (1992–2006)*, réunis et présentés par P. Corcuff. Paris : Textuel.

---

[14] Repris dans Y. Hersant (dir.), *Mélancolies. De l'Antiquité au XXᵉ siècle*. Paris : Robert Laffont, coll. « Bouquins », 2005, p.683.

*clopedia* coordinated by Diderot and D'Alembert, one of the major works of the Enlightenment, begins as follows:

> *It is the usual feeling of our imperfection*[14]

By challenging one of the main figures of domination that comes with Enlightenment's universalism, feminism has historically played an essential role in this fragilization, which could be a new starting point for a subdued Enlightenment, less arrogant and more concerned about its potentially oppressive impact.

These thoughts put us on the path of a renewed category of *global* that is distinct from the traditional category of "totality", and from the postmodern category of "dissemination". In a dialogue with Jacques Rancière in 1977, in the footsteps of the feminist critique of Marxist totalization, Michel Foucault contributed to the outline of this alternative global through the localization of "class struggle":

> *Thus it is possible for class struggle not to be the 'ratio for the exercise of power', yet still be the 'guarantee of intelligibility' for certain grand strategies.* (Foucault, 1980: 142)

The globalizing lights of "class struggle" then point up important features of powers/dominations and resistance, but cannot claim to form their main axis, as in Marxist analysis. Marx and Marxists provide an important contribution to global critical and emancipatory thinking, but Marxism should not follow the objective of totalization around a hegemonic axis. As the feminist movement had foreseen, the coalitions of tomorrow will necessarily be pluralist, which does not mean devoid of markers or global intersections.

## 6  References

ADORNO Theodor, HORKHEIMER Max (2002). *The Dialectic of Enlightenment*, (first published 1944), English translation by Edmund Jephcott. Stanford: Stanford University Press.

AGUITON Christophe (2001). *Le Monde nous appartient*. Paris: Plon.

ARENDT Hannah (2005). *The Promise of Politics*. New York: Schoken.

BENSAÏD Daniel (2010). *Une radicalité joyeusement mélancolique. Textes (1992–2006)*, texts collected and introduced by P. Corcuff. Paris: Textuel.

BUTLER Judith (2013). «Levinas trahi? La réponse de Judith Butler», trad. franç. de J. Marelli, blog «Désordres philosophiques» (le blog de Nicolas Weill,

---

[14]  Taken from Y. Hersant (ed.), *Mélancolies. De l'Antiquité au XX$^e$ siècle*. Paris: Robert Laffont, coll. «Bouquins», 2005, p. 683.

BUTLER Judith (2013). «Levinas trahi? La réponse de Judith Butler», trad. franç. de J. Marelli, blog «Désordres philosophiques» (le blog de Nicolas Weill, journaliste au *Monde*), 21 mars 2013 [http://laphilosophie.blog.lemonde.fr/2013/03/21/levinas-trahi-la-reponse-de-judith-butler/].

BUTLER Judith (2012), "So, What Are the Demands? And Where Do They Go From Here?" *Tidal. Occupy Theory, Occupy Strategy*, issue 2, march 2012. [https://docs.google.com/file/d/0B8k8g5Bb3BxdMko3Y1NkdUVRd0tn UFdpUmpWckJ2dw/edit?pli=1]

BUTLER Judith (2010). *Ce qui fait une vie. Essai sur la violence, la guerre et le deuil* (*Frames of War: When Is Life Grievable?*, 1ᵉ éd.: 2009), trad. franç. de J. Marelli. Paris: Zones/La Découverte.

BUTLER Judith (2007). *Le récit de soi* (*Giving an Account of Oneself*, 1ᵉ éd.: 2005), trad. franç. de B. Ambroise et V. Aucouturier. Paris: PUF, collection «Pratiques théoriques».

BUTLER Judith (2006). *Trouble dans le genre. Le féminisme et la subversion de l'identité* (*Gender Trouble*, 1ᵉ éd.: 1990), trad. franç. de C. Kraus, préface d'É. Fassin. Paris: La Découverte/Poche.

BUTLER Judith (2005). *Vie précaire. Les pouvoirs du deuil et de la violence après le 11 septembre 2001* (*Precarious Life: The Powers of Mourning and Violence*, 1ᵉ éd.: 2004), trad. franç. de J. Rosanvallon et J. Vidal. Paris: Éd. Amsterdam.

CORCUFF Philippe (2013). «Enjeux pour la gauche de gauche en France en 2013: éclairages autobiographiques». *Mediapart*, 27 mai 2013, [http://blogs.mediapart.fr/blog/philippe-corcuff/270513/enjeux-pour-la-gauche-de-gauche-en-france-en-2013-eclairages-autobiographiques]; texte initialement présenté lors d'une conférence-débat à Montréal le 21 mai 2013 à l'invitation de l'UPop Montréal (Université Populaire de Montréal) et de la revue *Á Bâbord!*

CORCUFF Philippe (2012). *Où est passée la critique sociale? Penser le global au croisement des savoirs*. Paris: La Découverte, collection «Bibliothèque du MAUSS».

CORCUFF Philippe (2011). *Les nouvelles sociologies. Entre le collectif et l'individuel* (1ᵉ éd.: 1995). Paris: Armand Colin, collection «128» (3ᵉ éd.).

CORCUFF Philippe (2009). «Individualisme», in A. Caillé et R. Sue (dir.), *De gauche?* Paris: Fayard.

CORCUFF Philippe (2005). *Les grands penseurs de la politique. Trajets critiques en philosophie politique*. Paris: Armand Colin, collection «128» (2ᵉ éd.).

CORCUFF (2002). *La société de verre. Pour une éthique de la fragilité*. Paris: Armand Colin, collection «Individu et Société».

CORCUFF (2001). «Levinas Emmanuel, 1906–1995: Totalité et Infini. Essai sur l'extériorité, 1961, et Autrement qu'être ou au-delà de l'essence, 1974», in

journaliste au *Monde*), 21 mars 2013 [http://laphilosophie.blog.lemonde.fr/2013/03/21/levinas-trahi-la-reponse-de-judith-butler/].

BUTLER Judith (2012), "So, What Are the Demands? And Where Do They Go From Here?" *Tidal. Occupy Theory, Occupy Strategy*, issue 2, march 2012. [https://docs.google.com/file/d/0B8k8g5Bb3BxdMko3Y1NkdUVRd0tnUFdpUmpWckJ2dw/edit?pli=1]

BUTLER Judith (2009). *Frames of War: When Is Life Grievable?* London and New York: Verso.

BUTLER Judith (2005). *Giving an Account of Oneself.* New York: Fordham University Press.

BUTLER Judith (2004). *Precarious Life: The Powers of Mourning and Violence.* London: Verso.

BUTLER Judith (1999). *Gender Trouble* (first published 1990). New York and London: Routledge.

CORCUFF Philippe (2013). «Enjeux pour la gauche de gauche en France en 2013: éclairages autobiographiques». *Mediapart*, 27 mai 2013, [http://blogs.mediapart.fr/blog/philippe-corcuff/270513/enjeux-pour-la-gauche-de-gauche-en-france-en-2013-eclairages-autobiographiques]; texte initialement présenté lors d'une conférence-débat à Montréal le 21 mai 2013 à l'invitation de l'UPop Montréal (Université Populaire de Montréal) et de la revue *Á Bâbord!*

CORCUFF Philippe (2012). *Où est passée la critique sociale? Penser le global au croisement des savoirs.* Paris: La Découverte, collection «Bibliothèque du MAUSS».

CORCUFF Philippe (2011). *Les nouvelles sociologies. Entre le collectif et l'individuel* (1ᵉ éd.: 1995). Paris: Armand Colin, collection «128» (3ᵉ éd.).

CORCUFF Philippe (2009). «Individualisme», in A. Caillé et R. Sue (dir.). *De gauche?* Paris: Fayard.

CORCUFF Philippe (2005). *Les grands penseurs de la politique. Trajets critiques en philosophie politique.* Paris: Armand Colin, collection «128» (2ᵉ éd.).

CORCUFF (2002). *La société de verre. Pour une éthique de la fragilité.* Paris: Armand Colin, collection «Individu et Société».

CORCUFF (2001). «Levinas Emmanuel, 1906–1995: *Totalité et Infini. Essai sur l'extériorité*, 1961, et *Autrement qu'être ou au-delà de l'essence*, 1974», in F. Châtelet, O. Duhamel, É. Pisier (eds.), *Dictionnaire des œuvres politiques*. Paris: PUF, collection «Quadrige» (4ᵉ ed.).

DEWEY John (2012). *The Public and its Problems* (First published 1927). Penn State University Press.

FOUCAULT Michel (1980). "Powers and Strategies" (interview with J. Rancière in 1977), in *Power/Knowledge: Selected Interviews and Other Writings, 1972–1977*, ed. Colin Gordon. New York: Pantheon.

F. Châtelet, O. Duhamel, É. Pisier (dir.), *Dictionnaire des œuvres politiques*. Paris : PUF, collection « Quadrige » (4ᵉ éd.).

DEWEY John (2010). *Le public et ses problèmes* (1ᵉ éd. : 1927), trad. franç. et présentation de J. Zask. Paris : Gallimard, collection « Folio Essais ».

FOUCAULT Michel (2001). « Pouvoirs et stratégies » (entretien avec J. Rancière de 1977), in *Dits et écrits II, 1976–1988*. Paris : Gallimard, coll. « Quarto ».

KANT Emmanuel (1991). « Réponse à la question : Qu'est-ce que les Lumières ? » (1ᵉ éd. : 1784), in *Vers la paix perpétuelle. Que signifie s'orienter dans la pensée ? Qu'est-ce que les Lumières ? et autres textes*. Trad. franç. de J.-F. Poirier et F. Proust. Paris : GF-Flammarion.

LEVINAS Emmanuel (1990). *Éthique et infini* (dialogues avec P. Nemo de février-mars 1981, 1ᵉ éd. : 1982). Paris : Le Livre de Poche.

MASSIAH Gustave (2011). *Une stratégie altermondialiste*. Paris : La Découverte.

MERLEAU-PONTY Maurice (1996). « La querelle de l'existentialisme » (1ᵉ éd. : novembre 1945), in *Sens et non-sens*. Paris : Gallimard.

NANCY Jean-Luc (1997). *Hegel. L'inquiétude du négatif*. Paris : Hachette.

PROUDHON Pierre-Joseph (1997). *Théorie de la propriété* (1ᵉ éd. posth. : 1866). Paris : L'Harmattan, collection « Les introuvables ».

KANT Immanuel (1991). "An Answer to the Question: What is Enlightenment?" (1st ed.: 1784), in *Kant: Political Writings* (ed. H. S. Reiss). Cambridge University Press.

LEVINAS Emmanuel (1982). *Ethics and Infinity* (dialogue with Philippe Nemo in February-March 1981, first published 1982), English translation by Richard A. Cohen. Pittsburgh: Duquesne University Press.

MASSIAH Gustave (2011). *Une stratégie altermondialiste*. Paris: La Découverte.

MERLEAU-PONTY Maurice (1964). "The Battle over Existentialism" (first published, November 1945), in *Sense and Non-Sense*. Evanston (Illinois): Northwestern University Press.

NANCY Jean-Luc (2002). *Hegel. The Restlessness of the Negative* (first published 1997), English translation by Jason E. Smith and Steven Miller. Minneapolis: University of Minnesota Press.

PROUDHON Pierre-Joseph (1997). *Théorie de la propriété* (first published posthumously 1866). Paris: L'Harmattan, collection «Les introuvables».

# Les couleurs du féminisme, tensions et paradoxes

*Nacira Guénif-Souilamas*

> *En effet, si c'est précisément en raison de ses relations aux autres que l'on est opaque à soi-même et si ces relations aux autres forment précisément le lieu de la responsabilité éthique, alors il peut très bien s'ensuivre que ce soit précisément en vertu de cette opacité du sujet à lui-même qu'il subit et maintient certains de ses liens éthiques les plus importants.*
>
> Judith Butler, *Le récit de soi* (2007 : 20).

> *Marcher est une expérience d'incomplétude, et voyager dans ce contexte ne conduit pas, comme communément entendu, à la « découverte » du monde – un terme si cher à la quête et à la conquête coloniale. Plutôt, l'attention se porte sur la capacité à recevoir et à l'expansivité de la réception.*
>
> Trinh T. Minh-ha, *Miles of Strangeness – La Longue marche de l'étrangeté.* Conférence donnée lors du colloque 1962, Un Monde, Oran, Algérie, octobre 2012.

## 1 Etrange France

Le tournant de ce siècle constitue un moment singulier pour relever en France et au-delà dans l'ancien monde libre, les tracés, autant sensibles qu'étranges, de tensions culturelles et politiques. Témoignant d'une intense activité, pensée ici comme une tectonique des plaques, ces rencontres engagent des protagonistes d'une guerre de basse intensité rapatriés en France depuis le double mouvement de désimpérialisation/européanisation inauguré dans les années 1950. Ce demi-siècle fournit ainsi un fond de carte sur lequel apparaissent en relief les ondes séismiques de coalitions, divisions, dispersions qui fournissent la mesure de conflits d'interprétation et de gouvernement de métamorphoses ethnico-racialo-genrée inédites. De plus en plus indexés au

# The Colors of Feminism – Tensions and Paradoxes[*]

*Nacira Guénif-Souilamas*

> *Indeed, if it is precisely by virtue of one's relation to others that one is opaque to oneself, and if those relations to others are the venue of one's ethical responsibility, the nit may well follow that it is precisely by virtue of the subject's opacity to itself that it incurs and sustains some of its most important ethical bonds.*
>
> Judith Butler, *Giving an Account of Oneself* (2005: 20).

> *Walking is an experience of indefiniteness, and traveling in this context does not, as commonly understood, lead to the "discovery" of the world–a term so endearing to the colonial quest and conquest. Rather, the focus is all on the ability to receive and the expansive nature of reception.*
>
> Trinh T. Minh-ha, *Miles of Strangeness*, Keynote speech, International Conference: 1962, A World, Oran, Algeria, October 2012.

## 1    Strange France

The turn of the century is a singular time to measure up, in France and beyond in the former free world, the routes, as sensitive as they are strange, of cultural and political tensions. Sign of an intense activity that is imagined as plate tectonics, these encounters involve protagonists of a low intensity war repatriated in France after the dual process of disimperialization/Europeanization inaugurated in the 1950s. The past half-century has provided the terrain for the seismic waves of coalitions, divisions, dispersals on which are measured conflicts of interpretation and government of unprecedented ethnic, racial and gendered metamorphoses. Increasingly indexed on

---

[*]    Translated from French into English by Cyril Leroy.

genre du corps qui les incarnent et désormais inscrits dans un paysage national aux contours flous, inquiétés par ses voisinages agités et ses dé-liaisons dangereuses, ces conflits occupent les esprits et divertissent de luttes sociales laissées pour mortes sur le bas-côté des autoroutes de la guerre de civilisation. Ce théâtre national est souvent joué à guichet fermé, fort de la fascination qu'exercent sur des spectateurs/trices hypnotisé·e·s les figures outrancières du drame en cours. Il privilégie aussi le huis clos, au nom de l'exception française, celle d'un universalisme abstrait devant s'imposer sans limite et cependant voué à rester incompris des foules qui l'habitent et de celles qui l'invoquent de par le monde. Ces conciliabules tenus dans l'entre-soi national sont mis au service d'une république étrangère à sa multiculturalité. Il y règne comme une ambiance d'union sacrée contre une supposée menace intérieure qui balaierait tout sur son passage. Chacun·e est tenu·e de ne pas donner de la voix sans autorisation expresse ou absolue nécessité. Les clivages qui ponctuent la vie politique française s'effacent pour faire place à une coalition réactionnaire. Elle refuse l'altérité intérieure désormais installée dans le paysage national et prône une position de dénonciation virulente, tous bords confondus, convergeant dans un racisme patriotique. Cette coalition nationalitaire et républicaine semble avoir pris la main, jusque dans les appellations des ministères et la nomination sous tutelle de leurs occupant·e·s sans pouvoir. Autochtones et indigènes sont respectivement appelé·e·s au secours de la nation. Les un·e·s pour sauver ses lieux de mémoire et les vestiges de sa grandeur révolue, entre identité nationale et patrimoine gastronomique. Les autres pour nourrir une figuration active et passive dans le récit balbutiant d'une France plurielle devant faire le tri entre les domestiqué·e·s et les ensauvagé·e·s. Au titre de leur rôle de truchement entre les deux groupes, les Françaises d'ascendance migrante et coloniale sont ainsi tenues d'administrer la preuve que la domestication par assimilation a réussi pour peu qu'elles veuillent bien accepter d'en boire la potion amère. Faisant le chemin inverse de la princesse Malinche qui en d'autres temps de conquête a servi d'interprète entre son peuple indien et l'envahisseur espagnol au point de trahir les sien·ne·s, ouvrant la brèche de la langue qui les conduira à leur perte puis à leur massacre par son nouveau maître (Cortés), les beurettes d'hier ou de demain sont attendues dans leurs plus beaux atours pour entrer sur le marché matrimonial et sexuel local. Et si cela exige qu'elles trahissent les leurs, eh bien qu'à cela ne tienne semble scander le chœur de la tragédie nationale, emporté par des intellectuel·le·s ombrageurs/euses. Elles sont ainsi exhibées au premier rang des prises de choix de la lutte contre une religion, l'islam, devenue paradigmatique de croyances précipitées vers les extrêmes et emblématique de détestations légitimées par une islamophobie banalisée.

their gender embodiment and henceforth inscribed in an ill-defined national landscape, concerned by agitated neighboring and dangerous de-liaisons, conflicts are a major preoccupation and a diversion from social struggles that are left for dead on the highway roadsides of the war of civilization. This national theater is often performed in front of a sold-out crowd of hypnotized spectators fascinated by the outrageous characters in the drama that is unfolding. It also favors closed doors, in the name of the French exception of an abstract universalism that is supposed to apply without limits and however destined to remain poorly understood by the concerned crowds and by those who appeal to it throughout the world. Such councils within the national frame and limits are put at the service of a republic that is alien or at odds with to its own multiculturality, and where prevails an atmosphere of sacred union against an unproven internal threat that is said to have the capacity to sweep away everything in its path. Each and everyone is bound to not speak up without express authorization or absolute necessity. The divides that characterize French politics fade to give way a reactionary coalition. It rejects the interior otherness that is now part of the national landscape and advocates a position of virulent denunciation, which comes from all sides of the political spectrum to converge in patriotic racism. This nationalitarian republican coalition seems to have taken such control that it now influences the naming of ministries and supervises the appointment of their powerless occupants. Autochthons and natives are respectively called to save the nation. The former are summoned to preserve memorials and relics of past grandeur, between national identity and gastronomic heritage. The latter are called upon to play active and passive walk-on parts in the narrative of a plural France that is its infancy, having to sort out the domesticated and the ensavaged in the process. Given their role as spokesperson between the two groups, French women of migrant and colonial background are thus commanded to provide evidence that domestication through assimilation succeeded, as long as they are willing to swallow its bitter pill. Taking the opposing route to that of Dona Marina who served in other times of conquest as an interpreter between her Indian people and the Spanish invaders, to the point of betraying her own people, opening the breach of language that would ultimately lead to their demise and slaughter by their new master (Cortés), the *beurettes* (second-generation North African women) of yesterday or tomorrow are expected in all their finery on the local matrimonial and sexual market. And if this requires betraying their own people, so be it seems to sing the chorus of the national tragedy led by shady intellectuals. They are thus exposed as first class catches in the fight against the Islamic religion, which has become the paradigm of beliefs thrown toward the extremes, a symbol of hatreds legitimized by the banalization of Islamophobia.

## 2     Islamophobie et antisexisme patriarcal : des liaisons fatales

Voici une religion rendue responsable des excès et des attaques qu'elle suscite. Elle n'en serait pas l'objet, mais l'instigatrice, par l'écart que manifesteraient ses fidèles à l'égard des normes de civilité vestimentaire, d'invisibilité publique, de soumission à une laïcité devenue une valeur, loin du principe qui la constitue comme un outil de gouvernement. Elle offre le réceptacle, sinon la justification, d'une détestation contre les arabes, les juifs, les noirs, les roms qui n'a cessé de jalonner l'histoire récente d'une France européenne, catholique et coloniale et de trouver, à chacun de ses tournants civilisationnels, matière à se reconfigurer.

Les détracteurs de ces musulmans vernaculaires ont trouvé dans leurs attaques la justification d'un racisme naguère encore indexé à l'antisémitisme et désormais déployé contre ces autres trop semblables. Car même lorsqu'ils·elles apparaissent dans toute leur différence, ils·elles suscitent l'opprobre tant cette différence n'est pas assez marquée, par l'accent, la maladresse, l'inculture. C'est ainsi que cette islamophobie n'est rien d'autre que la réactivation d'un antisémitisme qui n'a plus droit de cité. En un constant cycle de métamorphose, cette haine trouve de nouveau à se travestir en une romophobie devenue à son tour parfaitement vertueuse.

L'impression entretenue que rien ne transpire du drame en cours, que la cohésion nationale est sauve, n'ôte rien aux secousses provoquées durant une décennie par des décharges identitaires. Ce sont autant d'électrochocs qui disloquent des mouvements, féministes, sociaux, syndicaux, politiques, culturels, intellectuels. Les fissures puis les fractures se dessinent nettement à mesure que le consensus anti-religieux, anti-racial et anti-ethnique s'installe et coagule dans un exercice désormais imposé : l'antisexisme patriarcal. Présentant l'avantage de se démarquer du féminisme radical historique, qui a pu en faire rougir plus d'un·e, soit devant ses dénonciations frontales et explicites, soit au hasard d'une prise de conscience subite d'une morgue sexiste, cette espèce d'antisexisme sert prioritairement la préservation du patriarcat. Pour sauver les privilèges qui fondent et en conditionnent l'existence, il feint de défendre la cause de *la* femme. Il s'emploie à détourner l'attention des pratiques sexistes de ses adeptes en dénonçant d'autres hommes, lointains oppresseurs ou trop proches concurrents. Il fait porter tous les efforts d'une résistance de façade contre la menace que constitueraient les hétérosexistes basanés et métèques, face auxquels s'élèvent des hétérosexistes blancs défendant la liberté de leurs victimes. Débusquée depuis longtemps par Gayatri Spivak dans un aphorisme devenu célèbre, « sauver les femmes de couleur des hommes de couleur » (2010), cette posture continue pourtant de faire des émules et de nourrir l'illusion que le salut vient de l'ouest.

## 2 The fatal attraction of Islamophobia and patriarchal antisexism

Here is a religion that is made responsible for the excesses and attacks it stirs up. It is considered not as the object, but as the stirrer of excess and attack, because of the gap that the faithful would create towards norms of clothing, public invisibility, submission to secularism turned value, far from the principle that makes it a tool of government. It provides a repository, if not a justification, for a detestation targeting Arabs, Jews, Blacks and Romani that has been a permanent feature of the recent history of a European, Catholic and colonial France, reconfigured upon each of its civilizational turns.

Accusers of vernacular Muslims have found in their attacks the justification of a racism formerly indexed on anti-Semitism that now targets these all too similar others. Even when they appear in all their difference, they provoke a strong opposition as this difference is not evident enough through accent, awkwardness, or lack of culture. This makes such Islamophobia nothing else than the reactivation of an anti-Semitism that is no longer tolerated. Through permanent cycles of metamorphosis, hate has found a new outlet in Romophobia, which has in its turn become perfectly virtuous.

The given impression that nothing comes to light about the tragedy at play, that national cohesion is saved, should not mask the shocks caused by a decade of identity wars. These electroshocks have divided feminist, social, unionist, political, cultural and intellectual movements. Cracks, then splits, are clearly drawn as the anti-religious, anti-racial and anti-ethnic consensus progresses and coagulates in the newly imposed exercise of patriarchal antisexism. With the advantage of having taken distance from historical radical feminism, which can be intimidating for many, either because of the explicit head-on ruptures, or of increased awareness of the sexist arrogance, this breed of antisexism primarily serves the defense of patriarchy. To preserve the foundational and conditional privileges of existence, it pretends to defend the cause of *the* woman. It works at diverting attention from the sexist practices of its advocates by denouncing other men, oppressors from far away, or too similar rivals. It targets efforts on an apparent resistance against the assumed threat of dark-skinned *métèque* heterosexists, against whom white heterosexists rise up to defend the freedom of their victims. Coined a long time ago by Gayatri Spivak in an expression that has become famous: "saving brown women from brown men" (1988) is a position that is still emulated and feeds the illusion of salvation coming from the West.

Pourtant, des mouvements, façonnés par des efforts ingénieux de coalition, s'étaient inscrits dans la durée et avaient été cimentés par des luttes victorieuses qui les avaient endurcis et aguerris. Ils ont cédé face au jeu idéologique d'accréditation d'un ennemi intérieur, présenté sous une figure de Janus, désormais seul objet de vindicte et d'alerte : l'arabe et la musulmane. Subsumée dans les thèmes d'immigration, d'arabe, de noir ou d'islam, encapsulée dans ses incarnations ethniques et sexuées, cette politique de la peur prospère, avec ses entrepreneurs et ses sous-traitants, coalisés ou pas dans le sillage d'une décolonisation inachevée. Ainsi des mouvements naguère victorieux sur de multiples fronts, tangibles et redoutables, sociaux, sociétaux, sont défaits par un mirage, scruté comme aux confins du désert des tartares, toujours attendu, jamais advenu : l'invasion musulmane. Cette étrange France trouve sa place au sein d'une Europe devenue une terre de prédilection de la fermeture et du rejet. Les coalitions les plus réactionnaires, de droite comme de gauche, ont eu raison de dynamiques radicales prises au dépourvu dès lors que le trope de l'autre intrus s'est trouvé placé en tête de leur agenda.

## 3    Colonialité des coalitions « de progrès »

Que faire alors de la rhétorique des « acquis » et du « progrès » dans tous les cas de coalitions accomplies ? Ou plutôt : comment les défaire ? Ainsi, de vastes mouvements féministes ont accompagné et certainement accéléré, la révolution anthropologique du désarrimage entre procréation, conjugalité et sexualité avec ses bouleversements décisifs : légalisation et protection sociale de la contraception puis de l'avortement, union libre, libre choix de partenaires sexuels, desserrement de l'étau de l'hétéronormativité, redéfinition de la filiation et fin de sa branche illégitime, rééquilibrage de la parentalité, transformation de la conjugalité par la fin d'une tutelle légale sur la femme et la suppression du divorce pour faute, enfin, criminalisation du viol et relative acceptation des prostituées sinon de la prostitution. Pourtant aguerris, ces mouvements ne voient pas venir le leurre que constitue la rhétorique vide de la « régression ». Oppression exotique entre archaïsme et obscurantisme, importée clé en main d'anciennes colonies devenues des zones de guerre larvée menaçant de se déverser dans une Europe paniquée, elle figure désormais la seule menace contre un monde idéalisé du commerce amoureux, auquel résisteraient des archétypes arabes de l'hétérosexuel violent. Convoqués sur la scène politique des procès en inquisition, certaines figures de ces mouvements sont sommées d'attester de la dangerosité de ces jeunes hommes et d'entériner qu'il y a bien péril en la demeure pour les femmes qui les côtoient.

Still, movements shaped by ingenious coalitions durably settled in the landscape, cemented by successful struggles that had made them harder and tougher. They conceded in the ideological game of certification of an enemy from within, figured as Janus, now the only object of public condemnation and alert: the Arab and the Muslim woman. Subsumed in the themes of immigration, Arab, black and Islam, embedded in its ethnic and sexual embodiments, the politics of fear thrive, with its entrepreneurs and subcontractors, in coalitions or not in the wake of uncompleted decolonization. Social movements that were formerly victorious on many fronts, tangible and impressive, are defeated by an illusion, object of scrutiny as if in the far reaches of the Tartar Steppe, forever expected but never occurring, namely a Muslim invasion. This strange France fits in a European continent that has seen a surge of suspicion and rejection. The most reactionary coalitions, from the right and from the left, eventually defeated the radical dynamics that were taken by surprise as soon as the trope of the intruding other became a priority.

## 3  Coloniality of "progressive" coalitions

What can therefore be done of the discourse about "gains" and "progress" in all cases of accomplished coalitions? Or rather, how can it be tackled? Large feminist movements have assisted and certainly accelerated the anthropological revolution of the disassociation of procreation, maritality and sexuality, and its decisive breakthroughs: legalization and social policies of contraception and abortion, free unions, freedom of choice for sexual partners, loosening of the noose of heteronormativity, redefinition of filiations and termination of its illegitimate branch, rebalancing of parentality, transformation of maritality with the end of legal wardship of women and fault divorce and, finally, criminalization of rape and relative acceptance of prostitutes if not of prostitution. However battle-hardened, these movements have not seen coming the lure of the empty rhetoric about "regression". Exotic oppression between archaism and obscurantism, imported out of the box from former colonies turned latent war zones threatening to flood a panicked Europe, it has now become the sole threatening figure in an ideal world of commodified love, against which the Arab archetype of the violent heterosexual is supposedly at war. Convoked on the political scene before the tribunals of inquisition, leading figures of these movements are summoned to attest to the dangerousness of these young men and to confirm the existence of a major threat for the women who mix with them and the so called closeted gays whom they cohabit with.

Ainsi en est-il aussi de ces mouvements de gauche qui ont entretenu une veine contestataire marxiste et post-marxiste, ont lutté pour préserver les acquis « chèrement gagnés par la lutte » dans l'avènement d'une société progressiste providentielle, puis semblent avoir noyé leur chagrin de la fin du progrès, vendu avec les murs d'une industrie délocalisée, dans les eaux troubles de la dénonciation d'un retour du fanatisme. Incarné, là encore, par la religion paradigmatique, l'islam, cette poche de résistance au progrès civilisationnel, menace, selon des édiles très à gauche, les « valeurs laïques » haussées au rang d'étendard. C'est dans les rangs de ces mouvements, que se sont recruté·e·s les promoteurs/trices de croisades morales désormais au centre de l'agenda politique sous la rubrique, très nourrie, de l'identité nationale. Ainsi, sans toujours le savoir, ni l'avoir anticipé, leur défense et illustration des vertus de la laïcité s'est télescopée avec la mission civilisatrice des partisan·ne·s de la France éternelle, faisant d'eux·elles les allié·e·s objectifs·ives d'une revendication forcenée de l'autochtonie et d'une banalisation du racisme. Leur témoignage à charge conforte une ligne idéologique dominante sur plusieurs points cruciaux.

- L'essentialisation des victimes. La division blanche/colorée non seulement joue, et continue de jouer, contre les rares déclarations de femmes blanches visant à dédiaboliser les garçons arabes et leurs acolytes musulmans, mais plus centralement elle pèse sur les « non-blanches ». Afin de définitivement disqualifier leurs positions analytiques et politiques, le prétexte qu'elles sont aliénées à leur nature, dès lors incapables d'une quelconque appréhension de leur situation ou du monde dans lequel elles s'inscrivent, sera mobilisé tout au long de la décennie. L'exercice devenu routinier consiste à retourner contre elles, en un curieux retour d'un refoulé pré-beauvoirien, pré-butlerien, anhistorique et a-généalogique, l'argument essentialiste de la nature féminine arabe. S'y combine le puissant adjuvant d'un racisme vertueux, fait de victimisation et de défense des victimes, pas tant colorées que blanches, entretenant ainsi un système qui ne rencontre aucun obstacle.
- La réassignation à une nature féminine. Pour atteindre sa puissance de croisade, l'argument de la lutte contre l'intégrisme et/ou l'archaïsme patriarcal doit garder la main sur son outil d'exposition. Dans le scénario privilégié, les femmes sont bien des femmes. Opprimées par leurs hommes arabes et/ou musulmans, elles le sont exclusivement au titre de leur féminité et de la survivance patriarcale qui s'y trouve incarnée et y reste donc logée. Cependant, contrairement à ce que les croisés affirment sans rencontrer beaucoup d'objection, ce ne sont pas que les rapports sociaux de sexe en régime minoritaire, arabe et/ou

It is also the case of left movements that maintained a Marxist and post-Marxist tradition of protest, struggled to keep the benefits won "at a greatest cost" towards the establishment of a providential progressive society, and now seem to have buried their sorrows about the end of progress, sold with the walls of delocalized factories, in the dark waters of the opposition to a return of fanaticism. Here again embodied by the paradigmatic relation, Islam, this pocket of resistance to civilizational progress is, according to elites clearly positioned on the left, a threat to "secular values" that are raised as a banner. It is among the ranks of these movements that are recruited the soldiers of moral crusades that take a central place in the political agenda under the abundant column of national identity. Hence, sometimes unwillingly, and without anticipation, their defense and illustration of the virtues of secularism collided with the civilizing mission of those who promote the idea of an "eternal France", making them objective allies of a fanatic claim of nativeness and the trivialization of racism. Their prosecution testimony reinforces several key features of the dominant ideological discourse.

- Essentialization of victims. The white/colored divide not only plays, and keeps on playing, against the very few statements of white women who attempt to undemonize Arab boys and their Muslim counterparts, but is also a significant weight for "non-whites". In order to definitely disqualify their analytical and political positions, the pretext that they are alienated to their nature, and therefore unable of any understanding of their situation or of the world in which they live in, was mobilized throughout the decade. A newly routinized exercise consists in returning against them, in a surprising pre-Beauvoirian, pre-Butlerian, ahistorical and ageneological repressed, the essentialist argument of the nature of Arab women. It is combined with the powerful additive of a virtuous racism characterized by victimization and defense of victims, not so colored than white, thus maintaining a system that operates without any obstacle.
- Reassignment to a feminine nature. In order to reach crusade power, the argument of the fight against fundamentalism and/or archaic patriarchy must keep control of its argument. In the favored scenario, women are indeed women. Oppressed by their Arab and/or Muslim men, they are oppressed exclusively because of their feminity and the patriarchal legacy that it embodies and therefore hosts. However, contrary to what crusaders declare without facing much objection, it is not the sexual social relations among Arab and/or Muslim minori-

musulman qui obéissent à l'hétérosexisme de ce régime. C'est aussi, et peut-être surtout, les membres d'une modernité en marche qui persistent à assigner ces femmes à leur féminité et à réclamer pour elles le droit de jouir du fait d'être femme. C'est à l'usage de la société dominante, que cette féminité est systématiquement exacerbée et qu'elle trouve en ces figurantes subalternes son meilleur débouché. Dès lors les voici *straight*, en dépit de leur étrangeté, et interdites de toute distorsion, subversion de la ligne (de couleur) droite démarquant la féminité qui leur est impartie de la masculinité minoritaire qui n'aurait d'autre objectif que de les opprimer. Ce que ce régime de mise en concurrence entre subalternes colorés, ou ce qui est nommé les indigènes, fait disparaître, c'est l'hégémonie blanche et les instruments de sa pérennisation. C'est ainsi que dans la longue suite des logiques d'effacement d'une oppression par une autre et donc d'une mise en sommeil d'une lutte secondaire au profit d'une lutte «prioritaire en nature», les jeunes femmes musulmanes plus encore si elles sont voilées n'ont pas pu être entendues et donc admises dans l'espace de négociation et de revendication.

— Le renoncement à la radicalité. Survenu en déni de la question du voilement dans les établissements publics et en accord avec la seule réponse prohibitionniste, il jette une lumière oblique sur le refus des milieux féministes d'accepter l'inconfort d'une position accueillante à l'égard de créatures qui les déstabilisent. Pourtant leur position aura toujours consisté à la déconstruire et à s'acheminer vers un examen complexe d'une expérience genrée, historicisée pour en proposer une généalogie affranchie de la défense et l'illustration de la féminité, du binarisme hétérocentré et orientaliste. Rien, ou si peu, de ces efforts de construction d'un champ subalternatif semble audible à ce jour ; c'est en m'y tenant et en étant tenue d'y rester, ni plus ni moins que d'autres, que je fais ce constat.

C'est en cela que la veine marxiste par la voix de ses plus fervents affidés a failli à sa capacité critique et s'est laissée déborder par des relents réactionnaires qui aujourd'hui la transpercent de part en part et laissent la gauche pour morte sur le champ de ruine d'une guerre de civilisation dans laquelle il n'aurait jamais fallu se laisser entrainer. Une fois passée l'illusion d'en avoir décousu avec l'ennemi du progrès social au prétexte qu'il serait barbu et/ou visiblement différente, reste le constat d'avoir raté les mutations de la multiculturalité et d'avoir ruiné les espoirs de coalitions en faveur d'un pluralisme politique viable.

ties that follow the heterosexist regime. It is also, and maybe mostly, the agents of swaggering modernity that persist in assigning these women to their feminity and to claim in their name the right to enjoy the fact of being a woman. It is for the benefit of the dominant society that such feminity is systematically exacerbated and that it finds a perfect outlet in these subaltern onlookers. Henceforth they are straight, despite their queerness, and not allowed to distort or subvert in any way the (colored) straight line delimiting the part of feminity that is assigned to them from the minority masculinity that supposedly has no other objective than to oppress them. This regime of competition between colored subalterns, also called indigenous, masks white hegemony and the instruments of its sustainability. This is just another element in the long series of the substitution of an oppression by another oppression, silencing a secondary struggle for the benefit of another that has "priority by nature", all the more for young Muslim women, especially if veiled, who were not heard and thus admitted in the space of negotiation and claims.

- Renunciation of radicalism. Observed on the issue of the right to wear the veil in public schools and in accordance with the sole prohibitionist approach, it sheds light on the refusal by feminists to accept the discomfort of a welcoming position towards destabilizing creatures. However, their position has always been to deconstruct and move towards a complex inquiry into a gendered, historicized experience to provide a genealogy free from the defense and illustration of feminity, from heterocentered and orientalist binarism. None, or so few of these efforts to build a subalternative field seems audible today; it is by positioning myself there and staying there, not more nor less than others, that I make this observation.

In that sense, the Marxist tradition and its most fervent advocates have failed in their critical capacity and have been overwhelmed by the reactionary residues that now run over it and have left the left for dead among the ruins of a war of civilization in which they should never have accepted to be drawn into. Once the illusion of having fought the enemy of social progress based on the fact he wears a beard and she is different disappears, there remains the observation to have missed the changes in multiculturality and ruined the hopes for coalitions in favor of a livable political pluralism.

## 4 Assemblages terroristes et homonationalismes

Dernier exemple, illustrant la réversibilité du principe de liberté sans égalité, il met aux prises les multiples tendances militantes des mouvements LGBTQI (Lesbien, Gay, Bisexuel, Queer, Intersexe). Atteinte par la vague *mainstream* du *gay friendly* et son ressac raciste, la mosaïque de ces militances est déchirée par des voix qui prétendent porter loin la cause d'une homonormativité blanche menacée par ses marges colorées. Selon la surface d'influence qu'elles occupent, à coup d'anathèmes et d'oracles, ces voix autorisées intiment le silence aux minoritaires parmi les minoritaires, ceux qui aurait la naïveté de croire en une quelconque compatibilité entre islam et pédérastie. La prise de pouvoir de cette tendance éradicatrice *made in France* opère aujourd'hui la jonction avec les factions les plus réactionnaires, de droite comme de gauche, dans la célébration d'un modèle français d'*inversion* qui n'attend rien, sinon le pire, de *perversions* présentées par une rhétorique tribunicienne sous les traits orientalistes les plus éculés. Ainsi l'exemple de la guerre sainte menée par une Caroline Fourest, polémiste réincarnant la pucelle[1] dans sa version lesbienne, est dénoncée par Didier Lestrade, membre fondateur d'Act Up et du magazine *Têtu*, comme une reddition à une droite vitrifiée. Pourtant, plutôt que de déplorer un passage à l'ennemi, activité d'autant plus difficile à cartographier qu'elle est devenue routinière, le diagnostic de la décennie écoulée devrait explorer un champ de luttes bien à gauche où l'intimidation et la pression psychologique ont fait office d'arguments politiques visant à grossir les rangs de la sidération militante. Au prétexte de faire valoir la seule voie qui préserve une liberté sexuelle, elle aussi chèrement acquise, des manœuvres dilatoires et des procédés indignes ont été tolérés, acceptés voire encouragés. De même qu'il est devenu usuel d'entendre la ritournelle de la bonne conscience se conclure par un «quand même, c'est important que *Ni Putes Ni Soumises* existe[2]», il est devenu supportable de ne pas dénoncer les pratiques racistes et discriminatoires contre tout ce qui peut être rapporté à une nébuleuse musulmane, arabes et noirs compris, au prétexte de la menace qu'ils feraient littéralement peser, par la massivité de leur présence physique, sur le mode et les choix de vie LGBTQI.

---

1      Jeanne d'Arc née en 1412, héroïne de la Guerre de Cent ans et de la lutte contre les Anglais, martyre, canonisée, objet de multiples «récupérations» idéologiques, est devenue une icône régulièrement fêtée par le Front National, parti d'extrême droite français. NDE.

2      Ni Putes Ni Soumises est un mouvement féministe français fondé en 2003 par Fadela Amara. Ce mouvement a notamment fait campagne pour l'interdiction du voile islamique. NDE.

## 4   Terrorist assemblages and homonationalisms

The last example illustrating the reversibility of the principle of freedom without equality involves the various activist tendencies of LGBTQI (Lesbian, Gay, Bisexual, Transsexual, Queer, Intersex). Struck by the mainstream wave of gay friendliness and its racist backwash, the mosaic of activisms has been shattered by the voices that pretend to carry further the cause of white heteronormativity threatened at its colored fringes. Under their surface of influence, using anathema and oracles, authorized voices silence minorities among minorities, those who would be naive enough to believe in any kind of compatibility between Islam and pederasty. The rise to power of the "eradicator" tendency *made in France* now operates the junction between the most reactionary elements, both of the right and of the left, in the celebration of a French model of *inversion* that excepts nothing, except the worst, from *perversions* presented using tribunician rhetoric based on the most tired orientalist depictions. The example of the holy war fought by Caroline Fourest, a polemist reincarnating a lesbian version of Joan of Arc as a maid[1], is denounced by Act Up and *Têtu* magazine founding member Didier Lestrade as surrender to a vitrified right and by the Indigène of the République and the Indivisible as the holder of a mystifier racist mask. However, instead of lamenting obedience to the enemy, something that is all the more difficult to map since it has become routinized, the diagnosis for the past decade should explore a field of struggles on the left where intimidation and psychological pressure have acted as political arguments to make the ranks of stunned activists grow. On the pretext of promoting the only path that preserves sexual freedom, itself also dearly won, delaying tactics and disgraceful conducts have been tolerated, accepted, or even encouraged. On the one hand, it has become common to hear the melody of clear conscience concluding that "still, it is important that *Ni Putes Ni Soumises* exists[2]", supplemented by the praise of the overeroticized FEMEN group founded in Ukraine, recently relocated in Paris. On the other hand, it has become acceptable not to denounce the racist and discriminatory practices against everything that can associated to the Muslim nexus, Arabs and Blacks included, on the pretext of the threat that they would represent, through their massive physical presence, on the ways of living and choices of LGBTQI people.

---

1   Joan of Arc, born in 1412, heroine of the Hundred Years War and the fight against the English, canonized martyr, object of multiple ideologically exploitations, has become an icon regularly celebrated by the far-right Front National party in France.

2   Ni Putes Ni Soumises is a French feminist movement founded in 2003 by Fadela Adela. The movement campaigned for the prohibition of the Islamic veil.

Lointain et tardif écho d'une dénonciation des connivences et des compromissions que la guerre contre la terreur a encouragé dans le monde euro-atlantique, notamment de la part de minorités sexuelles désorientées et/ou affolées par le tropisme musulman, les récentes positions prises en France font figure d'arrière-garde au regard de courants déjà anciens sur la scène locale et transnationale. Ces émois intellectuels et militants se réveillent après une léthargie amorcée au moment où des voix à peine audibles ont protesté contre la dénonciation de la racialisation des arabes, des noirs et des musulmans en France, contre le vote de la loi de prohibition du voile en 2004. À défaut d'opérer la jonction, ils semblent entrer en collision avec des mobilisations croissantes contre le *pink washing*, complément devenu obligatoire du *whitewashing* et l'homonationalisme aux États-Unis. Ce modèle s'avère exportable sans frais et les Européen·ne·s ne lui opposent presque aucune résistance car le protectionnisme et le patriotisme économique n'ont pas voix au chapitre en matière de circulation des idéologies et des préjugés. Ainsi en va-t-il de la déclaration du binôme Obama-Clinton en 2012 visant à l'exportation volontariste de la défense des *gay rights*. Ils donnent raison, à leur insu, à l'argument de Joseph Massad (2007) d'une internationale gay pourtant décrié à sa publication, à sa suite dans le livre de Jasbir Puar (2007) qui enfonce le clou de la prolifération d'un homonationalisme mis au service d'une reconfiguration civilisationnelle et des déclarations répétées de Judith Butler se distançant de mouvements LGBT tolérant l'islamophobie en leur sein, pour ne citer que les voix les plus retentissantes. Des résistances s'affirment en Grande-Bretagne à l'initiative de minorités ethnico-sexuelles « marrons » *et* musulmanes ou encore en Allemagne et aux Pays-Bas contre des *gay pride* devenues des appellations identitaires contrôlées fleurant bon l'autochtonie. Elles commencent à se faire entendre en France lors de coalitions périphériques qui revendiquent leur caractère composite et leurs apparence rebutante, entre lesbiennes de couleur, militant·e·s luttant pour les mères voilées interdites de séjour lors des activités scolaires de leurs enfants, prostituées trans sur leur trente et un et femmes des quartiers reprenant leur destin en main après la faillite de la politique de la ville.

## 5  La culture de l'exception (réactionnaire) française

Arborant haut le blason de son exception culturelle, la France a de nouveau brillé en la matière, lorsqu'à peine élu, le gouvernement encore situé à gauche s'avise d'accorder la priorité absolue à l'adoption en fanfare du mariage dit « pour tous ». Incapable d'anticiper la vague de protestations des franges les plus réactionnaires et les plus autochtones de la francité que suscite un projet porté de surcroît par la première garde des sceaux noire, le pouvoir politique

At the rearguard compared to already old currents on the local and transnational arena appears a distant and delayed echo of a denunciation of collusions and dishonorable behaviors that the war on terror encouraged in the Euro-Atlantic world. These positions taken in France speak in particular on behalf of sexual minorities who are disoriented and/or scared by the Muslim orientation. Intellectuals and activists awake after a period of lethargy, which started at a time when barely audible voices protested against the denunciation of the racialization of Arabs, Blacks and Muslims in France, against the law prohibiting the Islamic veil in 2004. Failing to achieve the junction, they seem to collide with the growing mobilization against *pink washing,* which has become the mandatory complement to *whitewashing* and homonationalism in the United States. This model can be exported at no cost and Europeans oppose almost no resistance, as economic protectionism and patriotism have no influence on the circulation of ideologies and prejudice. So it is with the declaration of the Obama-Clinton duo in 2012 about the voluntarist export of gay rights advocacy. They unwillingly reinforce the argument made by Joseph Massad (2007) about a gay international, despite critics upon publication, the one by Jasbir Puar (2007) who further shows the development of homonationalism used for civilizational reconfiguration. In 2010 in Berlin, when Judith Butler distances herself from LGBT movements that tolerate Islamophobia in their ranks, the gay friendliness device that has reached its cruising speed. Resistance emerges in Great Britain, initiated by "brown" *and* Muslim ethnico-sexual minorities, or in Germany and the Netherlands against gay prides that have become controlled identity designations promoting nativeness. Resistance begins to be heard in France in peripheral coalitions that put forward their compositeness and their repelling appearance, between colored lesbians, activists struggling for the right for veiled mothers to attend their children's school activities, transsexual prostitutes dressed up to the nines, and women from the communities who take their fate into their own hands after failed urban policies.

## 5   Cultivating the French (reactionary) exception

Flying high the flag of its cultural exception, France stood out when the newly elected government, still positioned on the left, decided to make its absolute priority the adoption with great publicity of the law on the so-called marriage "for all". Unable to anticipate the wave of protest from the most reactionary and most autochthonous fringes of Frenchness against a proposal defended in addition by the first female Black Minister of Justice, the political leadership incited the most virulent heterosexism and unbridled

excitera et l'hétérosexisme le plus virulent et le racisme le plus débridé. Ils se déverseront sur la ministre noire devenue la cible d'un racisme combinant sexisme et anti-élitisme, activé par les populistes racistes qui s'amalgament en une coalition inédite avec les familialistes les plus rétrogrades, dont des musulman·ne·s homophobes s'affichant avec la droite catholique qui n'est pas en reste en matière de rectitude sexuelle, pour finalement être collectés à la sortie des urnes en faveur de la droite extrême. L'union est scellée entre les factions qui gardent l'accès d'une population française désormais en péril face aux formes de procréation supposées artificielles et maléfiques, comme s'il existait une reproduction de l'espèce naturelle qu'il faudrait sauvegarder. Les vannes de haine ouvertes contre Christiane Taubira[3] révèlent les ressorts identitaires d'une attaque stimulée par l'effarement qu'une femme noire puisse dicter à la majorité blanche son mode de reproduction, en finissant de désacraliser le mariage et en ouvrant la procréation à des couples vus comme contre-nature. C'est d'ailleurs pour l'avoir compris que, des mois avant que ne se déversent sur elle les tombereaux d'insultes, elle enterrera les questions de PMA et de GPA[4]. Elle cède alors aux arguments qui lui seront jetés à la face de la pire manière qui soit : en l'atteignant dans sa dignité humaine. En définitive, en privilégiant cette attente sociétale sur d'autres, quitte à ce que seule une ministre noire en paie le prix fort, ce gouvernement a fait mentir une promesse faite depuis trente ans à d'autres minorités, décidément quantité négligeable. Il en va ainsi du droit de vote des étrangers/ères aux élections locales, soit dans ce cas, d'ancien·ne·s colonisé·e·s et leurs descendant·e·s devenu·e·s des immigré·e·s presque toujours indésirables et non éligibles à la naturalisation. À tout prendre, mieux vaut satisfaire des minorités sexuelles blanches que des minorités noires et arabes, de plus en plus réduites à leur religiosité suspecte. Quitte à ce que le racisme en sorte vainqueur pour longtemps.

Le retard à l'allumage prend ici un sens tragique dans la mesure où il relève d'un "don't ask, don't tell" portant non pas sur l'orientation sexuelle mais sur l'expérience combinée du racisme et du sexisme à l'échelle de nations et de continents, d'autant plus puissante dans ses effets, qu'elle s'est exercée à l'insu de ses pratiquant·e·s convaincu·e·s de n'être ni l'un·e, ni l'autre. Ne pas se prononcer sur un sujet qu'il était préférable de ne pas aborder, ne pas chercher à connaître les positions des un·e·s et des autres, se voiler la face et se museler, ce fut souvent la position adoptée par des pans entiers de la planète militante radicale française, LGBTQI comprise. En s'interdisant d'être entendue sur les questions cumulant racisme et sexisme, cette frange radicale a de fait sous-traité au personnel politique et médiatique en parfaite collusion, les termes

---

3   Ministre de la Justice depuis mai 2012. NDE.

4   Procréation médicalement assistée et Gestation pour autrui.

racism. The Black Minister became the target of a racism combining sexism and anti-elitism, stirred up by racist populists. They find themselves in an unprecedented coalition with the most retrograde familialists, including Muslim homophobes appearing alongside the Catholic right, which also has its say on sexual straightness. The results were a rise in the number of votes for the far right. Unity is achieved between factions that guard the access of a French population now endangered by supposedly artificial and evil ways of procreation, as if there existed a natural mode of reproduction of the species that had to be saved. The floodgates of hate targeting Christiane Taubira[3] are a manifestation of identity mechanisms for an attack stimulated by the alarming possibility that a black woman could dictate to the white majority its mode of reproduction, by eventually demytholizing marriage and opening the possibility of procreation to couples considered as unnatural. That is the reason why she dropped the projects of legalizing medically assisted procreation and gestational surrogacy months before receiving truckloads of insults. She then gave in to the worst existing arguments violating her human dignity. Ultimately, by favoring this social demand over others, at the risk of a black minister paying the high price for that, the government decided to bury a thirty-year promise made to other minorities, considered negligible quantity. It indeed abandoned the project of granting voting rights in local elections to foreigners, namely formerly colonized people and their descendants who became immigrants, almost always unwelcome and non eligible to naturalization. All things considered, it turned out preferable to satisfy white sexual minorities than black and Arab minorities, ever more reduced to their suspect religiousness and homophobia, even if this meant a lasting victory for racism.

This delayed reaction has a dramatic turn as it is a sign of a "don't ask, don't tell" mechanism based not on sexual orientation but on the combined experience of racism and sexism at the scale of nations and continents. It is all the more powerful in its effects that its convinced perpetrators are persuaded to be neither racist nor sexist. Avoiding to take position on an issue that was preferably left unaddressed, not trying to know the positioning of the various parties, burying one's head in the sand and keeping silent, such was the stance of large segments of French radical activist circles, LGBTQI movements included. By refraining to be heard on issues combining racism and sexism, the radical sphere actually outsourced to political staff and the media, in perfect

---

[3] Minister of Justice since May 2012. NDE.

d'un combat décisif contre des avatars baroques de l'universalisme abstrait formatés pour la guerre de tranchée. Les un·e·s ont emprunté les oripeaux de défenseurs/euses de la «cause des femmes» et de «l'égalité homme-femme», se cantonnant à un «minimum syndical» antisexiste patriarcal d'une parfaite innocuité pour les privilèges blancs hétérosexistes. D'autres ont remixé la figure de la pucelle d'Orléans à la mode trans-queer, en prétendant défendre l'intégrité physique de personnes dont la simple existence indexée à son sexe deviendrait une conduite à risque face aux arabes, noir·e·s, musulman·ne·s, tou·te·s homophobes. Ainsi, une rhétorique binaire s'est dessinée en creux, arguant que l'islamophobie est un effet indésirable, mais inévitable, de l'homophobie consubstantielle de ces minoritaires inassimilables, tenu·es pour les inventeurs/trices et les seuls responsables du communautarisme. Cette ligne de défense des tenant·e·s d'un racisme banalisé à l'encontre des musulman·ne·s s'est mue en une ligne du parti des déserteurs·euses de la lutte contre une double oppression de race et de sexe, d'une ampleur inédite, opportunément mise au service de la domination de classe.

Le récit né de ce refoulement a été brusquement interrompu lors de la reprise, désormais (tout aussi) inévitable, d'une forte activité séismique sur la ligne de couleur à la française. Ligne de partage active depuis le début de l'entreprise coloniale, là-bas comme ici, et demeurée intacte, ici, après la liquidation de l'empire, elle confine encore à la révélation pour certains protagonistes aveugles à ces saillances inconnues. Mais ce premier signe est encore loin de produire les changements de paradigme analytique et politique nécessaires. L'atmosphère de transformation dans laquelle flotte la société française tient à peu de choses près à son instabilité. À peine sent-on quelques sursauts portés par une prise de conscience décidément bien peu familière tant elle impose d'en passer par des gros mots comme race, avec des guillemets, et des lectures hétérodoxes de maux sociaux pourtant anciens. Ainsi, bien que travaillée par les clivages raciaux, l'oppression des minorités est-elle tue pour laisser toute sa place au récit héroïque des luttes ouvrières. Même lorsque ces luttes finissent par pactiser avec un patriotisme raciste, comme on l'observe dans l'Europe soumise à l'austérité en temps de crise, elles demeurent l'alpha et l'oméga des seules coalitions possibles et pensables. En outre, à tout moment, la tentation de retomber du côté de la bonne conscience antiraciste menace, tant cette posture morale continue de satisfaire les plus timoré·e·s. Dépolitisée et aseptisée, endossée voici près de trente ans, au lendemain de la Marche pour l'égalité et contre le racisme initiée en 1983 et qui a fait l'objet fin 2013 en France d'une commémoration tiède et molle, cette posture morale a tué dans l'œuf la puissance politique d'une mobilisation inédite qui toutefois fait date dans la mémoire des minorités postcoloniales.

collusion, the terms of a decisive struggle against the baroque reincarnation of an abstract universalism formatted for the trench war. Some aligned under the banner of the "cause of women" and "gender equality", limiting themselves to work the rules of patriarchal antisexism, with absolutely no impact on the privileges of white heterosexists. Others have remixed the figure of the Maid of Orleans in trans-queer fashion by pretending to protect the physical integrity of persons whose simple existence indexed on gender would result in risky behavior in the face of homophobic Arabs, Blacks, and Muslims. Thus emerged a binary rhetoric where Islamophobia was considered an undesirable, yet inevitable side effect, of the inherent homophobia of these minorities who cannot be assimilated, and are solely responsible for communautarianism, considered in France as a plague. This line of defense used by the proponents of banalized racism towards Muslims has become the official position of defectors of the struggle against a dual oppression of unprecedented scope on race and gender, opportunely used to reinforce class domination.

The narrative produced by this inhibition was abruptly interrupted by the resuming, henceforth (as) inevitable, of strong French style seismic activity along the color line. This active line of divide since the beginning of the colonial enterprise, here and there, that remained intact here after the liquidation of the empire, is still a revelation for some who are blind to these unknown saliencies. However, this first sign is far from producing the necessary analytical and political paradigm shifts. The atmosphere of transformation that floats over French society largely depends on its instability. We can barely feel a few bursts of an all too unfamiliar awareness that requires to use dirty words such as race, between quotes, and heterodox interpretations of old social ills. Hence, despite the racial divides, the oppression of minorities is kept quiet to leave room for the heroic narrative of workers' struggles. Even when these struggles end up colluding with racist patriotism, as observed in Europe in a context of crisis and austerity politics, they remain the alpha and omega of the only possible and thinkable coalitions. Besides, the threat always exists to give up to the temptation of antiracism to ease conscience, as this moral posture continues to be sufficient for the most fearful. Depoliticized and sanitized, this moral posture adopted close to thirty years ago has killed in the bud the political power of an unprecedented mobilization that still goes down in history in the memory of postcolonial minorities. The ideologocal state appparatus endorsed this disempowered antiracism in the wake of the March for Equality and Against Racism led by young French of immigrant and colonial descent in 1983 that was eventually the object of a lukewarm commemoration at the end of 2013 in France.

Ce sur quoi ces mouvements sont venus buter, pour ne pas dire s'écraser, fournissant leur plus gros contingent à une droite extrême ainsi absoute de son racisme endémique, se cristallise donc dans la figure de Janus, trouble et perturbante, du garçon arabe et de la fille voilée, entourée de ses avatars, religieux, genrés, sexuels. La ligne de couleur, sous haute tension identitaire et symbolique, qui sépare en leur monde commun les humains ainsi réifiés par ces stéréotypes, implique de revoir les termes de coalitions soit dissoutes soit périmées. Ces coalitions frileuses ont conduit dans le mur autant de forces vives, actrices ou héritières de luttes qui sont loin d'avoir démérité, et à ce titre, exigent sans tarder une révision technique et épistémologique de leurs outils d'action collective. Pourquoi un si cuisant échec face à des forces réactionnaires qui n'ont pas manqué de se diffuser tous azimuts, ignorant les clivages politiques et servant une version révisée de l'union sacrée ? Les divergences entre différentes factions et régions de ces mouvements souvent imbriqués se sont révélées d'autant plus violentes qu'elles n'ont jamais été clairement formulées et débattues par leurs tenant·e·s. Les dommages politiques et les débris amalgamés d'un tel désastre restent encore à désincarcérer, mesurer, inventorier et dépasser. Ce constat en cours conduit donc à tenter d'autres coalitions viables qui ne succombent pas à la première tentative de division et de dispersion. Ce qui a eu raison de cette puissance d'agir qui avait fait ses preuves par le passé constitue l'objet central de la réflexion ici entamée et la condition de possibilité de coalitions à venir. Pourquoi cette figure à double tranchant a-t-elle été si opératoire et si difficile à contrer dans les discours et dans les faits ?

## 6   Pornographie de l'oppression ?

Je risque une proposition, une hypothèse qui peut éclairer le paysage confus face auquel et dans lequel j'évolue avec d'autres. Le point commun entre ces trois défaites, féministes, marxistes et LGBTQI, me semble résider dans le fait récurrent et massif d'avoir succombé à un même tropisme, celui de la fascination, du frisson ou encore de la ferveur face à l'oppression d'humains. Face à ce qu'ils·elles ont cru en a-perce-voir et en com-prendre, militant·e·s, acteurs·trices politiques, intellectuel·le·s soient resté·e·s confortablement figé·e·s ou tétanisé·e·s. Le frisson de l'oppression a semble-t-il cherché, trouvé et saisi ses spectateurs/trices. Et ces derniers/ères se sont complu·e·s dans l'entretien de ce frisson, faisant durer le plaisir le plus longtemps et le plus souvent possible. Par une sorte de régime orgiaque (pornographique ?) de l'imaginaire, l'iconographie des opprimé·e·s s'est installée en lieu et place d'une dynamique de lutte contre des oppressions, avérées ou supputées, dont la mise en forme

What these movements collided with, or crushed into, providing for the growth in the ranks of a far right absolved from its endemic racism, is thus crystallized in the troubled and disturbing Janus figure of the Arab boy and the veiled girl, surrounded by their religious, gendered, and sexual avatars. The highly symbolic color divide, with its identity tensions, that separates the common world of humans reified by stereotypes, requires to rethink the terms of coalitions that are either dissolved or expired. These timid coalitions have driven powerful forces, involved in or heirs to creditable struggles, to a dead end, and thus need immediate technical and epistemological revision of their tools for collective action. Why has such a defeat against reactionary forces spread in all directions, ignoring the political divides and providing a heated up version of the sacred union? Differing opinions between the factions and regions of these often overlapping movements have proven to be all the more violent that they have never been clearly formulated and discussed by their followers. The political damage and accumulated wreckage of this disaster are still to be cleared, measured, inventoried, and gone over. This current observation leads us to think other viable coalitions that do not give in to the first attempts at division and dispersion. What took the better of this formerly proven agency is central to the reflection initiated here and it conditions the possibility of future coalitions. Why has this double-edged figure been so efficient and difficult to oppose in discourse and in action?

## 6    A pornography of oppression?

I will risk an assumption that could shed light on the confused landscape in which I operate with others. In my opinion, the point in common between the feminist, Marxist and LGBTQI defeats is the massive and recurring yield to the same tropism of fascination, shiver or fervor towards the oppression of humans. Confronted with what they thought they could perceive and understand, activists, political actors, and intellectuals remained comfortably seated in their positions. The shiver of oppression apparently searched for, found and captured its spectators. And the latter have wallowed in maintaining this shiver, to take as long and as recurring a pleasure as possible. In a sort of (pornographic?) orgy of imagination, the iconography of the oppressed settled in place of a dynamics of struggle against proven or supposed oppressions,

et en valeur est devenu le lot quotidien de surfaces d'exposition, animées ou pas, d'écrans, quelle que soit leur taille et leur branchement, pris d'un tremblement viral.

Il n'y a désormais plus lieu d'échanger des arguments analysant les situations faites aux opprimé·e·s, il y a juste l'obligation d'attester, sans preuve, de la vérité des accusations et des faits dénoncés, et d'accueillir les corps et les âmes qui en portent les marques. Des récits horrifiques, des tranches de vies saignantes sont servies à ces spectateurs/trices plus complaisants que compassionnels. Parfois à leur insu ou plus souvent à leur demande (*pay-per-view*), ils sont abreuvés en continu et sur tous les supports disponibles, de la presse à l'édition, des reportages audiovisuels aux plateaux de *talk show*, des *post* sur le net, aux *storytelling* et autres diaporamas. Jusqu'à ce que surgisse l'incarnation en chair et en os, corps et âme, de ces opprimé·e·s devenues tendance, occupant des antichambres de ministères et trônant lors de cérémonies de remise du titre de docteur honoris causa. La force d'interposition de ces *matter of fact*, faits avérés invérifiables, objets-sujets de pré/occupation, a suffit à désactiver toute capacité, nécessité d'aller au-delà des apparences et des surenchères déclaratives. Elle a permis de faire l'économie de questions dérangeantes et de positions mesurées, laissant des partisan·ne·s fervent·e·s donner de la voix, altérée par l'émotion, et agiter les étendards d'une excessive compassion envers des victimes toutes désignées et choyées.

Presque toutes venues de ou référées à un monde musulman, devenu terre uniforme d'oppression, celles-ci ont incarné l'étalon condamnant sans appel les mœurs, sexuelles et politiques, de sociétés pourtant profondément différentes les unes des autres et irréductibles aux accusations, fondées ou pas, qui en fournissent la seule mesure. Face aux vraies gens présentées dans leur souffrance, aux femmes exposées dans leur mutilation et destruction physique, que peuvent valoir des appels à la raison, des invitations à tenter de préciser les faits, les circonstances et les causes ? La réponse fut souvent : rien. La force de frappe de ces expositions de chairs déchiquetées, découpées et de corps à vif, a pris une valeur universelle, dès lors cotée à la hausse, toujours à la hausse, sur le marché des émotions et de la bonne conscience. Elle a réduit à l'impuissance et donc à néant tous les efforts pour révéler la perversité du régime de victimisation qui obéit à une politique de réduction à l'impuissance des personnes en situation d'oppression et de celles et ceux qui entendent combattre à leurs côtés avec des armes qui ne seraient pas de destruction massive.

Une sorte de bulle de l'économie morale compassionnelle s'est ainsi installée dans le paysage politique euro-atlantique, avec au centre les organisations et institutions internationales, comme un anticyclone que rien ne semble pouvoir déloger. Sa puissance d'agir s'est imposée non pas contre toute

whose shaping and exposure has become the daily fixture in the viral shuddering of (animated or not) exhibition spaces, and screens of all sizes and plugs.

There is not point anymore in exchanging arguments to analyze the situation of the oppressed. Today, the obligation exists to demonstrate, without evidence, the truth behind accusations and denounced facts, and welcome the bodies and souls that bear their mark. Horrific narratives and bloody pieces of life are served to spectators as inclined to forgiveness as to compassion. Sometimes without knowing, or more often on demand (*pay-per-view*), they are fed a continuous flow through a range of channels that includes newspapers, books, TV reports and talk shows, Internet posts, storytelling or slide shows. Then loom these oppressed in the flesh, with body and soul, assigned to the antechambers of ministries and to the places of honor during honorary degree ceremonies. The force of interposition of these matters of fact impossible to verify, un/proven facts, objects-subjects of pre/occupation, was sufficient to inactivate all capacities, and the necessity to go beyond appearances and overdoing statements. It enabled to avoid raising disturbing questions and having balanced positions, to suspend one's judgement in order to understand. It left way to fervent supporters to speak out, their voice altered by emotion, and to wave the flags of excessive compassion towards natural, pampered victims.

Mostly originating from, or linked to, the Islamic world turned into a uniform land of oppression, these have embodied the standard for the irrevocable condemnation of the sexual and political traditions of societies that are yet profoundly different from each other and that cannot be reduced to the accusations, founded or not, which serve as their only appraisal. In the face of real suffering people, of women exposed in their physical mutilation and destruction, what value is there in calls for reason, in invitations to provide further details for facts, circumstances and causes? The answer to this question was often: none. The striking force of the exposure of ravaged bodies with open wounds has acquired an ever-increasing universal value on the market of emotions and good conscience. It has rendered powerless and destroyed all efforts to reveal the perversity of the regime of victimization that results from a politics of incapacitation of the oppressed and of those who intend to support them in their struggle with weapons other than those of massive destruction.

A sort of bubble of moral economy of compassion has thus settled in the Euro-Atlantic political landscape, centered around international organizations and institutions, like an anticyclone that nothing seems in capacity to drive out. Its agency established itself not against all odds, but rather against

attente, mais plutôt contre toute autre option inopportune et souvent dénoncée comme indécente. Ne pas céder aux sirènes du frisson et de l'émotion devant ces réalités incontestables confinerait ainsi à une sorte de cruauté inavouée ou à tout le moins à une insensibilité aux malheurs de ce monde, et plus particulièrement, aux malheurs de ces « malheureuses » ou « pauvres » femmes. Cette bulle qui offre à qui veut une version *light* de l'humanisme, pour ne pas dire de l'humain et de sa mise en récit et en intrigue, continue de prospérer. En effet, cette bulle était prévisible au regard du déni persistant devant les suites d'une décolonisation inachevée et d'une reconfiguration impériale en cours. Autrement dit, elle sert directement les objectifs d'une exceptionnalité des hiérarchies humaines qu'autorise la persistance impériale et coloniale sous ses multiples formes et latitudes. C'est donc aux effets délétères, division et dispersion, de cette addiction au frisson de l'oppression qu'il s'agit de s'intéresser en vue de penser des coalitions qui renonceraient à la toute-puissance des certitudes, et tenterait de déjouer le piège d'un régime de l'impuissance compassionnelle et victimaire.

## 7   La démocratie, ailleurs : vers des coalitions subalternatives

Un des outils, des arguments dont dispose désormais cette entreprise de traduction, et ce depuis trois ans, réside dans la compréhension nuancée de ce qui se joue dans ledit printemps arabe. Car, apparemment à distance, mais insistons-y, car les apparences sont trompeuses, en réalité en notre sein, un séisme inattendu ne cesse de monter en intensité à la périphérie arabe de ce Premier Monde en profonde recomposition. Alors même que le spectacle de ces révolutions (soulèvements) en chaîne témoigne d'abord de la reprise et de l'intensification de cette addiction visuelle à l'effroi devant l'oppression quasi en direct, et en raison même de cette intensification-réitération, il devient possible d'apprécier le défaut dans la mécanique enclenchée, en ce qu'elle est cette fois-ci appliquée à des protagonistes considéré·e·s comme des ennemi·e·s consubstantiel·les de la démocratie, du monde libre et « cela va sans dire », des libertés si chères au cœur des nations occidentales. La réversibilité de l'argument et des rôles que révèle le traitement médiatique et politique de la scène arabe traversée de convulsions et tentée par des retournements destructeurs a ceci d'heuristique qu'elle doit permettre de démanteler le régime de compassion qui nous est imposé pour notre bien et de montrer les grosses ficelles qui ont conduit à l'arraisonnement de mouvements transnationaux et transcontinentaux, propres à associer toutes les parties concernées à une émancipation collective qui ne cède ni au « cas par cas », ni à la hiérarchisation des priorités de la lutte.

all other inappropriate options, often denounced for their indecency. Refusing to yield to the call of shivers and emotion in front of such undisputable realities would thus border with a sort of unavowed cruelty or at least with insensitivity to the misfortunes of the world, and more particularly, to the misfortunes of these "unfortunate" or "poor" women. This bubble offering whoever wants a *light* version of humanism, not to say of the human and its narrative and intrigue building, continues to thrive. Indeed, this bubble was predictable given the persistent denial of the consequences of uncompleted decolonization and current imperial reconfigurations. In other words, it directly serves the objectives of the exceptionality of human hierarchies authorized by imperial and colonial persistence in its various forms and latitudes. It is thus the harmful effects, division and dispersion, of this addiction to the shiver of oppression that should now be addressed in order to think coalitions that would abandon the omnipotence of certitudes and avoid the pitfalls of a regime of compassion and victimary impotence.

## 7 Democracy, elsewhere: towards subalternative coalitions

One of the tools and arguments that have now been available in this translation initiative for the past three years is the nuanced understanding of what is at stake in the so-called Arab Spring. Apparently from a distance, and this should be stressed since appearances can be misleading, and in reality in our midst, an unexpected quake is building up with intensity at the Arab periphery of this First World undergoing deep reconfiguration. Even though the spectacle of this series of revolutions (uprisings) is primarily a sign of the resumption and intensification of a visual addiction to awe for quasi live oppression, and because of this intensification-repetition, it becomes possible to appreciate the defaults in the device at play, in that this time it is to protagonists considered as consubstantial enemies of democracy, the free world, and "no need to say", the freedoms that are so dear to Western nations. The reversibility of the argument and roles revealed by the media and political coverage of the Arab arena, rocked by upheavals and vulnerable to destructive shifts, is heuristic in that it is supposed to enable to dismantle the compassion regime imposed upon us for our own good. Furthermore, it may reveal the obvious subterfuges that have led to the enframing of transnational and transcontinental movements, ready to associate all parties involved in a collective emancipation that does not give in to the "case by case basis", nor to the hierarchization of priorities in the struggle.

C'est dans cette optique que j'ai entamé ici, un travail de cartographie de la matière vive à partir de laquelle s'engage un effort de coalition qui ne soit pas tourné vers le pouvoir en soi et qui fasse place aux hésitations et aux trébuchements jalonnant toute lutte qui n'est pas d'emblée sûre et définitive dans ses attendus, dans ses intentions et dans ses objectifs. C'est par l'abandon de soi dans la coalition en voie de constitution que peut surgir un sens inattendu et inespéré en ces temps d'effondrement des alternatives. Les coalitions subalternatives restent à imaginer et à penser hors contexte et hors de toute volonté de bien faire qui demeure le contraire d'agir à des fins radicales et émancipatrices.

L'art de la coalition a à voir avec additionner et soustraire, multiplier et diviser, gagner et perdre, revendiquer et renoncer, et finalement s'exposer à la dispersion et la division. En cours, nous pouvons être amené·es à perdre notre base commune, notre sens de la gravité, tout comme nous pouvons nous cramponner à un autre centre de gravité, à un sentiment de se retrouver, et donc inventer de nouvelles façon d'appartenir et de devenir. Nous pouvons être amené·es, à un moment donné, à devoir confier notre souveraineté à quelqu'un d'autre, à la déléguer à quiconque est autorisée, habilitée et reconnue pour avoir une meilleure façon de comprendre, de formuler et d'exprimer cette cause qui nous rassemble. Dans ce cas de figure réside le danger de disparition et de dissolution, et plus précisément, le risque que de futures voix hégémoniques parlent à notre place, et donc le risque d'être mal compris·es et réduit·es à l'impuissance. Toute tentative de coalition recèle en son sein son propre échec, car elle mêle de façon intrinsèque des potentialités et des impossibilités, des frontières et leur violation.

A l'abri d'une politique de la dépossession et du détournement qui traduit une politique intentionnelle de la division et de la dispersion, se détache une invitation à ouvrir et à explorer une autre voie qui ne demande qu'à être reconnue. Cette voie met en lumière des sujets, des actions et des encorporations sub/alternatives, qui par des modes et moyens variés, nous mènent vers des places publiques géographiques, physiques et virtuelles. Pas tout à fait subalterne car elle repose sur une puissance d'agir potentielle qui s'étend au-delà des barrières de couleur, pas encore alternative car ce sens de la place et de l'espace lui fait défaut et reste à construire, une coalition sub/alternative se dessine et semble s'assigner des tâches inhabituelles. Il s'agit alors de reformuler les questions et les problèmes afin de perturber les critères qui définissent les suspects habituels, de dépasser les limites de la croisade vertueuse, d'enfreindre les frontières ennemies et de s'emparer d'une autre dialectique de la démocratisation et de l'émancipation. Tout ce projet est ancré dans la perspective d'en finir avec la guerre.

It is following this logic that I have initiated a work to map out the living material that serves as a starting point for a coalition effort that would not be targeting power in itself and that would leave room for hesitations and stumbling that punctuate all struggles that do not have certain and definitive expectations from the onset, in their intentions and objectives. It is through self-surrender to the coalition in the making that an unexpected and an unhoped for meaning can emerge in these times of collapse of alternatives. Sub-alternative coalitions are yet to be imagined and thought outside any context and outside any will to do good, which is the opposite to action with radical and emancipatory ends.

Coalition crafting is about adding as much as subtracting, multiplying and dividing, gaining and loosing, claiming and relinquishing, and eventually, about being exposed and accessible to dispersion and division. In its process, it makes one loose a common ground, a sense of gravity as much as cling to another gravity centre, to a sense of togetherness and thus invent other ways of belonging and becoming. At some point, it may mean to resign one's sovereignty to someone else, pass it on to whoever is entitled to, acknowledged, and recognized for his/her better understanding, wording, voicing of the cause that, at some point, brings together a crowd where to stand. Within this option lies the danger of disappearance and dilution, and more centrally, the risk of being mis/spoken by future hegemonic voices, hence, eventually misunderstood and disempowered. Any attempt of coalition bears in itself its own failure, since it intrinsically combines potentialities and impossibilities, limits and their trespassing.

Away from a politics of dispossession and misspelling that translates an intentional politics of division and dispersion, stands an invitation to open and explore another path waiting for publicity. Such path follows subalternative (matters of) f/acts and embodiments that, through various modes and mediations, lead to geographical, physical and virtual public squares. Not quite subaltern, as it dwells on a potential agency expanding beyond color lines, not yet alternative, as it lacks a sense of place and space still to be crafted, a sub/alternative coalition unfolds and may assign itself unusual tasks. Renaming matters and issues in order to disrupt usual suspects lines, move beyond virtuous crusade limits, trespass enemies lines, and take hold on another democratization-emancipation dialectics. All of this project heads towards an attempt to end war.

Car ce répertoire autour et dans la guerre n'est pas un hasard. Il nous donne un aperçu des guerres de faible intensité entreprises en France et qui ont récemment atteint un point culminant en terme de boucs émissaires. Ce régime belliqueux déploie désormais son plein régime en plaçant et maintenant dans la boucle répression/oppression, les citoyen·nes français·es arabes, noir·es, musulman·es, voilées, sexualisé·es, racialisé·es, ainsi que les Roms et citoyen·nes d'Europe de l'est. Il fait écho à la reconfiguration des zones de conflit militarisées dans le monde arabe, qui étaient autrefois sous l'emprise coloniale. Les sociétés arabes, les états nord-africains utilisés comme ceinture de rétention contre l'immigration du sud et le terrorisme, et les sociétés du Moyen-Orient sont sous étroite surveillance en vue d'un retour à la stabilité.

La mise en lien de ces deux théâtres d'opérations, différents en apparence, n'est pas non plus un hasard. L'intention est de questionner la division qui semble aller de soi entre les états démocratiques et les régimes autoritaires, en prenant au sérieux le présupposé qu'ils sont interdépendants. De la même façon qu'une vision connectée de l'histoire de la modernité argumente que le système esclavagiste-colonial est la toile de fond et la source vitale de la démocratisation occidentale. De plus, cela procure un récit renouvelé de la façon dont le frisson de l'oppression se transforme en objet de marchandisation et de compromission.

## 8 Références bibliographiques

BUTLER Judith (2007). *Le récit de soi.* Paris: PUF.

MASSAD Joseph (2007). *Desiring Arabs.* Chicago: University of Chicago Press.

PUAR, Jasbir (2007). *Terrorist Assemblages: Homonationalism in Queer Times.* Duke University Press Books.

SPIVAK, C. Gayatri (2010, 1988). *Les subalternes peuvent-elles parler?* Paris: Editions Amsterdam.

As this war-like or war-wise repertoire is not random. It gives an account of low intensity wars waged in France that recently reached a scapegoating climax. It now deploys its full regime by bringing and maintaining in the repression/oppression loop, Arab, Black, Muslim, veiled, sexualized, racialized, French citizens, Roma and Eastern-Europe citizens. It points at the reconfiguration of once under colonial control, now militarized Arab zones of heated conflict. Arab societies, North African states used as a southern migration and terrorism retention belt, and Middle-East societies under return-to-stability narrow monitoring.

The linkage between such two apparently different theaters of operation is not random either. It intends to recast the taken for granted divide between democratic states and authoritarian regimes, by taking seriously the assumption that they need and sustain one another. Just as a connected history of modernity argues that the slavery-colonial system is the backdrop and the vital spring for western democratization. Furthermore it gives a refreshed account of a thrill of oppression become an object of commodification and compromise.

In such times of in – betweenness, one gives up comfort zones of certainty for a politics of discomfort, and thus gains a sense of loosing oneself in the coalition endeavor, a sense of vulnerability as a matter of fact and of concern. From now on, dilution is a chance and an opportunity to take in the course of action. It is an act of generosity, of abnegation, of humility, and an acknowledgment of one's fragility and precariousness that addresses the very power entrenched in and freed by a successful coalition. Yet, it encapsulates a risk of solitude amidst the crowd, of wordly solitude, each human thus becoming a fragment of a wider assemblage where one's life floats and drifts along unsecure change attempts.

# References

BUTLER, Judith (2005). *Giving an Account of Oneself*, (New York, Fordham University Press).

MASSAD, Joseph (2007). *Desiring Arabs*, Chicago, University of Chicago Press.

PUAR, Jasbir (2007). *Terrorist Assemblages: Homonationalism in Queer Times*, Duke University Press Books.

SPIVAK, C. Gayatri (1988). "Can the subaltern speak?" Marxism and the Interpretation of Culture, Ed. Cary Nelson and Lawrence Grossberg. (Urbana: University of Illinois Press) p. 271–313.

# Vulnérabilité, précarité et coalition[*]

*Judith Butler*

Il est toujours risqué d'affirmer que les femmes sont particulièrement vulnérables. Car on pourrait comprendre de cette affirmation que les femmes possèdent une vulnérabilité immuable et caractéristique, et ainsi justifier la protection paternaliste. Si les femmes sont particulièrement vulnérables, elles doivent donc être protégées. Et il est de la responsabilité de l'État, ou des autres pouvoirs paternalistes, d'offrir cette protection. Suivant cette logique, le militantisme féministe non seulement sollicite des protections et dérogations spéciales, mais affirme également que l'inégalité de pouvoir confère aux femmes une position d'impuissance et aux hommes une position de pouvoir. Ou bien, il confie aux structures étatiques la responsabilité de favoriser l'atteinte des objectifs féministes.

Il y a certes de bonnes raisons de soutenir qu'un différentiel de vulnérabilité caractérise la vie des femmes : elles souffrent disproportionnellement de pauvreté et d'analphabétisme, deux facteurs dont toute analyse globale de la condition des femmes ne saurait faire l'économie. La question qui émerge alors, celle qui est au cœur de ce projet, est de savoir comment penser conjointement la vulnérabilité des femmes et les modes d'agir féministes, et ce, à la lumière des conditions globales et des nouvelles possibilités d'alliances mondiales. Il va sans dire que la diminution des ressources étatiques de bien-être social, et l'augmentation corollaire du nombre de populations exposées à l'itinérance, au chômage, à l'analphabétisme, à des soins de santé inadéquats, etc., rendent cette tâche plus difficile. Ainsi, la question est de savoir comment rendre simultanément opérantes l'affirmation féministe selon laquelle ces institutions sont essentielles au maintien de vies, et la résistance aux modes de paternalisme qui réaffirment des relations d'inégalité.

En un sens, la théorie et la politique féministes abordent la vulnérabilité comme une valeur. Cela ne signifie pas que les femmes sont plus vulnérables que les hommes, ni que les femmes valorisent davantage la vulnérabilité que les hommes, mais plutôt que certains types d'attributs définissant le genre, comme la vulnérabilité et l'invulnérabilité, sont distribués inégalement, et ce, afin de consolider certains régimes de pouvoir qui marginalisent les femmes. Nous considérons comme inégale la distribution des biens et des ressources

---

[*] Traduit de l'anglais en français par *Jean-Michel Landry* et *Fabienne Boursiquo*.

# Vulnerability, Precarity, Coalition

*Judith Butler*

There is always a risk in claiming that women are especially vulnerable. The claim can be taken to mean that women have an unchanging and defining vulnerability, and that kind of argument makes the case for paternalistic protection. If women are especially vulnerable, then they seek protection, and it becomes the responsibility of the state or other paternal powers to provide that protection. On the model, feminist activism not only petitions paternal authority for special dispensations and protections, but affirms that inequality of power that situates women in a powerless position and, by implication, men in a more powerful one, or it invests state structures with the responsibility for facilitating the achievement of feminist goals.

And yet, there are good reasons to argue for the differential vulnerability of women; they suffer disproportionately from poverty and literacy, to two very important dimensions of any global analysis of women's condition. So the question that emerges, and forms the focus of this project, is how to think about the vulnerability of women in conjunction with feminist modes of agency, and how to think both in light of global conditions and emerging possibilities of global alliance? This task is made all the more difficult as state structures and institutions of social welfare lose their own resources, thus exposing more populations to homelessness, unemployment, illiteracy, and inadequate health care. Hence, the question is how to make the feminist claim effectively that such institutions are crucial to sustaining lives at the same time that feminists resist modes of paternalism that re-instate relations of inequality?

In some ways, vulnerability has been regarded as a value in feminist theory and politics. This means neither that women are more vulnerable than men nor that women value vulnerability more than men do. Rather, certain kinds of gender-defining attributes, like vulnerability and invulnerability, are distributed unequally, and for purposes of shoring up certain regimes of power that disenfranchise women. We think about goods as distributed unequally

naturelles sous un régime capitaliste – l'eau en particulier. Or nous devrions également considérer le fait que l'un des modes de gestion des populations consiste à distribuer inégalement la vulnérabilité de manière à délimiter des « populations vulnérables » dans les discours et les politiques. Plus récemment, on a vu les analystes des mouvements sociaux et des politiques parler de populations *précaires*, et concevoir des stratégies politiques destinées à réduire les conditions de précarité. Dans la mesure où l'on étend la notion économique de « distribution inégale » à des sphères sociales et culturelles plus larges, nous sommes aussi exposés, en particulier en temps de guerre, au fait que les populations sont inégalement sujettes au deuil, c'est-à-dire que certaines vies perdues seront, plus que d'autres, sujettes à la mémorialisation et au deuil public. Les populations ciblées, blessées et détruites par la guerre sont, dès le départ, considérées comme non sujettes au deuil. C'est également le sort qui est réservé aux populations dont le travail est épisodique et précaire, ou qui sont « abandonnées » par des formes systématiques de négligence.

Lorsque la vulnérabilité est distribuée inégalement, certaines populations sont de fait ciblées comme pouvant être blessées (impunément) ou utilisées (sans réparation). Ce type de marquage, explicite ou implicite, peut servir à justifier les blessures infligées à ces populations (comme on le voit en contexte de guerre ou de violence d'État contre les sans-papiers). On peut également considérer que ces populations sont responsables de leur sort ou, à l'inverse qu'elles requièrent la protection de l'État ou d'autres institutions de la société civile. Or il est important de souligner que lorsque des stratégies de redistribution de ce type abondent, d'autres populations, habituellement celles qui orchestrent ou mettent en œuvre ces processus de redistribution, se posent comme invulnérables, voire imperméables, sans aucun besoin de protection. Sous cet angle, la vulnérabilité et l'invulnérabilité apparaissent comme des effets politiques ; comme les effets inégalement distribués d'un champ du pouvoir qui agit sur et à travers les corps. Si, en effet, la vulnérabilité est culturellement codifiée comme féminine, comment certaines populations sont-elles alors féminisées sur la base de leur vulnérabilité? Et comment d'autres populations sont-elles masculinisées lorsqu'elles se déclarent imperméables? Je le répète : il ne s'agit pas ici de caractéristiques essentielles des hommes ou des femmes, mais de processus de formation du genre et d'effets de modes de pouvoir qui visent, entre autres, à produire des différences de genre qui recoupent les inégalités sociales. Cela a conduit les féministes qui privilégient les approches psychanalytiques à remarquer que la position masculine suppose un déni de sa propre vulnérabilité constitutive. Ce déni ou ce désaveu nécessite l'institution politique de l'oubli, ou de la perte de mémoire, plus précisément l'oubli de sa propre vulnérabilité de même que la projection

under capitalism as well as natural resources, especially water, as distributed unequally, but we should also surely consider that one way of managing populations is to distribute vulnerability unequally in such a way that "vulnerable populations" are established within discourse and policy. More recently, we note that social movements and policy analysts refer to *precarious* populations, and that political strategies are accordingly devised to think about ameliorating conditions of precarity. As we extend the economic notion of "unequal distribution" to broader social and cultural spheres, we also are confronted, especially during times of war, with the uneven grievability of populations, that is, the idea that certain lives, if lost, are more worthy of memorialization and public grieving, than others. Populations targeted for injury and destruction in war are considered ungrievable from the start, but so too are populations whose labor is episodic and precarious, or who are considered "abandoned" through systematic forms of negligence.

When vulnerability is distributed unequally, then certain populations are effectively targeted as injurable (with impunity) or disposable (without reparation). This kind of explicit or implicit marking can work to justify the infliction of injury upon them (as we see in times of war, or in state violence against undocumented citizens), or we can see such populations as responsible for their position or, conversely, in need of protection from the state or other institutions of civil society. It is important to note that when such redistributive strategies abound, then other populations, usually the ones orchestrating or effecting the processes of re-distribution, posit themselves as invulnerable, if not impermeable, and without any such needs of protection. This approach takes vulnerability and invulnerability as political effects, unequally distributed effects of a field of power that acts on and through bodies. If vulnerability has been culturally coded feminine, then how are certain populations effectively feminized when designated as vulnerable, and others construed as masculine when laying claim to impermeability. Once again: these are not essential features of men or women, but processes of gender formation, the effects of modes of power that have as one of their aims the production of gender differences along lines of inequality. This has led psychoanalytic feminists to remark that the masculine position, construed in such a way, is effectively built through a denial of its own constitutive vulnerability. This denial or disavowal requires the political institution of oblivion, or forgetfulness, more specifically, the forgetting of one's own vulnerability and its projection and

et le déplacement de cette dernière ailleurs. Celui qui réalise cette imperméabilité efface, ou externalise, toutes traces d'une mémoire de la vulnérabilité. Celui qui prétend être, par définition, invulnérable énonce en réalité « je n'ai jamais été vulnérable et si je l'ai été, ce n'était pas vrai, et je n'ai aucun souvenir de cette condition ». Cette affirmation manifestement contradictoire laisse néanmoins entrevoir la syntaxe politique du désaveu. Mais elle nous renseigne aussi sur la manière par laquelle des récits sont racontés pour soutenir l'idée du soi que l'on veut vraie, ce qui signifie que la cohérence de ces récits repose sur un désaveu, une cohérence qui devient aussi, de ce fait, suspecte.

Même si les perspectives psychanalytiques comme celles-ci sont importantes pour mieux comprendre comment la vulnérabilité est distribuée en fonction du genre, elles ne nous permettent pas de mener à bout le type d'analyse qui est nécessaire ici. Car si l'on admet que certaines personnes ou certains groupes nient leur vulnérabilité, on peut non seulement dire que la vulnérabilité était déjà là, mais aussi qu'elle est, en un sens, indéniable. Bien sûr, on ne peut faire une simple analogie entre les formations individuelles et collectives, mais on peut dire qu'elles sont toutes deux traversées par des modes de déni (ou de désaveu). Par exemple, on pourrait dire à certains défenseurs de la logique militaire qui sert à justifier la destruction de groupes ou de populations ciblées : « Vous agissez comme si vous n'étiez pas vous-mêmes vulnérables au type de destruction que vous causez. » Aux défenseurs de certaines formes d'économie néolibérale, on pourrait dire : « Vous agissez comme s'il était impossible que vous apparteniez un jour à une population dont le travail et la vie sont précaires, et qui peut soudainement être privée de ses droits élémentaires, de logement ou de soins de santé ; à une population qui vit dans l'anxiété de savoir si elle trouvera du travail. » Dans cette optique, nous assumons que ceux qui cherchent à exposer les autres à la vulnérabilité, ou ceux qui cherchent à se placer et à se maintenir dans une position d'invulnérabilité, cherchent à nier une vulnérabilité qui les lie à ceux qu'ils veulent assujettir. Cette affirmation introduit l'idée d'une vulnérabilité commune ou partagée ; or cette idée doit être entendue non pas comme une thèse existentielle, mais comme une affirmation générale sur la manière dont la survie et le bien-être des corps dépendent invariablement de relations et d'institutions sociales durables.

Bien qu'on puisse l'entendre comme une affirmation existentielle, cette idée relève davantage de l'articulation d'une ontologie sociale qui pourrait servir de base à de nouvelles formes de coalition. Même si je distingue ici deux niveaux d'analyse, je pense qu'il ne s'agit pas de deux formes de vulnérabilité. Au contraire, je crois en premier lieu que la vulnérabilité des corps présuppose un monde social ; que nous sommes, en tant que corps,

displacement elsewhere. The one who achieves this impermeability erases – or externalizes – all trace of a memory of vulnerability. The person who claims that he is, by definition, invulnerable effectively says, "I was never vulnerable, and if I was, it wasn't true, and I have no memory of that condition." An obviously contradictory statement, it nevertheless shows us something of the political syntax of disavowal. But it also tells us something about how histories can be told in order to support the idea of the self one wishes were true, which means that such histories depend on disavowal for their coherence, a coherence that is also thereby rendered suspect.

Although psychoanalytic perspectives such as these are important as a way of gaining insight into this particular way that vulnerability is distributed along gender lines, it only goes part of the way toward the kind of analysis needed here. Since if we say that some person or some group denies vulnerability, then we are saying not only that the vulnerability was already there, but also that it is in some sense undeniable. Of course, one cannot make an easy analogy between individual and groups formations, and yet modes of denial or disavowal can be seen to traverse them both. For instance, to certain defenders of the military rationale for the destruction of targeted groups or populations, we might say, "you act as if you yourself were not vulnerable to the kind of destruction you cause." Or to defenders of certain forms of neoliberal economics – you act as if you yourself could never belong to a population whose work and life is precarious, who can suddenly be deprived of basic rights or access to housing or health care, or who lives with anxiety about how and whether work will ever arrive. In this way, then, we assume that those who seek to expose others to a vulnerable position, or those who seek to posit and maintain a position of invulnerability for themselves seek to deny a vulnerability by which they are bound to the ones they seek to subjugate. This last claim moves in the direction of a common or shared vulnerability, but this is meant less as an existential thesis than a general claim made about how bodies invariably depend on enduring social relations and institutions or their survival and well-being.

Although the latter claim can be understood as an existential one, it belongs more properly to the articulation of a social ontology that can become the basis for new forms of coalition. Even though I see the two levels of this analysis, I want to suggest that these are not two forms of vulnerability. On the contrary, I want to suggest that (a) bodily vulnerable presupposes a social

vulnérables aux autres et aux institutions, et que cette vulnérabilité constitue un aspect de la modalité sociale par laquelle les corps persistent. En second lieu, j'avance que la question de *ma* ou de *ta* vulnérabilité nous engage dans un problème politique plus large sur l'égalité et l'inégalité, car la vulnérabilité peut être projetée et niée (catégories psychologiques), mais aussi exploitée et manipulée (catégories sociales et économiques) dans la production d'inégalité. Voilà ce que je veux dire par distribution inégale de vulnérabilité. En ce sens, la vulnérabilité constitue un aspect de la modalité politique du corps, dans laquelle le corps est certainement humain, entendu comme un animal humain. La vulnérabilité de l'un envers l'autre, c'est-à-dire même lorsqu'elle est conçue comme réciproque, désigne une dimension précontractuelle de nos relations sociales. À un certain niveau, cela remet en question ce raisonnement instrumental selon lequel je ne protègerai ta vulnérabilité que si tu protèges la mienne (la politique se résumant à un calcul ou au fait de conclure une entente). En fait, la vulnérabilité renvoie à des conditions de sociabilité et de vie politique qui ne peuvent être stipulées de façon contractuelle, et dont le déni et la manipulation représentent un effort pour détruire ou contenir une condition d'égalité potentielle.

On pourrait croire que ce dernier énoncé suppose l'existence d'un sujet individuel et souverain, qui distribue la vulnérabilité de manière différentielle ou inégale. Mais ce n'est pas nécessairement le cas. Ces modes de répartition, et même de désaveu, peuvent s'inscrire dans des rationalités et des stratégies institutionnelles, et ainsi devenir des formes de pouvoir qui opèrent sans l'approbation d'un sujet singulier et décisif. Et donc, les efforts déployés en vue de rouvrir ces questions – ce qui se produit souvent au nom de la « précarité » – visent non seulement ceux qui élaborent les politiques, mais de manière plus fondamentale, les formes de rationalité, de représentation et de stratégie qui configurent et alimentent cette condition.

Cela se fait précisément par la construction et la reconstruction de certains types de sujets, ce qui signifie aussi que certains types d'être ne sont pas constitués comme des sujets, c'est-à-dire qu'ils échouent à être constitués. Car ce fonctionnement ne présuppose pas l'existence d'un cadre dyadique (une personne ou un groupe fait quelque chose à un autre). Car s'agissant de groupes qui n'apparaissent pas du tout ou importent peu, de groupes dont les corps ne comptent pas, on ne peut décrire les formes institutionnalisées d'effacement en ayant recours à la catégorie du sujet.

Aux États-Unis, par exemple, l'histoire des peuples autochtones tend à entrer dans cette catégorie. Ils sont « décrits » et acquièrent une vie discursive à travers les récits nationaux sur la fondation des Amériques. Or cette description même devient la plupart du temps un moyen d'effacement.

world, that we are, as bodies, vulnerable to others and to institutions, and that this vulnerability constitutes one aspect of the social modality through which bodies persist. And then (b) that the issue of *my* or *your* vulnerability implicates us in a broader political problem of equality and inequality, since vulnerability can be projected and denied (psychological categories), but also exploited and manipulated (social and economic categories) in the production of inequality. This is what is meant by the unequal distribution of vulnerability. In this sense, vulnerability constitutes one aspect of the political modality of the body, where the body is surely human, understood as a human animal. Vulnerability to one another, that is to say, even when conceived as reciprocal, marks a pre-contractual dimension of our social relations. This means as well that at some level it defies that instrumental logic that claims that I will only protect your vulnerability if you protect mine (politics becomes a matter of brokering a deal or making a calculation). In fact, it constitutes the conditions of sociality and political life that cannot be contractually stipulated, and whose denial and manipulability constitutes an effort to destroy or manage a condition of potential equality.

This last formulation may seem to imply that there is a single subject, sovereign, who allocates vulnerability differentially or unequally, but this is not necessarily the case. These modes of allocation and even disavowal can be built into institutional rationalities and strategies, and so become forms of power that operate without the conceit of a single, deciding subject. And so efforts to challenge and contest these issues – something that happens more often than not under the name of 'precarity' takes aim not only at individuals who make policy but more fundamentally at the forms of rationality, representation, and strategy that form and inform this condition.

And it does this precisely by making and remaking certain kinds of subjects, which means as well that certain kinds of being are not constituted as subjects, that is to say, they fail to be constituted at all. Since the way this works does not always presuppose a dyadic frame: one person or group does something to another. On those occasions when there are groups who do not appear at all or who do not count, whose bodies do not matter, then the institutionalized forms of effacement at issue cannot be described through recourse to the category of the subject.

In the United States, for instance, the history of native peoples tends to fall into this category. They are "described" and given discursive life through national narratives about the founding of the Americas, and yet this very description more often than not becomes the means of effacement. As we

Comme nous le savons, étant donné que l'Espagne est devenue une puissance impériale avant les États-Unis, la colonisation des Amériques a occasionné des massacres et des tueries qui sont fréquemment niés lors du soi-disant jour de Christophe Colomb. Or aujourd'hui un mouvement populaire obtient un large succès en renommant cette célébration le «jour des peuples autochtones». Lorsque l'on dit effacement, il est aussi question de régulation de la mémoire et de l'adoption d'une autre formulation de désaveu: «Il n'y a pas eu de massacre, ni de dépossession radicale, et s'il y en a eu, je ne m'en souviens pas, ou cette histoire ne figure pas parmi celles que je connais ou que je raconte.» Par contre, si l'on voulait insérer cette histoire dans une histoire comparative du génocide ou une histoire comparative des déplacements forcés, on verrait comment le massacre de populations entières (au Congo, en Allemagne nazie, en Arménie au début du 20$^e$ siècle, ou les cas plus récents de disparition au Chili et en Argentine, ou même les meurtres politiques sous Franco en Espagne) deviennent souvent des objets de débat entre historiens. L'institutionnalisation de la mémoire aura-t-elle lieu ou non? La mémoire ici ne réfère pas au souvenir qu'une personne a d'une destruction qu'elle aurait directement vécue. Il est plutôt question d'une mémoire qui est maintenue au moyen de registres historiques, d'outils discursifs et transmissibles, au moyen de documentation, d'images et d'archives. Préserver la mémoire de la vulnérabilité des corps nécessite une forme de mémorialisation qui doit être répétée et constamment rétablie dans le temps et l'espace. Cela signifie qu'il n'y a pas une seule mémoire, et que la mémoire n'est pas, en fin de compte, une propriété de la cognition, mais qu'elle est socialement maintenue et transmise par l'entremise de certaines formes de documentation et d'exposition. En ce sens, on peut dire que la vulnérabilité historique de ceux qui ont été exploités, dont les terres ont été confisquées ou dont les vies ont été perdues, risque toujours de disparaître. C'est pour cette raison que selon Benjamin, il faut lutter pour que survive l'histoire des opprimés, précisément parce que dans les conditions modernes, elle court le risque de sombrer dans l'oubli.

Cette idée m'amène à faire deux autres remarques sur ce sujet. La première est que la vulnérabilité ne peut être exclusivement associée à la blessabilité et que toute capacité de réponse à ce qui survient – y compris la réponse de ceux qui documentent les pertes du passé – est fonction et effet de la vulnérabilité. Elle est fonction et effet de l'ouverture à une histoire qui n'est pas racontée, ou de l'ouverture à ce qu'un autre corps subit. On peut dire qu'il est ici question d'empathie. Cependant, je soutiens qu'une part de ce que le corps fait (pour reprendre la formule de Deleuze, dérivée de sa lecture de Spinoza), c'est de s'ouvrir au corps d'un autre, ou d'un ensemble d'autres. Ainsi, les corps ne sont pas des entités refermées sur elles-mêmes. Ils sont toujours, en

know – since Spain was an imperial power before the US – that the colonization of the Americas brought with acts of slaughter and killing that are regularly denied on so-called Columbus day. And now there is a popular movement that has achieved widespread success in renaming that day "indigenous peoples day". When we speak about effacement, we are also speaking about the regulation of memory, and entering into another formulation of disavowal: "There was no slaughter or radical dispossession, and even if there were, I do not remember it, or it is not among the histories that I know or tell." But if we were to enter that history into a comparative history of genocide or a comparative history of forcible displacement, then we would see how the killing of whole populations (in Congo, in Nazi Germany, in Armenia in the earlier part of the 20$^{th}$ century, or the more recent histories of the disappeared in Chile, Argentina, or even the political murders of Franco Spain) regularly become matters for historians to dispute. Will there be an institutionalized memory or not? And in such cases, it is not a matter of memory as something that is held in the mind by someone who has experienced this destruction directly. Rather, it is memory that is maintained through historical record, through discursive and transmittable means, through documentation, image, and archive. To preserve the memory of the vulnerability of bodies requires a form of memorialization that must be repeated, and reestablished over time and space. And this means that there is no one memory, that memory is not finally a property of cognition, but that memory is socially maintained and transmitted through certain forms of documentation and exhibition. In this sense, we might say that the historical vulnerability of those who were exploited, whose land was confiscated, or whose lives were lost, is always at risk of disappearing. This is why Benjamin thought that there must be a struggle for the history of the oppressed – precisely because under modern conditions it runs the risk of disappearing into oblivion.

This brings me to two further points about this matter. The first is that vulnerability cannot be associated exclusively with injurability, that all responsiveness to what happens, including the responsiveness of those who document the losses of the past, is a function and effect of vulnerability – of being open to a history that is not told, or being open to what another body undergoes. We can say that these are matters of empathy, but I want to suggest that part of what a body does (to use the phrase of Deleuze, derived from his reading of Spinoza) is to open onto the body of another, or a set of others, and that for this reason bodies are not self-enclosed kinds of entities. They are always in some sense outside themselves, exploring or navigating their

un sens, à l'extérieur d'eux-mêmes, explorant ou naviguant dans leur environnement, prolongés et même parfois dépossédés par les sens. S'il est possible de se perdre dans un autre, ou si nos capacités tactiles, visuelles ou auditives nous conduisent au-delà de nous-mêmes, c'est parce que le corps ne reste en place, et parce qu'une dépossession de ce genre est caractéristique de la vie corporelle en général. C'est aussi pour cette raison qu'il faut parfois parler de la régulation des sens comme d'une affaire politique. Par exemple, certaines photographies qui montrent la blessure ou la destruction des corps en temps de guerre sont interdites justement parce qu'on craint que le corps, les voyant, ressente quelque chose à propos de ce que ces autres corps ont subi, ou que ce corps, dans son comportement sensoriel en dehors de lui-même, ne demeure pas fermé, monadique et individuel. En effet, on peut se demander quel type de régulation des sens – ces modes de relationnalité extatique – doit être mise en place pour que l'individualisme soit maintenu en tant qu'ontologie nécessaire tant pour l'économie que la politique. Voilà aussi pourquoi certaines formes de documentation publique dans la presse et les médias, mais également dans les musées et les espaces artistiques, ou même dans l'espace artistique de la rue, deviennent importantes dans la bataille contre l'oubli historique.

Ma dernière remarque sur ce point est que le corps peut devenir, et devient effectivement, un lieu où les mémoires des autres sont transmises. Aucune mémoire n'est préservée sans un mode de transmission, et le corps lui-même peut précisément être un mode par lequel ton histoire devient la mienne, ou ton histoire traverse la mienne. Je n'ai pas besoin de vivre ton histoire pour en transmettre quelque chose, mais la temporalité de ta vie traverse ma propre vie. Une certaine opération de traduction rend cela possible, une opératoire qui, toutefois, ne prétend pas tout traduire. Or cela est aussi possible parce que nous sommes, ou pouvons être, liés les uns aux autres, ce qui est très différent d'être liés en tant que sujets individuels. Ainsi, la possibilité de transmettre une mémoire sous une menace politique dépend de sa transitivité, de la forme qu'elle prend et de l'effet qu'elle a sur les corps qui n'étaient pas là, et n'auraient pu y être. Ce n'est pas la même chose que les témoignages de ceux qui étaient là, mais cela montre que la possibilité même d'un témoignage capable de survivre dans le temps dépend de la transmission. Par conséquent, on peut voir les chemins par lesquels les mémoires des autres parviennent à nous, ou même en nous, comme un mode de relationnalité. Il est également possible de comprendre cette capacité de recevoir et de transmettre ce que l'autre dit de l'histoire comme une fonction de notre propre inter-relationnalité corporelle dans le temps et l'espace avec ceux dont nous portons les mots. Nous les portons en nous-mêmes ; ces histoires finissent par faire partie de qui nous sommes. Mais nous les portons aussi en dépit de nous-mêmes. Nous

environment, extended and even sometimes dispossessed through the senses. If we can become lost in another, or if our tactile or visual or auditory capacities comport us beyond ourselves, that is because the body does not stay in its own place, and because dispossession of this kind characterizes bodily life more generally. It is also why we have to speak sometimes about the regulation of the senses as a political matter – there are certain photographs of the injury or destruction of bodies in war, for example, that we are often forbidden to see precisely because there is a fear that this body will feel something about what those other bodies underwent, or that this body, in its sensory comportment outside itself, will not remain enclosed, monadic, and individual. Indeed, we might ask what kind of regulation of the senses – those modes of ecstatic relationality – might have to be regulated for individualism to be maintained as an ontology required for both economics and politics. This is also why certain forms of public documentation in print and media, but also in museums and art spaces, or even the art space of the street, become important in the battle against historical oblivion.

My last point here is that the body can and does become a site where the memories of others are transmitted. No memory is preserved without a mode of transmission, and the body itself can be precisely a mode in which your history becomes mine, or where your history passes through mine. I do not have to experience your history to transmit something of your history, but the temporality of your life can and does cross my own, and a certain operation of translation makes that possible – one that does not purport to translate everything. But it is also because we are, or can be bound up with one another, which is very different from being bounded as individual subjects. Thus, the possibility of transmitting a memory under political threat depends upon the transitivity of that memory, its taking shape and exercising an effect on bodies that were not there, and could not be there. This is not the same as the kind of testimony given by those who were there, but it does suggest that that very testimony depends upon transmission for it to transmit and survive in time. Thus, we might see the ways that the memories of others arrive for us, or even in us, as a mode of relationality, and we might further understand this capacity to receive and convey what the other documents about history as a function of our own corporeal relatedness across time and space to those whose words we carry. We carry them in ourselves – those histories become part of

ne sommes pas seulement cette créature spatiale et délimitée – même si nous ne parvenons jamais à transcender complètement cette limite ; nous sommes aussi les récits que nous n'avons jamais vécus, mais que nous transmettons néanmoins au nom de la lutte pour la préservation de l'histoire des opprimés et nous mobilisons cette histoire dans notre combat actuel pour la justice.

Le corps est au centre de ce processus, non seulement parce qu'il y a transmission d'information sur ce qu'ont subi les corps, mais aussi parce que ceux qui sont disposés à lutter contre l'effacement du passé sont eux-mêmes dans une position corporelle de vulnérabilité. Ils sont marqués par une histoire et sont, en ce sens, à l'extérieur d'eux-mêmes, en dépit d'eux-mêmes, car ils portent en eux ce qui appartient aux autres. Aucune histoire ne peut être inscrite sur un corps ou transmise par celui-ci sans vulnérabilité. Une inscription fait plier le corps ; elle le creuse, le fait souffrir et réagir. Sous cette pression, le corps prend même une nouvelle forme. Il faut donc repenser le corps, non pas comme une substance et une enceinte, mais comme un site de blessabilité et de transport éthique.

Permettez-moi de revenir à la question de la vulnérabilité pour voir comment on peut mieux la comprendre, et terminer avec quelques réflexions sur la coalition et l'importance du corps relativement à toute idée de coalition que l'on peut imaginer pour le présent. Même si l'on en parle souvent en ces termes, je ne pense pas que l'on puisse envisager la vulnérabilité comme une circonstance contingente. Bien sûr, il est toujours possible de dire « à ce moment-là, j'étais vulnérable ; maintenant, je ne le suis plus ». Nous faisons alors référence à des situations précises dans lesquelles nous nous sommes sentis à risque ou susceptibles d'être blessés. Il peut s'agir de situations économiques ou financières dans lesquelles nous pressentons la possibilité de nous faire exploiter, de perdre notre emploi ou de nous retrouver en situation de pauvreté. Il peut aussi s'agir de situations émotionnelles dans lesquelles nous nous sentons très vulnérables au rejet, mais où nous réalisons plus tard que nous avons perdu cette vulnérabilité. On peut comprendre la vulnérabilité de cette façon, mais on peut aussi faire preuve de précaution devant les tentations du discours ordinaire actuel. Quoiqu'il soit possible de se sentir vulnérable à certains moments et non à d'autres, la condition de notre vulnérabilité n'est pas, elle, modifiable. Tout au plus, il y a des moments où notre vulnérabilité nous est apparente, mais cela ne revient pas à dire que nous ne sommes vulnérables qu'à ces moments-là.

En effet, on ne peut comprendre la vulnérabilité strictement comme un affect limité à une situation contingente, ni comme une disposition subjective. En tant que condition de coexistence de la vie humaine – entendue comme vie sociale, la vulnérabilité, qui est aussi liée au problème de la pré-

who we are – but we also carry them in spite or ourselves. We are not just this spatial and bounded creature, though we can never transcend that boundary completely; we are also the histories that we never lived, but which we nevertheless transmit in the name of the struggle to preserve the history of the oppressed, and to mobilize that history in our struggle for justice in the present.

The body is central to this process not only because information about what has happened to bodies is being transmitted, but because those who are open to struggling against the effaced past are themselves in a bodily position of vulnerability, of being impressed upon by a history, and in this sense being outside themselves, even in spite of themselves, as they carry what belongs to others. . No history can be inscribed on a body or conveyed through it without vulnerability; an inscription makes the body bend, cave, suffer, and respond, even take a new form in light of that pressure, so the body, then, not as substance and enclosure, must be rethought as a site of both injurability and ethical transport alike.

Let me return to the question of vulnerability, how best to understand it, and then end my remarks by some reflections on coalition, and how the body figures prominently in any idea of coalition we may imagine for the present. Although we often speak this way, I do not think we can consider vulnerability as a contingent circumstance. Of course, it is always possible to say, "I was vulnerable then" but I am not vulnerable anymore, and we say that in relation to specific situations in which we felt ourselves to be at risk or injurable. They can be economic or financial situations when we feel that we may be exploited, lose work, or find ourselves in conditions of poverty. Or they can be emotional situations in which we are very much vulnerable to rejection, but later find that we have lost that vulnerability. It makes sense that we speak this way, but it also makes sense that we treat with caution the seductions of ordinary discourse at this moment. Since though we may feel that we are vulnerable in some instances and not in others, the condition of our vulnerability is itself not changeable. At most, there are times when our vulnerability becomes apparent to us, but that is not the same as saying that we are only vulnerable at those times.

Indeed, vulnerability cannot be understood restrictively as an affect restricted to a contingent situation, nor can it be understood as a subjective disposition. As a condition that is co-existence with human life, understood as social life, and as bound to the problem of precarity, vulnerability is the

carité, désigne une certaine forme d'ouverture au monde. En ce sens, elle ne désigne pas uniquement une relation au monde ; elle atteste aussi que notre existence même est relationnelle. Ainsi, affirmer que nous sommes tous des êtres vulnérables, c'est établir notre dépendance radicale non seulement envers les autres, mais aussi envers un monde qui soutient la vie. Cette idée se répercute sur notre compréhension de ce que nous sommes en tant qu'êtres passionnés, sexuels, liés aux autres par nécessité, mais aussi en tant qu'êtres qui cherchent à persister, et dont la persistance peut être mise en péril – et elle l'est – lorsque les structures sociales, économiques et politiques nous exploitent ou nous laissent tomber.

Pour mieux explorer ces questions avec vous aujourd'hui, j'aimerais faire deux remarques sur les travaux d'Adriana Cavarrero. Mes remarques prennent pour point de départ la lecture singulière et importante de Hannah Arendt et d'Emmanuel Levinas que propose Cavarrero. S'inspirant d'Arendt, Cavarrero soutient que l'un des moments clés de la politique, que l'on pourrait même considérer comme son moment éthique constitutif, est l'émergence de la question « qui es-tu ? » Nous posons implicitement ou explicitement cette question lorsque nous cherchons à faire entrer une population dans le discours ou à établir un langage de représentation. Ce n'est pas nécessairement une personne qui pose cette question. Une institution, un discours ou un système économique qui demande « qui es-tu » cherche à établir un espace d'apparition pour l'Autre. Demander « qui es-tu », c'est affirmer que l'on ne connaît pas la réponse à l'avance, que l'on est ouvert à ce qui vient de l'autre, et que l'on s'attend à ce qu'aucune catégorie préétablie ne soit en mesure d'articuler sa singularité par avance.

Il est important de maintenir active la relation entre les différents sens du précaire ; la précarité est une fonction de notre vulnérabilité sociale et la condition de notre exposition, qui suppose toujours une certaine forme politique. La précarité est inégalement distribuée, et constitue par conséquent l'une des dimensions importantes de cette distribution inégale des conditions nécessaires à une vie viable. Mais la précarisation est un processus continu, comme l'a montré Isabell Lorey. La précarisation nous permet de penser à la mort lente, pour reprendre les mots de Lauren Berlant, que subissent les populations ciblées ou négligées dans le temps et l'espace. Il s'agit certainement d'une forme de pouvoir sans sujet, ce qui veut dire qu'il n'y a pas un centre qui en oriente la direction et la destruction. Mais je ne pense pas que l'on puisse rendre compte de la structure de l'affect qui tire son nom de la précarité en s'en tenant uniquement au terme « précarisation ». Et si nous décidons de nous rallier sous la bannière des « précaires », comme nouvelle formation identitaire, nous risquerions de perdre de vue les manières particulières dont la précarité

name for a certain way of opening onto the world. In this sense, it not only designates a relation to the world, but it asserts our very existence as a relational one. To say that any of us are vulnerable beings is thus to establish our radical dependency not only on others, but on a sustaining world. This has implications for understanding who we are as passionate beings, as sexual, as bound up with others of necessity, but also as beings who seek to persist, and whose persistence can and is imperilled when social, economic, and political structures exploit or fail us.

There are two points I want to underscore from Adriana Cavarrero's work as I explore some of these issues with you today. They are derived from her singular and important readings of both Hannah Arendt and Emmanuel Levinas. Drawing on Arendt, Cavarrero tells us that one of the key moments of politics, what we might even identify as its constitutive ethical moment, is the emergence of the question, "who are you?" We ask this question implicitly or explicitly when we seek to bring a population into discourse, or establish a language of representation. It is not necessarily a person who poses this question. An institution, a discourse, an economic system that asks, "who are you" seeks to establish a space of appearance for the Other. To ask who you are is to avow that one does not know in advance who you are, that one is open to what comes from the other, and that one expects that no preestablished category will be able to articulate in advance the other's singularity.

It will be important to keep active the relationship between the various meanings of the precarious; precariousness is a function of our social vulnerability and the condition of our exposure that always assumes some political form; precarity is differentially distributed, and so one important dimension of the unequal distribution of conditions required for a liveable life. But precaritization is also an ongoing process, as Isabell Lorey has argued Precaritization allows us to think about the slow death, in Lauren Berlant's words, undergone by targeted or neglected populations over time and space. And it is surely a form of power without a subject, which is to say that there is no one center which propels its direction and destruction. If we only considered the term "precaritization", I am not sure that we could account for the structure of affect that is named by precarity. And if we decided to rally under the name of "the precarious" – as a new identity formation- we might be then draw attention away from the globally specific ways that precarity is lived as a social

est vécue dans le monde en tant que condition sociale et politique, camouflant ainsi certains aspects du fonctionnement de cette forme de pouvoir. Peut-être que le précaire, c'est ce que nous sentons, ou plutôt ce que nous ne sentons *pas*, et qu'il faille donc lier l'analyse du précaire à la propension à l'imperméabilité, comme cela se produit souvent dans le discours du nationalisme militaire et dans la rhétorique de la sécurité et de l'autodéfense. Pourtant, il est important d'appeler « précaires » ces liens qui soutiennent les formes de vie, ces liens qui devraient être structurés par la condition d'exposition et de besoin mutuel, qui devraient nous amener à former une organisation politique qui soutient les êtres vivants égalitairement ou qui, du moins, les disposent à l'égalité en tant qu'idéal pour lequel il vaut la peine de lutter. Ce qui semble finalement plus important que toute forme d'individualisme existentiel, c'est l'idée qu'un « lien » est imparfait ou effiloché, ou qu'il est perdu ou irrécupérable. On le voit de manière évidente lorsque, par exemple, les politiciens du Tea Party se réjouissent ouvertement du fait que les personnes qui n'ont pas « assumé leurs responsabilités » concernant leur propre santé se voient conséquemment confrontées à la mort et à la maladie. Autrement dit, dans ces moments, un lien social est coupé ou détruit d'une manière qui nie l'existence d'une précarité partagée. De cela, émergeraient idéalement une politique et un éthos très particuliers soulignant l'interdépendance globale et résistant activement contre la distribution radicalement inégale de la précarité (et de la blessabilité).

Cette lutte doit être menée à la fois contre les formes de logique sécuritaire et contre les anciens et les nouveaux paternalismes qui sont désormais liés à la promesse de sécurité. Mais cette résistance ne peut se produire que si les modes de coalition sont ancrés dans l'interdépendance et s'ils luttent contre la précarité, pour l'égalité de même que pour l'exercice du pouvoir en rupture avec l'illusion paternaliste. Cela ne saurait se faire en refusant toutes les formes de soutien étatique et institutionnel. Cette forme de politique anti-institutionnelle accélère malheureusement la destruction des biens démocratiques sociaux et met en échec l'idée de droits économiques. Ces formes de destruction sont précisément celles qui sont favorisées par les politiques néolibérales et sécuritaires. Interdépendance ne signifie toutefois pas harmonie. En effet, nous pestons contre ceux dont nous dépendons le plus, et il n'est pas possible de dissocier la dépendance de l'agression, une fois pour toutes. Ces alliances ne sont donc pas forcément heureuses. Mais elles ont pour point de départ les conditions précontractuelles de l'incorporation sociale. Nous avons besoin les uns des autres pour vivre, et cela signifie que notre survie et notre bien-être sont nécessairement négociés dans les sphères sociale, économique et politique ; ces négociations sont les sites mêmes où ces sphères convergent et perdent leur singularité.

and political condition, cloaking some way that that form of power actually works. So maybe precarious is what we feel, or would rather *not* feel, and then its analysis has to be linked to the impetus to become impermeable, as so often happens within the discourse of military nationalism and the rhetoric of security and self-defense. And yet, it will be important to call "precarious" those bonds that support forms of life, those that should be structured by the condition of mutual need and exposure that should bring us to forms of political organization that sustain living beings on terms of equality or, at least, dispose them toward equality as an ideal worth struggling for. What seems finally more important than any form of existential individualism is the idea that a "bond" is flawed or frayed, or that it is lost or irrecoverable. And we see this very prominently when, for instance, Tea Party politicians overtly rejoice in the idea that those individuals who have failed to "take responsibility" for their own health care may well face death and disease as a result. In other words, at such moments, a social bond has been cut or destroyed in ways that denies a shared precariousness; the very particular ethos and politics that ideally should follow from that is one that underscores global interdependency and actively resists the radically unequal distribution of precarity (and grievability).

Such a struggle would be at once opposed to forms of securitarian logics as well as the old and new paternalisms that are now linked to the promise of security. But this resistance can only happen if modes of coalition grounded in interdependency, the struggle against precarity and for equality, exercise power in ways that break with the lure of paternalism. This cannot mean refusing all forms of state and institutional support; that form of anti-institutional politics unfortunately allies with the destruction of social democratic goods and the idea of economic rights – and these forms of destruction are precisely those that are undertaken by neo-liberalism and securitarian politics alike. The idea of interdependency is not the same as harmony. Indeed, we rail against those upon whom we are most dependent, and there is no way to dissociate dependency from aggression once and for all. These may not even be happy alliances. But they are constituted from the insight into the precontractual conditions of social embodiment. We require one another to live, and this means that are survival and well-being is invariably negotiated in the social, economic, and political spheres; indeed, our negotiations are the very sites where those spheres converge and lose their distinctness as spheres.

Il serait possible de populariser cette idée en formulant une affirmation existentielle et humaniste générale : tout le monde est précaire. Mais lorsque l'on se demande ce que cela veut dire, ou quelles formes revêt la précarité, on constate qu'on a quitté dès le départ le domaine existentiel pour considérer notre existence sociale en tant qu'êtres corporels qui dépendent les uns des autres pour se loger et subsister, et qui, par conséquent, courent le risque de se retrouver sans statut, sans abri et dans l'indigence sous des conditions politiques injustes et inégales. En d'autres termes, notre survie dépend d'arrangements politiques. Et la politique, surtout lorsqu'elle devient biopolitique et gestion des populations, pose la question de savoir quelles vies seront préservées, protégées et valorisées (et éventuellement pleurées) et quelles vies seront considérées comme sans importance. De ce point de vue, notre précarité est dans une large mesure dépendante de l'organisation des relations économiques et sociales, de la présence ou de l'absence d'infrastructures de soutien et d'institutions sociales et politiques, et des modes de lutte en faveur de ces dernières, qui produisent et soutiennent des alliances. En ce sens, la précarité est indissociable de cette dimension de la politique qui concerne l'organisation et la protection des besoins corporels. La précarité expose notre socialité, les dimensions fragiles et nécessaires de notre interdépendance, qui se répercutent sur notre manière de nous rassembler dans la lutte, lorsque nous le faisons. Personne n'échappe à la dimension précaire de la vie sociale : il s'agit, pourrait-on dire, de notre non-fondation commune. Rien ne nous « fonde » outre la lutte pour l'établissement de liens qui nous soutiennent.

Lorsque les gens prennent la rue, ils forment quelque chose comme un corps politique, et même si ce corps politique ne parle pas d'une seule voix, même s'il ne parle pas du tout et ne revendique rien, il *se forme* tout de même, affirmant sa présence comme une vie corporelle plurielle et obstinée. Quelle est la signification politique du fait de se rassembler en tant que corps, d'interrompe la circulation ou de réclamer l'attention ; de se mouvoir, non pas comme des individus perdus et isolés, mais comme un mouvement social d'un certain type ? Il n'est pas nécessaire qu'il soit organisé d'en haut (la présomption léniniste), ni de porter un seul message (l'affirmation logocentrique) pour que des corps rassemblés exercent une certaine force performative dans la sphère publique. Ce « nous sommes là », qui traduit cette présence corporelle collective, peut aussi vouloir dire « nous sommes encore là », autrement dit, « on n'a pas encore disposé de nous ». Ces corps sont précaires et persistants. Pour cette raison, je crois que nous devons toujours lier la précarité à des formes d'agir social et politique, lorsque cela est possible. Lorsque les corps de ceux dont on estime pouvoir disposer se rassemblent à la vue du public, ils disent : « Nous ne sommes pas disparus silencieusement dans l'ombre de

We can make this idea popular by seeking recourse to the broad existential and humanist claim that, well, everyone is precarious. But once we ask about what this means, or what forms precarity assumes, we see that we have from the start left the existential domain to consider our social existence as bodily beings who depend upon one another for shelter and sustenance and who, therefore, are at risk of statelessness, homelessness and destitution under unjust and unequal political conditions. In other words, our survival depends upon political arrangements, and politics, especially as it becomes biopolitics, and the managing of populations, is concerned with the question of whose lives will be preserved, protected, and valued (and eventually mourned) and whose lives will be considered disposable. In this way, our precarity is to a large extent dependent upon the organization of economic and social relationships, the presence or absence of sustaining infrastructures and social and political institutions, and modes of struggling for them that produce and sustain alliances. In this sense, precarity is indissociable from that dimension of politics that addresses the organization and protection of bodily needs. Precarity exposes our sociality, the fragile and necessary dimensions of our interdependency, and this has implications for how we join together in struggle, when we do. No one escapes the precarious dimension of social life – it is, we might say, our common non-foundation. Nothing "founds" us outside of a struggle to establish bonds that sustain us.

When people take to the streets together, they form something of a body politic, and even if that body politic does not speak in a single voice – even when it does not speak at all or make any claims – it still forms, asserting its presence as a plural and obdurate bodily life. What is, the, the political significance of assembling as bodies, stopping traffic or claiming attention, or moving not as stray and separated individuals, but as a social movement of some kind. It does not have to be organized from on high (the Leninist presumption) and it does not need to have a single message (the Logocentric conceit), for assembled bodies to exercise a certain performative force in the public domain. The "we are here" that translates that collective bodily presence might be re-read as "we are still here", meaning: "We have not yet been disposed of." Such bodies are precarious and persisting, which is why I think we have always to link precarity with forms of social and political agency, where that is possible. When the bodies of those deemed "disposable" assemble into public view, they are saying, "we have not slipped quietly

la vie publique, nous ne sommes pas devenus la flagrante absence qui structure votre vie publique. » Ce rassemblement de corps est en quelque sorte un exercice de la volonté populaire, et une manière d'affirmer, sous une forme corporelle, l'une des présuppositions les plus fondamentales de la démocratie, à savoir que les institutions politiques et publiques sont tenues de représenter le peuple, et de le faire par des moyens qui établissent l'égalité comme une présupposition de l'existence sociale et politique. Ainsi, lorsque ces institutions se structurent de telle manière que certaines populations deviennent utilisables, et sont interpellées comme telles, qu'elles sont privées d'avenir, d'éducation, d'un emploi stable et valorisant, et même du fait d'avoir un espace que l'on peut appeler « chez soi », alors ces rassemblements remplissent certainement une autre fonction. Ils ne servent pas uniquement à exprimer une rage justifiable, mais à affirmer, par leur organisation sociale même, les principes de l'égalité au cœur de la précarité. Les corps qui sont dans la rue sont précaires. Ils sont exposés à la force policière et, par conséquent, endurent parfois des souffrances physiques. Mais ces corps sont aussi obstinés et persistants, insistant sur leur présence continue et collective. Certaines de ces présences collectives s'organisent sans hiérarchie, instaurant par l'exemple les principes de traitement égal qu'ils exigent des institutions publiques. Ces corps mettent en scène ce message – performativement – même lorsqu'ils dorment en public, ou lorsqu'ils organisent le nettoyage collectif des terrains qu'ils occupent, comme on l'a vu sur la place Tahrir ou sur Wall Street. S'il y a un « nous » qui se rassemble là, dans cet espace et à ce moment précis, il y a aussi un « nous » qui se forme dans les médias et qui lance les appels aux manifestations et diffuse les événements. Un certain ensemble de connexions globales s'articulent ; le terme global acquiert un sens nouveau, différent de celui de « marché globalisé ». Et un certain ensemble de valeurs sont mises en scène sous la forme d'une résistance collective : la défense de notre précarité et de notre persistance collectives dans la réalisation de l'égalité et les nombreuses manières, verbales et silencieuses, de refuser de devenir des êtres dont on peut disposer. Lorsque cela se produit, nous agissons selon un sens de la précarité, contre un sens de la précarité, et nous le faisons en tant que coalition, difficile, conflictuelle, interdépendante, nécessaire.

into the shadows of public life: we have not become the glaring absence that structures your public life." In a way, the collective assembling of bodies is an exercise of the popular will, and a way of asserting, in bodily form, one of the most basic presuppositions of democracy, namely, that political and public institutions are bound to represent the people, and to do so in ways that establish equality as a presupposition of social and political existence. So when those institutions become structured in such a way that certain populations become disposable, are interpellated as disposable, deprived of a future, of education, of stable and fulfilling work, of even knowing what space one can call a home, then surely the assemblies fulfill another function, not only the expression of justifiable rage, but the assertion in their very social organization, of principles of equality in the midst of precarity. Bodies on the street are precarious – they are exposed to police force, and sometimes endure physical suffering as a result. But those bodies are also obdurate and persisting, insisting on their continuing and collective "thereness" and, in these recent forms, organizing themselves without hierarchy, and so exemplifying the principles of equal treatment that they are demanding of public institutions. In this way, those bodies enact the message, performatively, even when they sleep in public, or when they organize collective methods for cleaning the grounds they occupy, as happened in Tahrir and on Wall Street. If there is a "we" who assembles there, at that precise space and time, there is also a "we" that forms across the media that calls for the demonstrations and broadcasts its events, so some set of global connections are being articulated, a different sense of the global from the "globalized market". And some set of values are being enacted in the form of a collective resistance: a defense of our collective precarity and persistence in the making of equality and the many-voiced and unvoiced ways of refusing to become disposable. When this happens, we act from a sense of precarity, against a sense of precarity, and in coalition, uneasy, conflicted, interdependent, necessary.

# Authors/Auteur·e·s

**Eirini Avramopoulou** is a fellow at the ICI Berlin and an affiliated Anthropologist at the University of Cambridge. She studied Social Anthropology at the University of Cambridge and her work has been published in edited volumes and journals, including *The Greek Review of Social Research and Cultural Anthropology/Hot Spot*. Currently, she is working on her first monograph on affect, performativity, and gender-queer activism in Istanbul, Turkey. Her research interests include anthropology of human rights, social movements and activism; gender and sexuality; secularism and Islam; queer theory, feminist and psychoanalytic approaches to subjectivity, biopolitics and affect. [email: avrarini@gmail.com]

**Judith Butler**: see page 5.

**Philippe Corcuff** is an associate professor of political science at the Institut d'Etudes Politiques in Lyon, and a member of the Research Center on Social Relations (Centre de recherche sur les liens sociaux – CERLIS, Université Paris Descartes/CNRS). He is also a member of the Scientific Committee of the antiglobalization organization Attac France, and an anticapitalist and anarchist activist. His published works include: *La société de verre. Pour une éthique de la fragilité* (Paris, Armand Colin, 2002); *Où est passée la critique sociale? Penser le global au croisement des savoirs* (Paris, La Découverte, 2012) and *Polars, philosophie et critique sociale* (Paris, Textuel, 2013). List of publications: http://recherche.parisdescartes.fr/CERLIS/Equipe/Membres-statutaires/Corcuff-Philippe. [email: philippe.corcuff@sciencespo-lyon.fr]

**Tal Dor** is a Phd. Candidate of Sociology at the University of Paris 13/Nord, and former director of the organization Mahapach-Taghir. The title of her dissertation is: *Coming-Out of the (post)Colonial Closet: Liberation Processes from Colonial Consciousness within Israeli State*. In particular her doctoral research seeks to unfold the transformation of political consciousness, of Jewish and Palestinian activists and political actors, towards critical active Subjects within Israeli Colonial hegemony. She has published two articles in peer reviewed journals: "National Identity: Conflict and Partnership" in the French journal *Le sujet dans la Cité* and "Queering Zionism: a liberating educational process" in the Italien journal *Educazione democratica*. [email: tal30dor@gmail.com]

**Delphine Gardey** is historian and sociologist, Professor of Contemporary History at the University of Geneva and at the head of the Gender Program and Institute. She has been researcher in history of science and technology, taught sociology and history in several French institutions such as University of University of Paris 8 – Saint-Denis, Sciences-Po Paris and EHESS. Her fields of interest are social and gender history; feminist theory; gender and science; gender and technology; technology studies; history of information society. An ex Humboldt Fellow at the Max Planck Institut für Wissenschaftsgeschichte and the Technische Universität (Berlin) she was recently Fellow at the Wissenschaftskolleg zu Berlin (Institute for Advanced Study). She is the author of *Le Linge Du Palais-Bourbon. Corps, matérialité et genre du politique à l'ère démocratique* (2015); *Ecrire, calculer, classer. Comment une révolution de papier a transformé les sociétés contemporaines (1800–1940)* (2008); *La dactylographe et l'expéditionnaire. Histoire des employés de bureau (1890–1930)* (2001). Editor of *Le féminisme change-t-il nos vies?* Paris, Textuel (2011). Recent articles: Gardey Delphine "The Reading of an Oeuvre. Donna Haraway: The Poetics and Politics of Life", *Feministische Studien, Zeitschrift für interdisziplinäre Frauen- und Geschlechterforschung*, 32, May 2014, n° 1, pp. 86–100 (2014). "Writing the History of the Relations between Medicine, Gender and the Body in the Twentieth Century: A Way Forward?" *Clio, Femmes, Genre, Histoire*, 37 (2013). List of Publications and articles online: www.unige.ch/etudes-genre/Equipe-1/DelphineGardey.html. [email: delphine.gardey@unige.ch]

**Nacira Guénif-Souilamas** holds a Phd in sociology from EHESS (Paris) and is currently a Professor at Université Paris 8 and director of Experice (Paris 13 – Paris 8). Among others, she has authored or co-authored: *Des Beurettes* (2000), *Les féministes et le garcon arabe* (2004), *La république mise à nu par son immigration* (2006). She recently published: "Straight migrants queering Europe", *What's Queer about Europe?* Mireille Rosello & Sudeep Dasgupta eds (New York: Fordham UP, 2014) and "French Religions and their Renewed Embodiments". *Religion, the Secular, and the Politics of Sexual Difference*, Linell Cady & Tracy Fessendon eds. (New York; Columbia UP, 2013). She is the vice-president of the Islamic Cultures Institute in Barbès, a longstanding migrant and minority area of Paris. She has taken part in public debates and controversies regarding the veil banning, the orientalization/stigmatization of young French citizens of colonial North-African descent, the domestication of new citizens and newcomers by means of sexual normalization. [email: ngs39@hotmail.fr]

Prof. **Sabine Hark** has extended experience in interdisciplinary gender studies, qualitative methods in sociology and social theory. She started her research career with a discourse analysis of lesbian-feminist identity politics (Phd. Dissertation). She wrote her Habilitation on the process and politics of the institutionalisation of Women's and Gender Studies in Germany. In addition, since the late 1990s she has studied and published extensively on: 1. Inter- and transdisciplinary Methodologies; 2. Transformations of Knowledge, the Human, Technologies and Gender. 3. Research on the Politics of Gender in Sports (Soccer, Athletics). [email: sabine.hark@tu-berlin.de]

**Cynthia Kraus** is a philosopher and a Senior Lecturer at the University of Lausanne. She works on a "dissensus studies" research program linking feminism, science, technology, medicine, and democracy, with a special interest for the clinical management of sex, gender, and sexuality "problems", technologies of bodily transformation, the developmental and brain sciences. Her research includes ethnographic fieldwork and the direction of two projects funded by the Swiss National Science Foundation on the history of the teen brain (2011–2014) and the history of sexology in French-speaking Switzerland (2014–2016). She was a Visiting Professor at the Institut des Humanités de Paris/Université Paris Diderot-Paris 7 (2013) and, more recently, a Visiting Scholar at the Centre for Addiction and Mental Health, University of Toronto, and a Visiting Researcher at Barnard College, Columbia University. Her publications include: "What Is the Feminist Critique of Neuroscience?" (In *Neuroscience and Critique*, Routledge, 2016), "Classifying Intersex in DSM-5" (*Archives of Sexual Behavior*, 2015), "Diagnostiquer les fœtus intersexués" (*Sciences sociales et santé*, 2015), "Hypospadias Surgery in a West African Context" (*Feminist Theory*, 2013), "Critical Studies of the Sexed Brain" (*Neuroethics*, 2012), "Linking Neuroscience, Medicine, Gender and Society through Controversy and Conflict Analysis" (In *Neurofeminism*, Palgrave Macmillan, 2012), "Am I My Brain or My Genitals?" (*Gesnerus*, 2011). She is also the French translator of *Gender Trouble/Trouble dans le genre*. [email: cynthia.kraus@unil.ch]

**Sushila Mesquita** is working at the Gender Research Office at the University of Vienna and teaches Gender and Queer Studies in Berlin and Vienna. Her most recent publication is *Ban Marriage! Ambivalenzen der Normalisierung aus queer-feministischer Perspektive* (Zaglossus, Vienna 2011). Beside her academic interests in Gender, Queer and Postcolonial Studies, Sushila is an anti-racist and queer-feminist activist, radio show host, DJ and musician. [email: sushila.mesquita@univie.ac.at]

**Patricia Purtschert** is a philosopher and postdoc researcher at the ETH Zurich. She has authored *Grenzfiguren. Kultur, Geschlecht und Subjekt bei Hegel und Nietzsche* (Campus 2006), and co-authored *Gouvernementalität und Sicherheit. Zeitdiagnostische Beiträge im Anschluss an Foucault*, ed. together with Katrin Meyer and Yves Winter (transcript 2008); *Postkoloniale Schweiz. Formen und Folgen eines Kolonialismus ohne Kolonien*, ed. together with Barbara Luethi and Francesca Falk (transcript, Bielefeld 2012) and *Colonial Switzerland: Rethinking Colonialism from the Margines*, Basingstoke: ed. together with Harald Fischer-Tiné (Palgrave Macmillan forthcoming). [email: patricia.purtschert@gess.ethz.ch]

**Ana Vulic** is currently a PhD student at the Faculty of Sociology at the University of Ghent (Belgium) and her research project is embedded in the activities of the Centre for Social Theory research group. Ana Vulic is currently working on her PhD project under the supervisorship of Prof. Dr. Sarah Bracke. Previously she studied French Language and Literature (2001) at the Faculty of Philology at the University of Belgrade (Serbia) and finished a one-year Master programme in Gender and Politics at the Faculty of Political Sciences at the same university (2009). Meanwhile she worked as a French teacher. Her present research focuses on the intersecting points between Judith Butler's work on performativity and theories of late capitalism as presented in the work of Slavoj Zizek, Michael Hardt and Antonio Negri, Wendy Brown and Etienne Balibar. She has published an article under the title: "From a Misfire to an Open Future: Repetition, Performativity and the Promise of the Metaphor" in Forum, peer reviewed postgraduate journal of culture and the arts (University of Edinburgh). [email: anavulic200@gmail.com]

# Remerciements

Les éditrices tiennent tout d'abord à remercier Judith Butler sans la disponibilité et la complicité de laquelle rien n'aurait été possible. Le présent ouvrage procède et diffère du colloque européen "What is Coalition? Reflections on the Conditions of Alliance Formation with Judith Butler's Work", organisé les 14 et 15 mai 2012 à Genève sous la coresponsabilité de Delphine Gardey (Institut des Etudes Genre, Université de Genève) et Cynthia Kraus (Institut des Sciences Sociales, Université de Lausanne). Au cours de ces deux journées, des communications ont été présentées (par ordre chronologique) par: Eirini Avromopoulou (University of Cambridge), Tal Dor (Université Paris 13), Nacira Guénif-Souilamas (Université Paris 13), Leticia Sabsay (The Open University, UK), Sushila Mesquita (Universität Wien) et Patricia Purtschert (ETH Zürich), Evelyn Yv Nay (Universität Zürich & Basel), Ana Vulic (Katholieke Universiteit Leuven), Jean Zaganiaris (Université de Rabat), Philippe Corcuff (Université Lumière-Lyon 2), Darcy Leigh (University of Edinburgh), Elena Loizidou (University of London), Eva von Redecker (Humbold Universität, Berlin). Ont contribué aux discussions et aux présidences de séance: Delphine Gardey et Cynthia Kraus, Katrin Meyer (Universität Basel), Jean-François Staszak (Université de Genève), Brigitte Schnegg (Université de Bern), Sabine Hark (Technische Universität, Berlin), Lorena Parini (Université de Genève), Andrea Maihofer (Universität Basel), Raphaël Ramuz (Université de Lausanne). Les travaux se sont déroulés en présence de Judith Butler (University of California, Berkeley), également membre du comité scientifique du colloque. Judith Butler a donné à cette occasion une conférence publique en français, publiée dans le présent ouvrage, et proposé des remarques conclusives (en anglais) à l'issue des deux journées de colloque.

Travail hautement collaboratif, ce livre a mobilisé sur le long terme de nombreuses personnes à Genève, Lausanne et Paris, que nous souhaiterions remercier. Parties prenantes de l'organisation du colloque, nous souhaiterions saluer son comité logistique: Aurélie Chrestian et Julien Debonneville (Université de Genève) ainsi que Christel Gumy (Université de Lausanne). A Genève, la Conférence a bénéficié du soutien graphique, logistique et éditorial de Rachel Vuagniaux, Véronique Savary et Christian Schiess. Au-delà des personnes, nous souhaitons remercier l'Institut des Etudes Genre et la Faculté des Sciences économiques et sociales de l'Université de Genève, ainsi que l'Institut des sciences sociales de l'Université de Lausanne pour le soutien institutionnel et financier apporté à l'organisation de cette conférence européenne à l'origine de la conception du présent ouvrage.

# Acknowledgments

The editors would first like to thank Judith Butler for her generosity and her complicity without which nothing would have been possible. This book proceeds and differs from the European conference "What is Coalition? Reflections on the Conditions of Alliance Formation with Judith Butler's Work," held on 14 and 15 May 2012 in Geneva under the joint responsibility of Delphine Gardey (Institute of Gender Studies, University of Geneva) and Cynthia Kraus (Institute of Social Sciences, University of Lausanne ). During these two days, papers were presented (in chronological order) by: Eirini Avromopoulou (University of Cambridge), Tal Dor (Université Paris 13) Nacira Guénif-Souilamas (Université Paris 13), Leticia Sabsay (The Open University, UK), Sushila Mesquita (Universität Wien) and Patricia Purtschert (ETH Zürich), Evelyn Yv Nay (Universität Zürich & Basel), Ana Vulic (Katholieke Universiteit Leuven), Jean Zaganiaris (University of Rabat), Philippe Corcuff (Université Lumière -Lyon 2), Darcy Leigh (University of Edinburgh), Elena Loizidou (University of London), Eva von Redecker (Humboldt University, Berlin). Discussants and session chairs include: Delphine Gardey and Cynthia Kraus, Katrin Meyer (University of Basel), Jean-François Staszak (University of Geneva), Brigitte Schnegg (University of Bern), Sabine Hark (Technische Universität Berlin) Lorena Parini (University of Geneva), Andrea Maihofer (Universität Basel), Raphael Ramuz (University of Lausanne). The event took place in the presence of Judith Butler (University of California, Berkeley), who also acted as a member of the scientific committee. Judith Butler gave a public lecture on this occasion (in French), published in this book, and offered concluding remarks (in English) at the end of the two conference days.

This book is the result of highly collaborative work between many people in Geneva, Lausanne and Paris. Our thanks here go to the Logistics Committee, Aurélie Chrestian and Julien Debonneville (University of Geneva) and Christel Gumy (University of Lausanne); to Rachel Vuagniaux, Veronique Savary and Christian Schiess from Geneva for their graphic design, logistic, and editorial help. We also thank the following institutions for their financial support for the organization of the European Conference that led to the publication of this book: the Institute of Gender Studies and the Faculty of Economics and Social Sciences of the University of Geneva, and the Institute of Social Sciences of the University of Lausanne.

Ce livre doit l'essentiel de sa finalisation à Christian Schiess (Université de Genève) qui a assuré le lien éditorial et orchestré la mise en forme finale du volume. Merci, donc à Christian, sans qui le livre ne serait tout simplement pas. Enfin, à Paris, nous remercions notre traducteur Cyril Leroy pour la qualité jamais désavouée de son travail et les multiples façons par lesquelles il a facilité le nôtre. A l'ensemble de nos contributrices et contributeurs, bien sûr, nous souhaitons dire notre gratitude et partager notre enthousiasme au terme de cette entreprise collective.

Au moment de clore ce volume, nos pensées vont vers notre collègue et amie Brigitte Schnegg récemment décédée et à qui nous souhaitons dédier ce volume.

The book could not have been finalized without Christian Schiess (University of Geneva) who provided invaluable editorial support. Our special thanks then go to Christian for all his good work to orchestrate the final shaping of the volume. Finally, we want to thank the translator, Cyril Leroy, for the impeccable quality of his work and the many ways in which he facilitated ours. And, of course, we wish to express our gratitude to all our contributors, and share our enthusiasm after this collective enterprise.

As this volume is now completed, our thoughts are with our colleague and friend, Brigitte Schnegg, who passed away lately and to whom we wish to dedicate this volume.

# Questions de genre
# Gender Issues

Anouk Lloren
**Pour qui luttent les femmes?**
De la représentation des intérêts des femmes au Parlement suisse

188 pages, ISBN 978-2-88351-066-1

Sarah Baumann
**... und es kamen auch Frauen**
Engagement italienischer Migrantinnen in Politik und Gesellschaft der Nachkriegsschweiz

192 pages, ISBN 978-3-03777-139-6

Passagen – Forschungskreis Migration und Geschlecht (Hrsg.)
**Vielfältig alltäglich: Migration und Geschlecht in der Schweiz**

296 pages, ISBN 978-3-03777-130-3

Anne-Françoise Praz, Silvie Burgnard (dir.)
**Genre et bien-être**
Questionner les inégalités

228 pages, ISBN 978-2-88351-051-7

# Questions de genre
## Gender Issues

Natalie Benelli
**Nettoyeuse**
Comment tenir le coup dans un sale boulot

220 pages, ISBN 978-2-88351-048-7

Fabienne Malbois
**Déplier le genre**
Enquête épistémologique sur le féminisme antinaturaliste

224 pages, ISBN 978-2-88351-047-0

Yvonne Riaño, Janine Dahinden
**Zwangsheirat**
Hintergründe, Massnahmen, lokale und transnationale Dynamiken

164 pages, ISBN 978-3-03777-091-7

Farinaz Fassa, Sabine Kradolfer (dir.)
**Le plafond de fer de l'université**
Femmes et carrières

244 pages, ISBN 978-2-88351-046-3

# Questions de genre
## Gender Issues

Sylvie Durrer, Nicole Jufer,
Stéphanie Pahud
**La place des femmes et des hommes dans la presse écrite généraliste de Suisse romande des années 80 à nos jours**
360 pages, ISBN 978-2-88351-038-8

Magdalena Rosende
**Parcours féminins et masculins de spécialisation en médecine**
416 pages, ISBN 978-2-88351-037-1

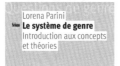

Lorena Parini
**Le système de genre**
Introduction aux concepts et théories
132 pages, ISBN 978-2-88351-034-0